人物叢書

新装版

源《げん》　信《しん》

速水　侑

日本歴史学会編集

吉川弘文館

源信画像（聖衆来迎寺蔵）

（表紙）

（巻末奥書）

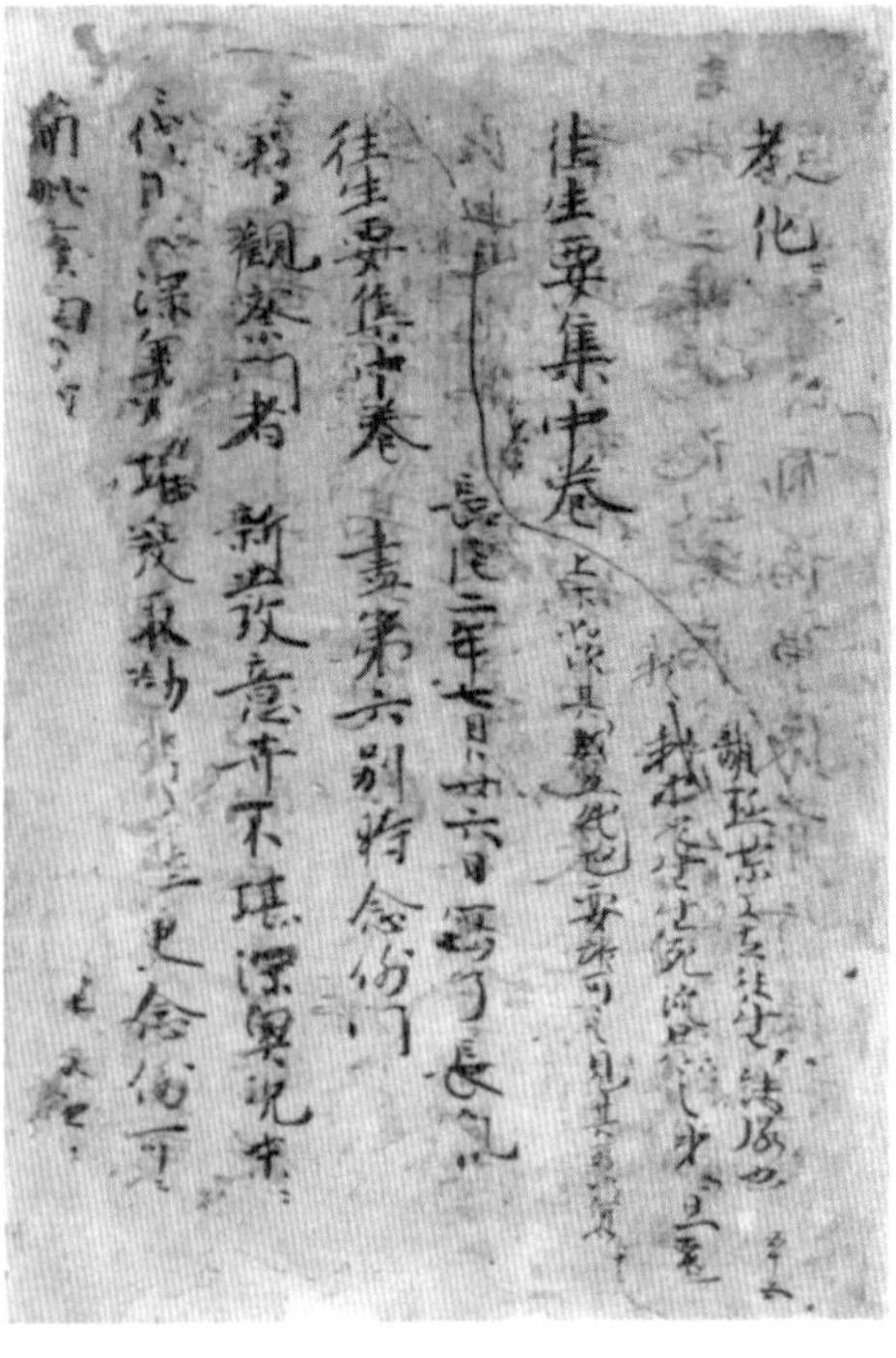

往生要集長徳二年本巻中（聖徳寺上宮文庫蔵　118頁参照）

目次

口絵

挿図

第一　はじめに

横川新緑

新緑の季節である。横川《よかわ》は、いま全山むせかえるような青葉の中にある。薫風《くんぷう》が谷々をわたる五月は、比叡山《ひえいざん》のもっとも美しい季節である。私は、横川中堂から、『往生要《おうじようよう》集《しゆう》』の著者恵心僧都源信《えしんそうずげんしん》の兜率《とそつ》谷の墓所へと、新緑の道をたどっている。源信が『往生要集』を起筆したのは、永観《えいかん》二年（九八四）冬十一月、横川の谷々は凜冽《りんれつ》たる寒気につつまれ、風花《かざばな》が舞っていた。そして師良源《りようげん》（九一二―九八五）の急逝、尋禅《じんぜん》（九四三―九九〇）の座主《ざす》就任など、天台《てんだい》教団激動の日々を経て、寛和《かんな》元年（九八五）四月、新暦でいえば五月のこの美しい季節に、『往生要集』三巻は完成をみた。源信は、半歳のあいだ精根を傾けた『往生要集』の筆を擱《お》き、深い感慨をもって、光り輝く横川の新緑をながめやっていたことであろう。

源信の墓

恵心院《えしんいん》をすぎ、源信に師事《しじ》した兜率僧都覚超《とそつそうずかくちよう》（九六〇―一〇三四）の墓碑の道標を右に、飯室《いむろ》安楽律院へ下る行者道を左にみて、林道をしばらく進むと、道ばたに「恵心僧都御墓」と刻まれた石碑がみえる。昭和十一年に、京都中央仏教学院が建てた道標である。導かれ

源　信　墓（比叡山横川）

るままに五十五段の急な石段をのぼると、方一間《いっけん》余の玉垣《たまがき》にかこまれて、高さ九十七センチの八面石幢《せきどう》がひっそりと立ち、かたわらの二本の椿の木から、おそ咲きの赤い花びらが墓前に散りしいている。石幢は近世初期の改造とされるが、終生名利《みょうり》を避けた源信にふさわしい、簡素でさわやかな墓である。

東向きの墓の眼下には、杉木立の谷々を縫う行者道が、横川六谷《よかわろっこく》の一つ飯室谷《いむろだに》を経て坂本へつらなる。『往生要集』を完成した壮年の日の源信は、念仏実践理論の輝けるリーダーとして、盟友慶滋保胤《よししげのやすたね》（?—一〇〇二）と念仏結社の理想を語りあいつつ、恵心院から飯室北谷へ、この行者道をたどったものであった。そして墓の南の山手には、源信が釈尊正法《しょうぼう》の世の再現に晩年の情熱を傾けた霊山院《りょうぜんいん》が、訪れる人もなく廃墟と化して茂みのなかに埋もれている。私は、源信の墓をめぐりつつ、いま谷々をわたるさわやかな五月の風のように、横川から遠く海彼《かいひ》まで仏教界に新風をもたらした、かれ七十六年の生涯にあらためて想いを馳《は》せる。

源信の伝記

源信が仏道を志し、当麻《たいま》の郷の父母の家を離れて、遠くまだ見ぬ横川の良源のもとへと、期待と不安に胸を高鳴らせながら、この行者道を急いだのは、いつのことであったろうか。現存する源信の伝記史料は少なくないが、古代の高僧伝の常として、さまざまに粉飾《ふんしょく》され、あるいは前後錯綜《さくそう》し、歴史的人物としての源信の生涯を再現することは容易でない。しかも、これら史料を用いて書かれた従来の源信伝は、伝記史料それぞれの成立順序や相互関係にあまり留意せず、安易に引用していたきらいがある。本論に入るに先立って、まず源信の伝記史料について明らかにしておく必要があるだろう。

初期の源信伝は四つ

源信の伝記史料についての私見は別稿で論じたから（「源信伝の諸問題」田村圓澄先生古稀記念会編『東アジアと日本』宗教・文学編）詳しくはそれを見ていただくこととし、ここでは結論だけをのべると、現存する源信の伝記史料のうち初期の成立と考えられるものは、『楞厳《りょうごん》院《いん》廿五《にじゅうご》三昧《ざんまい》結衆《けっしゅ》過《か》去帳《こちょう》』の源信伝（以下『過去帳』源信伝と略称）、『大日本国《だいにほんこく》法華《ほけ》経《きょう》験記《げんき》』巻下の源信伝（以下『法華験記』源信伝と略称）、『延暦寺首楞厳院《しゅりょうごんいん》源信僧都伝』（以下『源信僧都伝』と略称）、『続本朝往生伝』の源信伝（以下『続往生伝』源信伝と略称）、の四つである。

『過去帳』源信伝

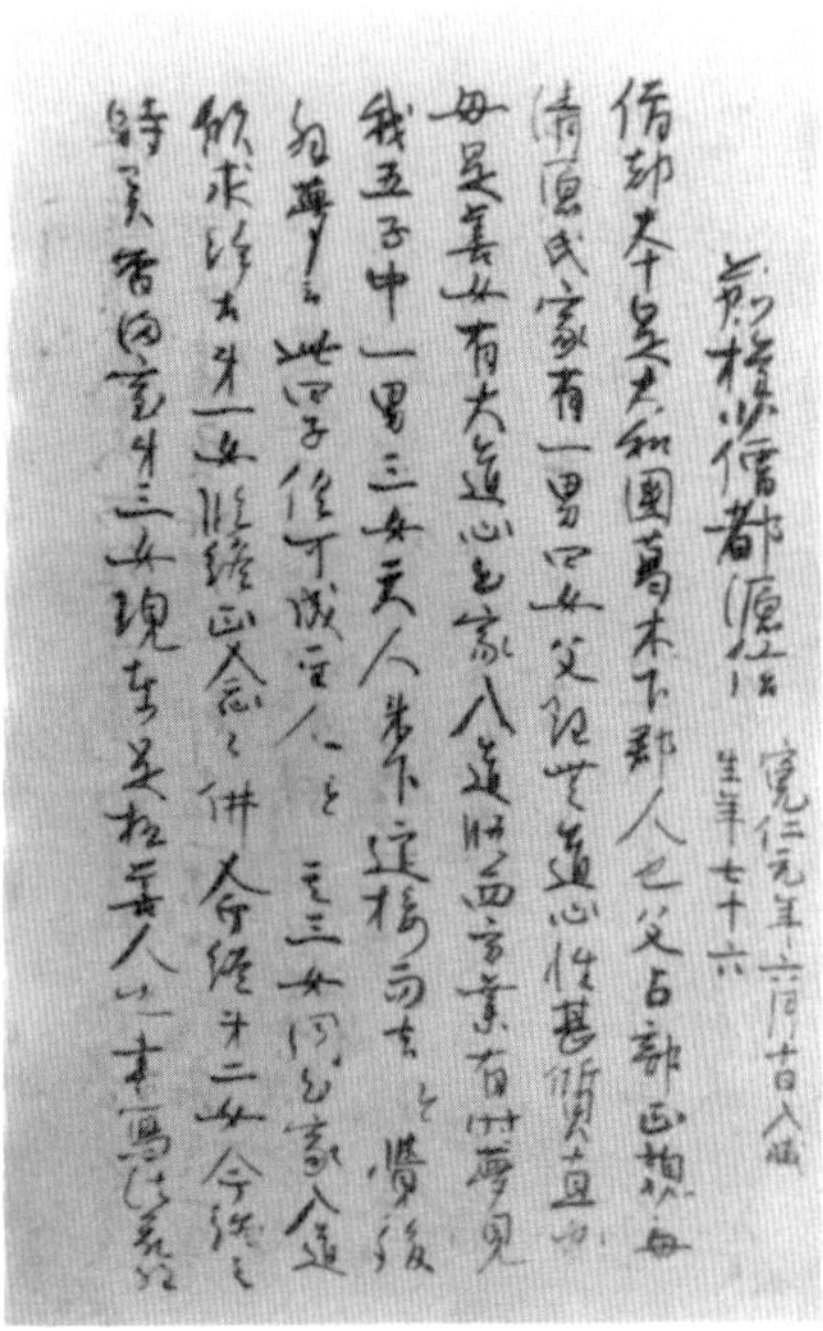

楞厳院廿五三昧結衆過去帳源信伝
（宮内庁書陵部蔵）

『過去帳』は、源信の『往生要集』に刺激され寛和二年（九八六）に発足した念仏結社二十五三昧《ざんまい》会《え》の過去帳で、会の物故者五十一人を列記し、その中の源信など十七人については伝記を付す（『首楞厳院廿五三昧結縁《けちえん》過去帳』とよばれるものは、この略本）。源信伝の部分の筆者は覚超の可能性が高く、その成立は、源信が死去した寛仁元年（一〇一七）六月の数ヵ月後から覚超死去の長元《ちょうげん》七年（一〇三四）の間、おそらくは源信の周忌前後と推察される。

『法華験記』源信伝

『法華験記』は、若いころ源信のそば近くで修行した横川僧鎮源《ちんげん》の撰になるもので、源信伝が収められている巻下は、長久《ちょうきゅう》四年（一〇四三）ころの成立と思われる。

『源信僧都伝』

『源信僧都伝』は、『恵心僧都伝』とか『別伝』ともよばれ、十一世紀中ころ大江朝綱《おおえのあさつな》の曾孫として文名高かった大江佐国《すけくに》が、右大弁某の命に応《こた》え、『過去帳』源信伝をもとに各種の資料を補って執筆したものである。その際、源信晩年の弟子の慶範《きょうはん》から聞き取りしているから、慶範が没した康平《こうへい》四年(一〇六一)以前の成稿と考えられる。

『続往生伝』源信伝

『続往生伝』は、大江匡房《まさふさ》(一〇四一―一一一一)の撰になるもので、子息隆兼《たかかね》の死と大宰府から帰洛《きらく》の後、康和《こうわ》四年(一一〇二)から五年の成立とされる。

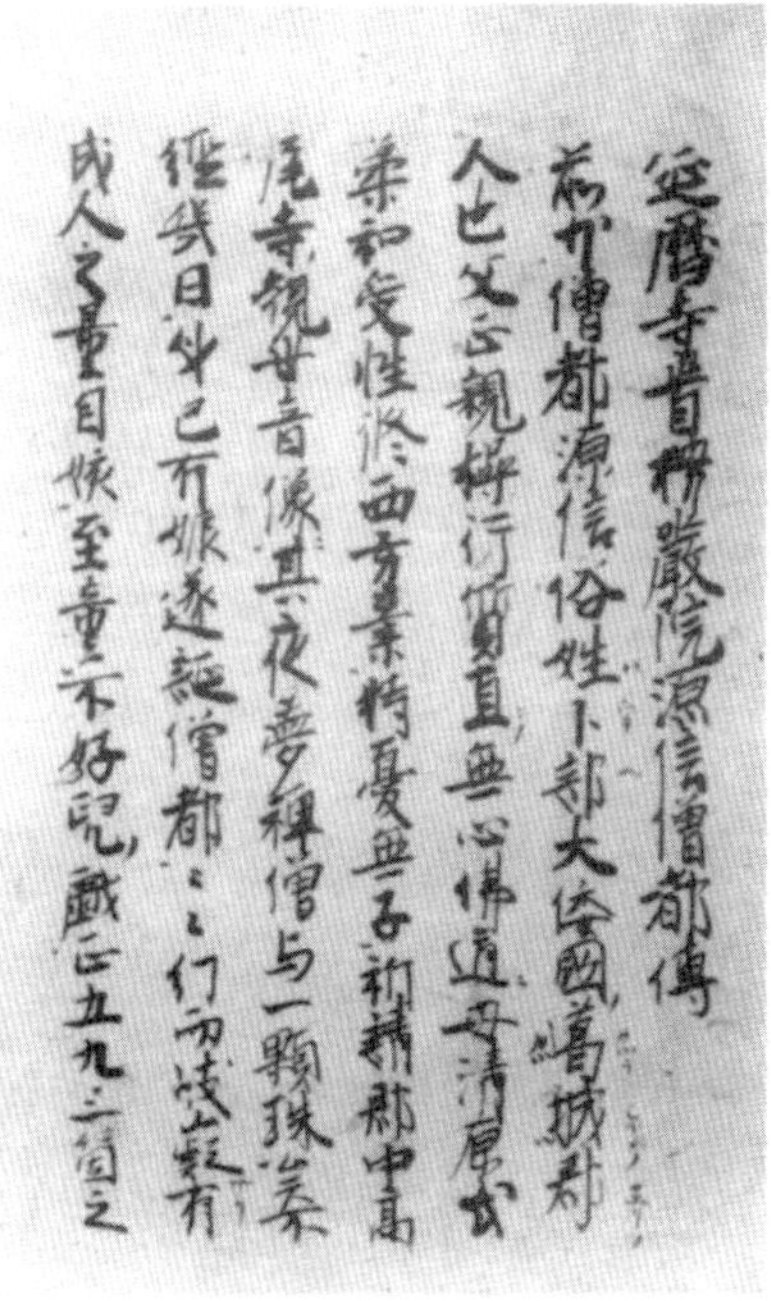

源信僧都伝(巻頭)
(今津洪嶽氏旧蔵)

なお、有名な源信の母の話はじめ、いくつかの源信関係説話を含む『今昔物語集』の成立年代は、嘉承《かしょう》元年(一一〇六)をそれほど下らないころと思われる。

初期の伝記の相互関係と特徴

このように、現存する初期の源信伝のうち、最初に成立したのは『過去帳』の源信伝である。『過去帳』源信伝と他の三つの源信伝を対比してみると、『法華験記』源信伝は、源信の横川入り以前の記述は明らかに『過去帳』源信伝を下敷きにしているし、『源信僧都伝』には、大江佐国が文人的立場から『過去帳』源信伝を添削《てんさく》改変したと思われる部分が少なくない。また『続往生伝』源信伝も、この『源信僧都伝』を引用しているから、『過去帳』源信伝の影響を間接的に受けていることになる。

こうした意味において、『過去帳』源信伝の記述内容は、源信の伝記史料としてもっとも重視すべきだが、かといって『法華験記』など三つの源信伝の史料的価値は、『過去帳』のそれに必ずしも劣るものではない。これら源信伝は、著者が直接見聞した源信の信仰生活、源信の弟子たちに伝えられていたと思われる逸話、横川に所蔵されていたらしい文書記録など、『過去帳』源信伝にみられぬ独自の資料も用い、それぞれの著者の関心によって源信伝を構成しているからである。

本書の立場

近年になっても、源信に関する著述のなかには、その生涯を述べるのに室町時代の『三国伝記』など後世の伝記の類を安易に利用している場合が少なくない。その一方では、源信にはまとまった伝記史料が乏しく、生涯をたどるのは困難だという声も聞く。しかし、没後せいぜい八、九十年の間に、現存するだけでも四種の伝記が書かれた源信は、同時代の僧侶のなかでは、むしろ伝記史料の豊富な人物といってよい。成立年代と相互関係に十分留意した上で、それぞれの伝記の史料的特色を生かして利用するならば、源信の生涯は多面的に浮びあがってくるはずである。

とはいえ、筆者の菲才《ひさい》、いたずらに紕謬憶断《ひびゅうおくだん》を重ね、かえって僧都の広徳をけがすこと少なからざるを恐れる。いまはただ、そのかみの『源信僧都伝』の著者のひそみにならい、今日の抵梧《ていご》の文により、衆生とともに当生《とうしょう》の引摂《いんじょう》の記に預《あず》からんことを願うのみである。

初期の伝記はじめ源信に関する史料は、ほとんどが漢文体であり、引用に際して、すべて書き下し文に改めた。一々註記しなかったが、卑見《ひけん》によって従来の読みを改めた部分の少なくないことを、最初にお断りしておく。

第二 当麻の郷

一 幼い日々

誕生

源信は、大和国葛城下《かずらきのしも》郡当麻《たいま》郷に生まれた。『過去帳』源信伝はじめ諸伝は、寛仁《かんにん》元年（一〇一七）没時の年齢を七十六歳とするから、これから逆算すれば、天慶《てんぎょう》五年（九四二）のことである。江戸時代の『恵心僧都絵詞伝』は「僧都の幼名を古鈔には千菊丸と号す」と記すが、初期の源信伝にはみえず、源信の幼名は不明という他ない。

葛城下郡は、現在の奈良県大和高田《やまとたかだ》市と北葛城《きたかつらぎ》郡にわたる地域である。古くは、御所《ごせ》市にあたる南の葛城上《かみ》郡と合わせて、葛城国・葛城県《あがた》とよばれたが、『日本書紀』天武天皇十三年（六八四）条に「倭《やまと》の葛城下郡《かずらきのしものこおり》」とあるから、おそくも『書紀』完成ころには上郡と下郡に分れていたのであろう。

十世紀の『延喜式』では「葛下」と書き、源信誕生にほど近い九三〇年ころに源順《みなもとのしたごう》

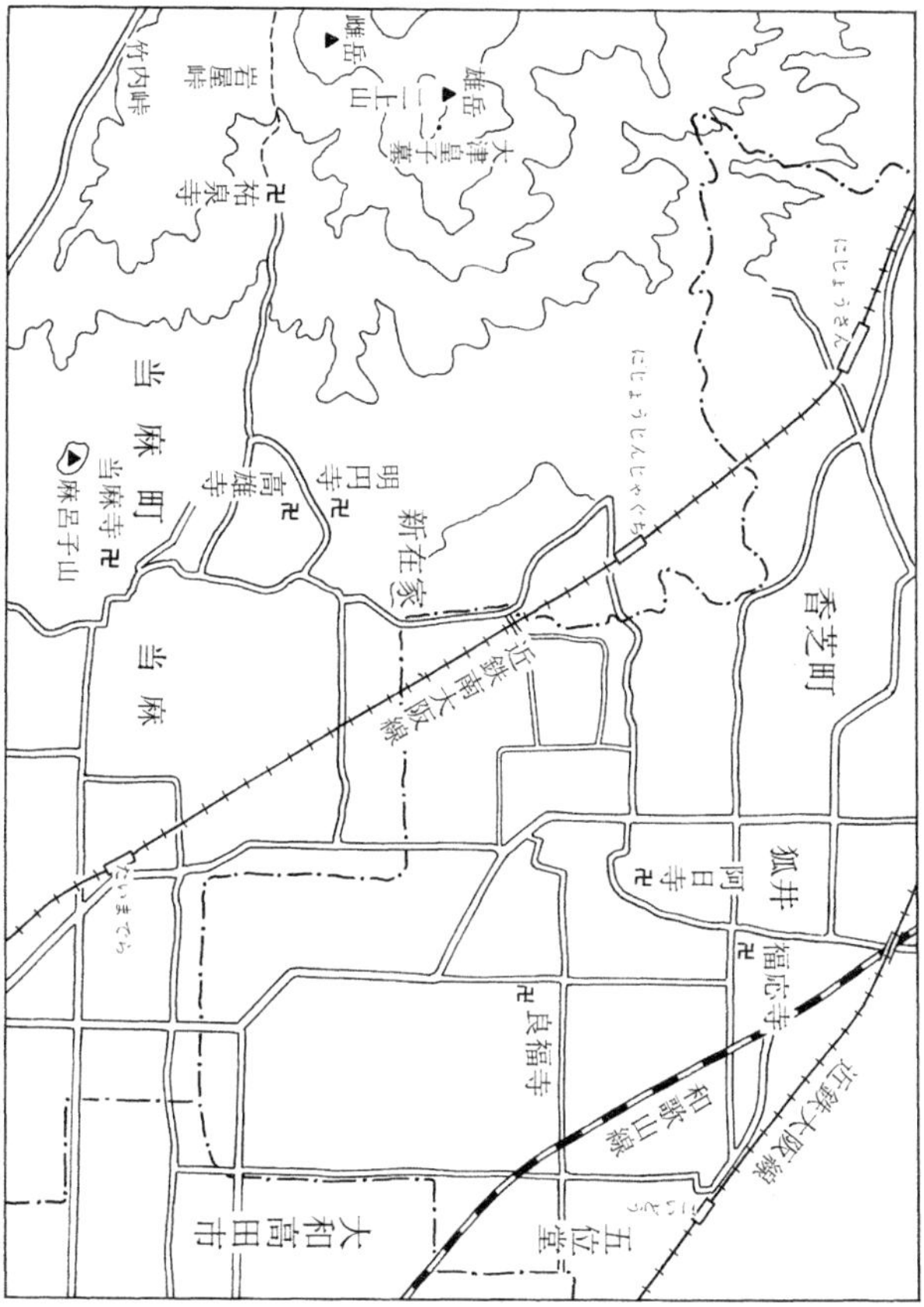
雄岳
二上山
雌岳
大津皇子墓
岩屋峠
竹内峠
祐泉寺
当麻町
当麻寺
麻呂子山
明円寺
高雄寺
新在家
にじょうざん
にじょうじんじゃぐち
当麻
近鉄南大阪線
たいまでら
香芝町
狐井
阿日寺
福応寺
良福寺
和歌山線
近鉄大阪線
五位堂
大和高田市

当麻地方地図

諸伝の伝える誕生地

が編したとされる『倭名抄《わみょうしょう》』によれば、葛下郡は、神戸《かんべ》・山直《やまたえ》・高額《たかぬか》・賀美《かみ》・蓼田《たでた》・品治《ほむち》・当麻の七郷を数えた。『倭名抄』は、当麻を「多以末《たいま》」、葛下を「加豆良木乃之毛《かずらきのしも》」と訓しているが、葛下郡は寿永《じゅえい》元年（一一八二）の東大寺の文書に「カチケ（ゲ）ノコオリ」とあり、時代が下るにつれて「カチゲ郡」「カツゲ郡」とよぶようになったらしい。

初期の源信伝のなかでもっとも古い『過去帳』源信伝と、源信の幼時の記述はこれを下敷きにしたと思われる『法華験記』源信伝は、ともに「僧都は、もとこれ葛下郡の人なり」と記している。『過去帳』源信伝を大幅に添削した『源信僧都伝』が「大倭国の葛城郡の人なり」と記すのは、この「下郡」を略したもので、「葛城郡」を漢風に「カツラシ（ジ）ヤウノコホリ」と訓している。大江匡房《まさふさ》の『続往生伝』源信伝は、『源信僧都伝』を参照して書かれたが、「葛上郡当麻郷の人」と記している。「葛上」は「葛下」の誤写とも考えられるが、「上《じょう》」の音は「城《じょう》」に通じ、つぎに「当麻郷」と記すのをみると、この「葛上」は葛城上郡ではなく「葛城」の意味で「カツラジヤウ」「カツジョウ」と訓《よ》むのかもしれない。源信の誕生地を葛城郡の中でも当麻郷とするのは『続往生伝』が最初で、なんらかの史料によったのか、匡房当時そうした伝承があったのか不明だが、『過去帳』以下諸伝が記す高尾寺の位置（一七頁参照）と照し、事実と考えて誤りあるまい。

当麻郷の範囲は明らかでないが、吉田東伍《とうご》の『大日本地名辞書』は、当麻村《たいま》（現在の当麻町）から五位堂《ごいどう》村（現在の香芝町《かしばちょう》大字五位堂）におよぶ地域と考えている。当麻村と五位堂村の間にあたる狐井《きつい》村（現在の香芝町大字狐井）や良福寺《りょうふくじ》村（現在の香芝町大字良福寺）には、源信誕生地や源信開基の伝承を有する寺がある（『香芝町史』『奈良県の地名』）。

たとえば狐井城山《きついしろやま》古墳の北にある浄土宗《じょうどしゅう》の福応寺《ふくおうじ》は、興徳山恵心院《こうとくさんえしんいん》と号し、かつて天台寺院で源信の創建と伝える。『大和志《やまとし》』は、

福応寺は狐井村に在り。源信僧都の写真（肖像画）あり。櫃《ひつ》の銘《めい》に曰《いわ》く、和州葛下郡岡郷狐井邑《むら》の本尊、天文《てんもん》廿一年七月、広瀬郡箸尾《はしお》の東寺金剛院知秀造る。伝えて云う、源信の桑梓《そうし》なり。

と記す。同寺の本尊阿弥陀三尊板仏を源信の真筆《しんぴつ》とする伝承が結びついて、このあたりは源信の桑梓《そうし》（故郷）と伝えられていたのである。また良福寺村の常盤寺《ときわでら》も、長保《ちょうほう》年間（九九九—一〇〇四）に源信が開いたとの伝承を有するが、源信の誕生地伝承で広く知られるのは、同村の阿日《あにち》寺である。

平安後期の阿弥陀如来を本尊とし、常盤寺本尊の大日如来を客仏とする阿日寺は、鎌倉時代の絹本聖衆来迎図《けんぽんしょうじゅらいごうず》はじめ浄土教関係の寺宝が多く、また源信が毛髪で綴ったとい

阿日寺と同寺梵鐘

う六字名号《ろくじのみょうごう》や、源信と妹安養尼《あんように》の舎利《しゃり》を収めたという舎利容器がある。本尊の前には源信の坐像を安置し、恵心堂には源信の父母の位牌を祀る。さらに貞享《じょうきょう》二年（一六八五）鋳造の同寺の梵鐘《ぼんしょう》の銘文には、「日域和州（日本大和国）葛下郡邑郷良福寺村者《は》、昔日恵心僧都誕生之《の》霊地也……」とある。同寺蔵の品じなについての源信ゆかりの伝承をそのまま信じることは危険だが、江戸時代の初めには、源信誕生地の伝承が、すでに土地の人びとの間に根付いていたのであろう。初期の源信伝による限り、源信の誕生地を当麻郷のなかの特定の場所に求めるすべはないが、狐井・良福寺の間に集中する誕生地伝承は、あながちに否定すべきではあるまい。

源信の父母

さて、源信の誕生と家庭について、各種の源信伝が下敷きとしているのは、『過去帳』の記載である。それによると、源信の父卜《うら》(占)部《べ》正親《まさちか》は、性格は質朴で正直者といえ、格別道心深い人物ではなかったが、清原氏の出である母は、大道心あり、後に出家して西方の業《ごう》を修したという。

母の霊夢

彼女は、正親との間に一男四女をもうけたが、あるとき一男三女を天人が来迎引摂《らいごういんじょう》して去る夢をみた。夢覚《さ》めて彼女は、「この四人の子は、ともに聖人になるだろう」と語ったが、はたして四人の子は、いずれも出家入道して浄土の道を求めるようになった（残りの一女についてはなんの記述もないが、あるいは早世したのだろうか）。

姉妹の信仰

第一女は、臨終のときに正しく念仏をとなえて没した。第二女が世を去るとき、浄土往生の相である異香《いこう》が室に満ちた。源信の妹の第三女は、『過去帳』によれば源信没後も健在で、『法華経』を書写し慎み敬うこの上ない善女であった。たまたまこの『法華経』

を借り出していた河内国の尼の草庵が火災に会い、尼の身のまわりのものはみな灰となったが、不思議にも三女の写した『法華経』だけは灰の中に焼けずに残っていたという。

これら源信の姉妹たちの信心は、当時評判だったらしい。『法華験記』は、源信の伝と同じ巻下に、姉の願西《がんさい》のつぎのような伝をのせている。

比丘尼願西は、楞厳院《りょうごんいん》の源信僧都の姉なり。仏法に入りたる後、法華経を読誦して、しかもまた経の甚深《じんじん》の理を解了せり。その心柔軟にして、正直に偽《いつわり》なく、全《また》く戒律《かいりつ》を護りて、深く罪根を怖れたり。女の形を受くといえども、まさに信男というべし。法華経を読むこと、数万部におよび、念仏の功を積むこと、その量《かず》を知らず。奇異の夢を見て、尋ね来る人多し。山鳥は菓蓏《このみくさのみ》を啄《ついば》みて、飛び往きてこれを献り、野狐は粢餅《しとぎ》（神前に供える餅）を持ちて、ひそかに来てこれを志せり。いかにいわんや、人倫なんぞ帰せざらんや。おのおの結縁せんことを知りて、その意に逆《さか》わず。衣はわずかに身を隠し、食はただ命を支うるのみにして、その余分をもて、あまねく孤露《ころ》貧賤《ひんせん》の類に施して、さらに利を貪することなし。普賢来護《ふげんらいご》して観音《かんのん》摩頂《まちょう》したり。かくのごとき奇しきこと、時々常にあり。臨終の刹那《せつな》、眼に光明を見、耳に妙法を聞きて、合掌して仏を礼し、息絶えて入滅せり。寛弘《かんこう》年中なり。

この願西は、寛弘年中（一〇〇四—一〇一二）に没したというのだから、『過去帳』が源信没時にはすでに故人になっていたとする第一女か第二女にあたるのだろう。いっぽう『続往生伝』には、第三女にあたると思われる源信の妹願証《がんしょう》（願西と記す写本もあるが、これは前記の姉の名と混同した誤りである）の伝が収められている。

妹願証

　比丘尼願証は、源信僧都の妹なり。少年の時より志は仏道を求めて、ついに婚嫁《とつ》がず。五障《ごしょう》の身（女の身）を受けたりといえども、猶し二諦《にたい》（仏教の真理である真諦と世間の真理である俗諦）の観に明かなり。才学道心は、ともにその兄に越えたり。世に安養尼公《あんようのにこう》という。念仏日に積りて、道心年に深し。臨終の異相は、甄録《けんろく》するにいとまあらず。誠にこれ青蓮花《しょうれんげ》の中に住処せるものなり。

才学道心ともに兄源信以上とは過褒《かほう》の感もするが、参議左大弁源経頼《つねより》の日記『左経記《さけいき》』の長元七年（一〇三四）九月十日条に、

　去月廿五日、大和国吉野郡に住む安養尼願証入滅す。これ故源信僧都の妹なり。多年念仏し、いま老後におよびて病痾《びょうあ》離れず、辛苦年久し。死ぬる日の前七日間病痾す。この日、おもむろに西に向いて念仏し、居しながら空《くう》に帰すと云々。

源氏物語の横川僧都

とあり、貴族たちの間でも、熱心な念仏者として尊敬されていたのである。寛弘七年（一〇一〇）

高雄寺本尊聖観音像

ころの成立という『源氏物語』宇治十帖の「手習」の巻に、

その頃、横川になにがしの僧都とかいひて、いと尊き人、住みけり。八十《やそじ》あまりの母、五十《いそじ》ばかりの妹ありけり。

と記すのは、『河海抄《かかいしょう》』『花鳥余情《かちょうよじょう》』以来、源信と母、それに安養尼願証をモデルとしているとするのが定説である。『興福寺略年代記』によると、願証は八十二歳で没しているから天暦七年（九五三）の生まれ、宇治十帖成立当時五十代というのは年齢的にも一致する。

源信の母や妹は、「横川の僧都」を囲む信心深い一家のモデルとして読者の貴族たちを納得させるほどに有名だったのである。

母、高尾寺観音に男子を祈る

こうした信心深い母や姉妹に囲まれた、一家のただ一人の男の子が源信であった。『過去帳』によると、男の子の授かることを願った母が、葛城下郡内の霊験寺院高尾寺《たかおでら》に詣り、本尊の観音像に祈ったところ、夢に住持の僧が現われて、一つの珠を授けた。その後ほどなく懐妊し、男子が生まれたが、それが源信であったという。

高尾寺の現況

現在、当麻町大字新在家《しんざいけ》にある二上《にじょう》山高雄寺《さんたかおでら》は、この高尾寺にあたるとさ

祐泉寺への道

れる。高雄寺は、明治になって真言宗《しんごんしゅう》から浄土真宗《じょうどしんしゅう》に転宗し、現在は無住で、近くの浄土真宗明円寺《みょうえんじ》が管理している。三間入母屋造《さんげんいりもやづくり》の観音堂は江戸初期の様式を伝えるが老朽し、本尊聖観音像《しょうかんのんぞう》は、隣の収蔵庫に移されている。聖観音像は高さ九十九センチの一木彫立像、彩色は剝げ白っぽくなっており、手・足・天衣《てんね》など後補のところもあるが、衣《え》紋《もん》の翻波《ほんぱ》は鋭く、平安初期の作とみられ、国の重要文化財に指定されている（『当麻町史』）。源信の母が祈願した観音像とは、おそらくこの聖観音像であろう。

もっとも、大字当麻の高津氏所蔵の古図は、二上山中腹の山上に向う小道と岩屋《いわや》峠への道の分岐点とみられる高所に寺院の存在を示し、「高尾寺旧地」と註記しているという（『奈良県の地名』）。これから考えれば、古く高尾寺は、現在の祐泉寺《ゆうせんじ》付近にあり、後に低地部に移ったようである。秋の一日、私は高雄寺から祐泉寺への道をたどってみた。一キロ余りの道は今では整備され急坂というほどでないが、それでも祐泉寺のうらの紅葉散りしく石段をのぼり、木の間がくれに当麻の郷を望めば、いかにも幽邃《ゆうすい》な山寺の趣がある。源信の母が山路をたどったころは、ことにその感が深かったと思われる。

『法華経』普門品《ふもんぼん》（観音経）は、

もし女人ありて、もし男《おのこ》を求めんと欲して観世音菩薩を礼拝せば、すなわち福徳・

高尾寺旧地

智恵の男を生まん。

と説いており、『石山寺縁起』には、石山寺に参籠《さんろう》した藤原国能《くによし》の妻が観音から如意宝珠《にょいほうじゅ》を賜わる夢をみたところ、家は富み男子が生まれたという有名な話がある。このように観音に男子誕生を願うのは当時広く行なわれたことで、後に源信の師となった良源も、その母が土地の名刹大吉寺《だいきち》の観音に祈願して生まれた子ゆえ、幼名を観音丸とよばれたと伝えられる。源信の父母も、祈請のかいあって授かった男子を、「高尾の観音さまの申し子」と喜びあったことであろう。

当時の世相

源信が生まれた天慶五年(九四二)といえば、都では関白藤原忠平《ただひら》の執政の下、藤原北家の専権が確立し、王朝文化が爛熟期を迎えようとする時代であった。東西の辺境では、平将門《まさかど》・藤原純友《すみとも》の乱の余燼《よじん》さめやらず、古代国家没落の社会不安がようやくしのびよりはじめたとはいえ、ここ大和国当麻の郷の日々は平穏であった。

当麻曼荼羅

当麻の郷の名を聞く人は、だれでも当麻曼荼羅《まんだら》と二上山の落日を思い浮べるに相違ない。天平《てんぴょう》の昔、横楓大臣《よはぎのおとど》藤原豊成《とよなり》の姫が当麻寺に入り、蓮糸《はすいと》で曼荼羅を織りあげて生身の弥陀・観音にまみえ、西方浄土往生の素懐をとげたという中将姫《ちゅうじょうひめ》の伝説と結びついて当麻曼荼羅の信仰が高まるのは、もう少し後の平安時代も末のことだが、母や姉たちにともなわれて当麻寺に詣でた幼い源信は、縦横一丈三尺（三・九五メートル）におよぶこの大幅を畏敬の念をもって拝し、母や姉たちが絵解きしてくれる曼荼羅に描かれた『観《かん》無量《むりょう》寿経《じゅきょう》』の不思議な物語——遠い天竺《てんじく》の王家の争い、わが子に幽閉された傷心の后の浄土欣求《ごんぐ》、さては日想観はじめ西方浄土往生をとげるという十六の観法と極楽の荘厳——に、小さな胸をときめかせたであろう。

当麻寺は、二上山の東麓にまるくもりあがる麻呂子《まろこ》山の下にある。土地の人々に問えば、源信誕生伝承地の阿日寺の裏手から西南の当麻寺へ向う道が二上山の眺望にもっとも適していると教えてくれる。かつて折口信夫《おりくちしのぶ》は、源信の誕生伝承地が二上山《ふたかみやま》の落日を仰ぐのにころあいの場所であることに注目した。幼い源信が毎日の夕焼けを仰ぎ感得した「仏教以前から、我々祖先の間に持ち伝へられた日の光りの凝り成して、更にはなぐと輝き出た姿」が、後の「山越し阿弥陀像」を生んだというのである。

今日も尚、高田の町から西に向つて当麻の村へ行くとすれば、日没の頃を択ぶがよい。日は両峰の間に俄かに沈むが如くして、又更に浮きあがつて来るのを見るであらう。（「山越しの阿弥陀像の画因」）

「山越し阿弥陀像」を源信真筆とするのは近年の研究では疑わしいが、幼い源信が当麻曼荼羅にかいま見た西方浄土の幻を、日々仰ぐ二上山の荘厳な落日の彼方に重ね描き憧れたとしても不思議ではない。篤信の母や姉たちから、西方浄土の教えやおのれの誕生にまつわる観音の霊験をくりかえし聞かされ、当麻曼荼羅を拝し二上山の落日を仰ぐ源信のうちには、幼いなりに仏教への関心が芽生え育っていったのである。

二　高尾の霊夢

幼時の源信

当麻の郷での源信について、『源信僧都伝』は、

僧都、幼にして岐嶷《きぎ》、成人の量《ちから》あり。孩《みどりご》より童にいたりて、児戯を好まず。

と記している。「幼時から賢くて大人びており、少年になっても子供らしい遊びを好まなかった」とは、高僧の幼時についての常套的表現ともとれるが、良くいえば神童、悪くいえば大人びて遊びの輪にも加わらぬ変った子という印象を人々に与えたのは、事実かもしれない。

三長斎戒を修す

子供らしい遊びもせず、幼い源信はなにをしていたのか。『過去帳』は「少年にして年に三長斎戒《さんちょうさいかい》を修す」と記し、この文を添削した『源信僧都伝』は「正《しょう》・五・九の三箇の

月、高尾の蘭若《らんにゃ》（寺院）において斎戒精勤《せいきん》し、人事に雑わらず」と意を補って記している。三長斎戒とは、年に三遍、正月・五月・九月の各前半に在家信者が八斎戒を守ることである。八斎戒は、生きものを殺さぬ、盗みをせぬ、婬事をせぬ、うそをつかぬ、酒を飲まぬ、高座に坐って床に臥さぬ、身を飾らず舞歌を遠ざける、午後には食事をとらぬ、の八つだが、ことに最後の非時食戒《ひじじきかい》を重視する。同じ八斎戒を守るにしても、一日間だけ月に六回守ればよい六斎日とちがい、三長斎戒は月の前半十五日間を続けるので「長斎」というのである。

源信、夢に横川修学を勧めらる

源信は、母が自分の誕生を観音に祈ったと聞かされていた高尾寺で、いつのころからか三長斎戒を修していたのだが、まだ幼い身で家から二里近くも離れたさびしい山寺に一人籠り、子供にとってもっともつらい非時食戒を守り通したのは、大変な意志の強さといわなければならない。

そうしたある夜、源信は不思議な夢をみた。寺の中の蔵に、さまざまの鏡がある。もちろん当時のことだから、銅の鏡である。ある鏡は大きく、ある鏡は小さく、ある鏡は明るく、ある鏡は暗い。一人の僧がいて、小さな暗い鏡をとって源信に与えた。不満な源信が「こんな小さな鏡じゃ役にたちません。あの大きな明るい鏡をください」というと、僧は「あれはお前の分にすぎている。今のお前に分相応なのはこれだ。この鏡をもって横川に行き、よく磨くことだ」とさとした。横川とはどこのことか、夢さめた源信は知る由もなかったが、「後に事の縁あって」横川に入り出家受戒することとなった。

『過去帳』が記すこの不思議な夢の話は、『過去帳』を下敷きにしたらしい『法華験記』や『源信僧都伝』にも同工異曲で記されている。生前源信がみずから語った話なのか、それとも源信の横川入りを説明するための没後まもないころの創作か、今となってはたしかめるすべもない。合理的に解釈すれば、幼い身で三長斎戒を修す源信に感心した高尾寺の僧が横川入りを勧めたとも考えられるが、宗教者において神秘的な夢告がそのまま現実のものとなって行く例は昔から現在まで決して少なくないのだから、幼い源信が高尾寺でこうした夢をみたという『過去帳』の記載を、今日のわれわれがあながちに否定すべきではあるまい。

諸伝の解釈

もっとも、室町時代の応永《おうえい》十四年（一四〇七）から文安《ぶんあん》三年（一四四六）ころの間にできた『三国伝記』の源信伝では、源信七歳のとき父が病死し、「法師ニ成シ学文《がくもん》サセ父母ノ現当ヲ訪《とぶらわ》スベシ」との遺言を守って高尾寺に籠った源信が、曇る鏡を横川の水で磨けとの夢をみる話になっている。母が夢解きをして「これこそ霊夢」と喜んでいるところに「比叡山ノ大廻《おおまわり》ノ行者」が訪れ、良源のもとへともなう筋立てだが、ここまで来ると話ができすぎていて真実味がうすい。『過去帳』が漠然と「後に事の縁ありて、おのずからここ（横川）に来り出家受戒す」、『法華験記』が「後に事の縁ありて、叡山に攀登《はんとう》す」と記しているように、道心深まり仏門に入ることとなった源信の出家受戒の地が、なんらかの縁で比叡山横川となり、かつての夢の僧の言葉とはしなくも符合したといったあたりが、事実に近いのではなかろうか。

これに対し『源信僧都伝』の場合は、「その後、ひそかに父母の家を辞して天梯《てんだい》（台）山に攀登す。父母号泣して、いずこに去るかを知らず」と記しており、幼い源信が夢の言葉に強くこだわり続け、横川の地を求めて家出したようなニュアンスである。おそらく大江佐国としては、霊夢が現実のものとなる横川入りを「後に事の縁ありて」というあいまいな表現ですませた『過去帳』の文章では満足できず、添削した結果だろうが、父母の悲歎の後に「名称あまねく聞えるの後、父母はじめてわが子なるを知り、歓喜の心、未曾有なり」という落ちまで付くと、いささか文学的修飾が勝ちすぎた感がする。『法華験記』を下敷きにした『今昔物語集』が、「遥《はるか》ニ程ヲ経テ打忘レタル時ニ、事ノ縁有ルニ依テ比叡山ニ登ル」とすなおに解釈したように、やはり源信の横川入りの経過は『過去帳』の漠然とした記載にとどめるべきである。

横川入りの年齢

源信が横川入りした年齢も、明確にすることはむずかしい。前述のように『三国伝記』は、七歳のときの父の死を機縁としたと記し、江戸時代の『慧心院《えしんいん》源信僧都行実《ぎょうじつ》』は、これを受けて、霊夢と入山の年を九歳とする。しかし『源信僧都伝』は、入山後も父は健在であったように表現しており、妹の願証が生まれた年を『興福寺略年代記』で逆算すれば、源信が十二歳の時になる（一六頁参照）。もともと父の没年を明記する史料があったとは思えないから、七歳の時の父の死や、九歳入山説は信ずるに足りない。

得度受戒の年齢

また入山後の得度受戒《とくどじゅかい》について、『三国伝記』やこれによった『慧心院源信僧都行実』は、十三歳で良源について出家（得度）受戒したとするが、これも確証があるわけではない。この前後の高名な天台僧の入山と得度受戒の年齢を『天台座主記』その他によってみると、源信の師良源は十二歳で入山し十七歳で得度受戒、良源の前の天台座主である喜慶《ききょう》は十六歳（一説十五歳）で得度受戒、源信の同輩では尋禅が十六歳で入山し得度受戒、覚超は入山は不明だが十九〜二十四歳の間に得度受戒している。それぞれの入山の事情や学業の進み方、さらには得度を推挙してくれる師主が得度者の定員枠をもっているかなど、さまざまの要因によって得度受戒の年齢に相違が生じるのだが、このように当時の高名な僧たちの場合でも十五歳未満の得度受戒の例は認められないから、十三歳の得度受戒は早きにすぎるように思われる。

童児の時、入山か

初期の源信伝の中で、入山の時期につきやや具体的なのは大江匡房の『続往生伝』で、「童児の時、延暦寺に登り、慈慧僧正《じえそうじょう》（良源）に師事す」と記している。この記述も、なんらかの年齢を明示した史料によったものかわからないが、漢語で「童児」とは未成年すなわち十五歳未満をさすニュアンスが強いから、一応『続往生伝』の記述に従って、源信十代の前半に入山して良源に師事し、その後しかるべき年齢になって得度受戒し、源信と号したということにしておく。

横川入りは天暦末年か

いずれにせよ、源信が横川の良源の門に入ったのは、天暦《てんりゃく》の末年（九五〇年代なかば）ころと考えて大過ないであろうから、われわれも、目を当麻の郷から天暦年間の比叡山横川の地に転じることとしよう。

第三　横川の風

一　師と弟子

横川の位置

横川は比叡山の北端に位置し、樺尾《かばお》（香芳《かぼう》）谷・般若《はんにゃ》谷・兜《と》（都）卒《そつ》谷・解脱《げだつ》谷・戒心《かいしん》谷・飯室《いむろ》谷の六谷からなる。東塔・西塔《さいとう》と合わせて三塔十六谷とよばれるとはいえ、叡山の中心の東塔・西塔からは遠く離れている。江戸時代の里程表では、東塔根本中堂《こんぽんちゅうどう》から横川の中心般若谷の横川中堂まで一里二十二町（六・三キロ余）、西塔釈迦堂《しゃかどう》からでも一里七町ある。横川六谷のはずれ、飯室谷の不動堂となると、根本中堂から二里十六町、坂本村から十八町とあるように、叡山のうちとはいいながら、琵琶湖西岸の坂本に近い。道路が整備された今日でも、叡山《えいざん》を訪れる人の多くは東塔・西塔までで、横川に足を延ばす人は少ない。東塔・西塔から山谷の行者道をたどった当時、叡山の中でも僻遠《へきえん》の地の感が強かったであろう。

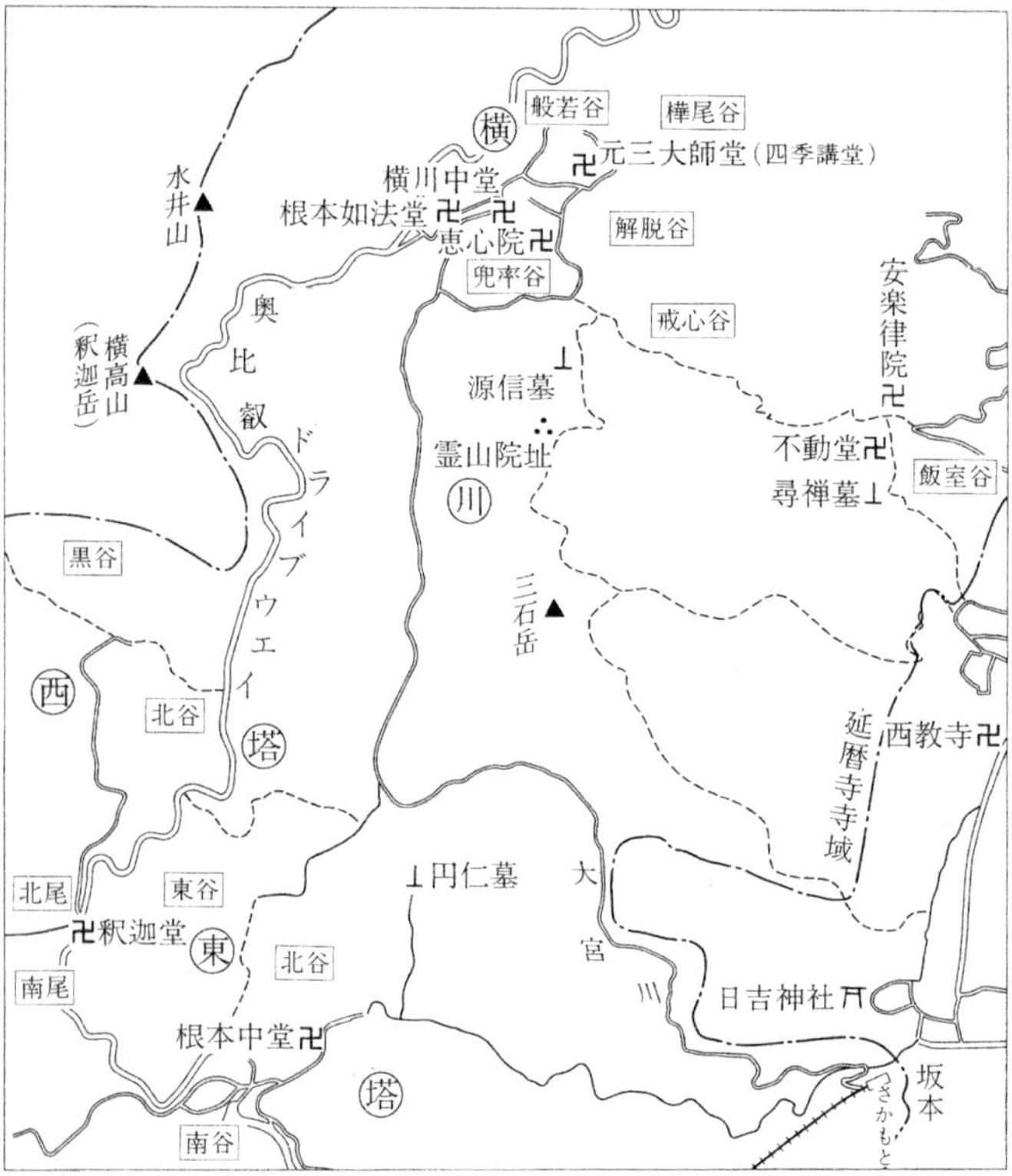

般若谷
樺尾谷
横
元三大師堂（四季講堂）
横川中堂
根本如法堂
恵心院
解脱谷
兜率谷
水井山
横高山
（釈迦岳）
奥比叡ドライブウェイ
戒心谷
安楽律院
源信墓
霊山院址
川
不動堂
尋禅墓
飯室谷
黒谷
三石岳
西
北谷
塔
延暦寺寺域
西教寺
北尾
東谷
円仁墓
大宮川
釈迦堂
東
北谷
南尾
日吉神社
根本中堂
塔
坂本
さかもと
南谷

比叡山地図

横川の起源

東塔・西塔の地の開発は最澄《さいちょう》（七六七—八二二）在世時に遡るが、それが横川におよんだのは、慈覚大師円仁《じかくだいしえんにん》（七九四—八六四）の下である。『慈覚大師伝《じかくだいしでん》』によれば、円仁は四十歳のころ（あるいは三十六歳ころともいう）、視力おとろえ余命いくばくもないと感じ、山内の北の幽閑の地に草庵を結んだ。これが後の横川首楞厳院《しゅりょうごんいん》で、円仁はここで修行すること三年、霊夢によって健康を回復し、入唐求法《にっとうぐほう》の悲願を達成した。

円仁没後、智証大師円珍《ちしょうだいしえんちん》、さらにその門流が山内の要職を占めた時期が永く続き、横川の地は顧みる人もなく荒廃したが、こうした横川を中興したのが、源信の師良源である。

良源と横川

良源の生涯については、本叢書所収の平林盛得《もりとく》氏の『良源』が委曲《いきょく》を尽している。良源は、延喜《えんぎ》十二年（九一二）、琵琶湖北岸の近江国浅井郡に生まれた。母が観音に祈願して生まれたという話は、源信の誕生と通じるものである。延長《えんちょう》元年（九二三）、叡山西塔に入った良源は、円仁系の理仙《りせん》を師とした。承平《しょうへい》七年（九三七）、藤原氏の氏寺《うじでら》興福寺の維摩会《ゆいまえ》で南都の学僧と論義して頭角を現わし、やがて藤原北家の忠平《ただひら》の知遇を得ることとなる。天暦三年（九四九）八月、忠平が没すると、身に災厄があるとの夢告を得た良源は、忠平の冥福を祈るためと称して、「住僧わずか両三」と伝えられるほどに荒廃していた横川に隠棲《いんせい》した。円仁系のなかでも傍流の良源が、もちまえの才気で関白忠平の知遇を得たことに、円珍系の勢力が強かった当時の叡山では心よからず思うものが少なくなかったはずだ。後楯《うしろだて》の忠平が没するとともに、良源が身に災厄の恐れがあるとして、叡山の中心から離れた横川に去った理由も推察できる。

藤原師輔と良源

ところが、良源の横川入りの翌天暦四年五月、忠平の子右大臣藤原師輔《もろすけ》の娘安子《あんし》が、村上《むらかみ》天皇第二皇子憲平《のりひら》親王（後の冷泉《れいぜい》天皇）を生んだ。すでに南家の中納言藤原元方《もとかた》の娘が村上天皇第一皇子広平《ひろひら》親王を生んでいたので、摂関時代の常として、師輔と元方の間で外戚の座につらなる外孫の東宮《とうぐう》争いがおこった。元方が叡山の桓算《かんさん》を広平親王の護持僧としたのに対し、師輔は、父忠平と縁浅からず憲平誕生の際の安産祈禱をつとめた良源に外孫の安寧《あんねい》を託した。同年七月、憲平が皇太子と定まるとともに、良源は師輔の推挽《すいばん》で東宮護持僧に任じられ、栄達の道を歩むこととなった。

師輔、横川に登る

天暦七年、外戚の座の望みを絶たれた元方は失意のうちに没した。物も食べずに死んだ彼は後に悪霊《あくりょう》と化し、安子はじめ冷泉天皇の縁者に祟《たた》ったという。政敵元方に勝って得意の師輔は、翌天暦八年（九五四）、長子伊尹《これただ》と大納言源高明《たかあきら》をともなって、横川に良源をたずね、師輔の援助で建立《こんりゅう》中の法華《ほっけ》三昧《ざんまい》堂の長明灯《ちょうみょうとう》点火式に臨んだ。このとき師輔が、一門に帝王皇后出生し栄えんことを願って火打石を打つと、ただ一度で点火し、所願成就と喜んだ彼は、慈覚門徒に帰依《きえ》しこの山を興隆せんことを良源に約束した。こうして政界最大の実力者師輔との提携により、叡山における良源の地位は確立し、ひいては横川も繁栄の時代を迎えるのである。

師輔、尋禅を良源の門に入れる

天徳《てんとく》元年（九五七）、師輔の三度目の妻康子《こうし》は、公季《きんすえ》を出産した後、没した。『大鏡《おおかがみ》』によれば、出産を前に死の予感を告げる康子に対し、師輔は「まことにさもおはしますものならば、かたときもおくれ申すべきならず」（すぐあなたの後を追いましょう）と誓ったという。翌年八月、師輔は当時まだ十六歳で官途についていなかった第十子の尋禅を出家させ良源の門に入れた。平林氏も推測するように、康子の急死によって自分の没後の一門の将来を現実的に考えるようになった師輔が、良源の後継者をわが子の中から出し、良源没後も変りなく一門の安寧を祈らせようとしたのであろう。

師輔は天徳四年（九六〇）五月、康子の後を追うように五十三歳で没した。遺言によって尋禅には、十一箇荘におよぶ莫大な師輔の遺領が分与された。その管理は、修行中の尋禅に代り、師の良源に委託され、良源一門は尋禅を迎え入れた余慶《よけい》に潤った。首楞厳院や良源住房の定心院《じょうしんいん》に加えて、師輔の援助で法華三昧堂・真言堂が造営されていたが、さらに尋禅の住房として妙香院《みょうこういん》も建てられることとなり、いまや横川の堂舎は面目を一新した。

源信横川入りの背景

さきに源信の横川入りは天暦の末年ころかと推測したが、それは天暦八年の師輔登山により、それまでほとんど無名であった横川が、叡山の新興の修学の地として一躍脚光をあびはじめた時期であった。『過去帳』に記す「事の縁」がどのようなものであったかは不明だが、源信が遠い当麻から叡山のなかでも横川に入山した背景には、良源の名声と新興横川の魅力に引かれた有為《ゆうい》の若者たちが、各地から陸続と良源の門を叩いた当時の風潮を考えなければならない。

摂関体制確立

九世紀後半の藤原良房《よしふさ》・基経《もとつね》のころから顕著となる摂関体制形成の動きは、藤原北家の他氏排斥にともなう政争と動揺を貴族社会にもたらしたが、十世紀中期の忠平の執政期ころから摂政・関白が制度的にようやく定着し、源高明が左遷される安和《あんな》の変《へん》(九六九)を経て、十世紀末の藤原兼家《かねいえ》(九二九—九九〇)執政のころには摂関体制が確立する。外戚の座につらなる娘の入内《じゅだい》・皇子出産をめぐり北家内部の陰湿《いんしつ》な対立は続くが、摂関職は藤氏長者と一体化して、律令官職を超越した独自最高の地位を廟堂に確立し、摂関主導の下で上流貴族が相互依存の権力の環を構成する摂関貴族社会は安定期に入るのである。

良源の手腕

こうした摂関体制化の時流を洞察し、安産祈禱や怨霊調伏《おんりょうちょうぶく》の修法を通じて摂関家の実力者を外護者とし、その財政援助で横川の経営を安定させ、有為の弟子たちを育成して山内の主導権をにぎる――時代を先どりして行く良源の慧眼《けいがん》、卓抜な政治的手腕は驚歎に価するが、摂関権力との癒着《ゆちゃく》、円珍系など他流の排斥は、天台教団世俗化・門閥化の弊を招き、やがてその栄光の後半生に暗い影をおとすこととなる。しかし源信がそうした山内の現実に直面し、みずからの進むべき道を模索するのは、もう少し後のことである。源信が入山した当時の横川は、さまざまの矛盾を内に秘めつつも新興の活気に満ちあふれ、若い修行僧源信は、師良源の指導に忠実に従って、天台教学研鑽に寧日《ねいじつ》なかったと思われる。

応和の宗論

応和《おうわ》三年（九六三）八月、清涼殿《せいりょうでん》で村上天皇書写の『法華経』を供養し、南都北嶺《なんとほくれい》の学僧各十人を選んで経典の解釈とこれに対し質疑する法華十講が行なわれた。このとき興福寺の法蔵《ほうぞう》（九〇八―九六九）が法相の宗義によって「定性二乗不成仏《じょうしょうにじょうふじょうぶつ》」、すなわち五性《ごしょう》（人に先天的な五つの性質）の中の声聞《しょうもん》と縁覚《えんがく》（定性二乗）は成仏できないと説いたことから、「一切衆生《いっさいしゅじょう》皆成仏《かいじょうぶつ》」を主張する良源との間で二日間にわたる論戦が展開された。法蔵はついに屈服し、列座の公卿たちは良源の弁舌に感歎して涙を流すものさえいたという。ところが、代って興福寺の仲算《ちゅうざん》(九三五―九七六)が良源に反論したところ、良源は口を閉したままで、公卿たちは今度は仲算の弁舌に感服し、仲算は天皇から酒杯を賜わって面目をほどこした。これが世にいう「応和《おうわ》の宗論《しゅうろん》」である。

良源の真意

いったい天台・法相間の一切衆生成仏不成仏の論争は最澄・徳一《とくいつ》以来のことで、応和の宗論は良源がこれに決着をつけようとするものであったというのが通説だが、はたしてどうであろうか。法相の主張を論破したはずの良源が、その後の仲算の反論に沈黙を守ったのは意味深長である。平林盛得氏も指摘しているが、天台側の参加者は、宗の精鋭を網羅したというより横川における良源一門を中心とする顔ぶれで、南都北嶺の対論といっても、実体は良源一門と法相宗の対論である。良源の真意は、満座の公卿たちの前で自分の才能を印象づけることにあり、天台の土俵である成仏論に相手を引きこんでそれを達成した上は、しこりを残さぬよう法相側にも最後に花をもたせたといったところであろう。

増賀と千観、宗論を辞す

そう考えてくると応和の宗論は、いかにも良源らしい計算と演出で行なわれたことになる。良源の高弟増賀《ぞうが》は、後にもふれるように、名利を忌み俗風をきらうこと甚だしく、奇矯《ききょう》な言動で世人を驚かせた人物だが、当初良源によって天台側参加者にあげられていたのに辞退し、宗論の前月には横川を去って多武峰《とうのみね》に移ってしまった。また円珍系の行誉《ぎょうよ》を師とし、学識をうたわれながら箕面山《みのおさん》に籠っていた千観《せんかん》も、良源の招きを固辞した。平林氏もいうように、この二人は宗論における良源の打算を事前に見ぬいていたのかもしれない。

良源、天台座主となる

しかし、応和の宗論を通じて、良源の名声は、宮中においても山内においても不動のものとなった。翌年には天皇を護持する内供奉十禅師《ないぐぶじゅうぜんじ》、翌々年には僧界を統轄する僧綱《そうごう》に列し、ついに康保《こうほう》三年（九六六）八月、前月死去した喜慶の後任として、第十八代天台座主に就任した。ときに良源五十五歳、五十代の座主出現は第五代座主円珍以来のことである。

叡山大火

この年十月二十八日、叡山は東塔を中心に主要堂舎三十一宇が焼失するという空前の大火に見舞われた。座主就任直後の予想もしない試練であったが、良源の座主としての手腕を世に示す絶好の機会となった。大火のその日ただちに再建計画の立案をはじめたと伝えられるように（『天台座主記』）、良源の決断と行動力はさすがに水ぎわだっていた。多年にわたり培ってきた政治権力中枢との結びつきものをいった。朝廷から諸堂復旧の援助として封戸五〇〇戸が施入され、さきの師輔の遺産とあいまって、康保四年四月の

良源、山内の綱紀を正す

法華堂を皮切りに諸堂はつぎつぎと再建され、山上は往時をしのぐ盛観を呈した。

堂舎の再建整備と並んで良源が力を入れたのは、山内の綱紀粛正と宗学の奨励である。座主就任一年後の康保四年（九六七）八月、良源は主要堂舎の前に制札をかかげて綱紀粛正を図り、さらに天禄《てんろく》元年（九七〇）七月には、二十六ヵ条におよぶ制式を全山に公布してその徹底を期した（「廬山寺《ろざんじ》文書《もんじょ》」）。二十六ヵ条の中には、最澄・円仁の制訓の再確認が多いが、良源座主当時の叡山の俗化をうかがわせる部分も少なくない。学問修行に努むべき僧たちが、公私の法会読経を懈怠《げたい》し、仏事作法を習わず、粗衣粗食をきらって、華美な禁色《きんじき》の服装を着し、檀越《だんおつ》から送られる美味な破子《わりご》（弁当）を食する。その一方では、夕暮になると裹頭《かとう》（覆面）の僧が庭に満ち、土足で堂中に入り、制止するものに罵言《ばげん》をあびせ刀杖を振い、講会などを妨害する。修行学問をかえりみず華美に流れる修学僧たちの一方で、徒党を組み山内の秩序を乱す無法集団の横行――それらは良源自身無関係とはいえない叡山の貴族化・門閥化の風潮がしからしめたところであるが、座主良源としては、これを厳しく禁ずるとともに、宗学を奨励し有為の学僧を育成することで山内の仏法の興隆を図ったのである。

広学竪義

良源の宗学奨励の柱となったのは、広学竪義《こうがくりゅうぎ》である。良源の座主就任直後の申請にもとづき、毎年最澄の忌日六月四日から五日間にわたり行なわれる法華講会（六月会《みなづきえ》）に広学竪義者一名を加えるべきことが、康保三年十二月に宣下された（『西宮記《せいきゅうき》』『天台座主記』）。

広学とは、良源が「すでに広学といえり。なんぞ真言の教を知らざらん」と覚運《かくうん》を叱したと伝えられるように（『続本朝往生伝』）、広く内外一切の学を究めることであり、竪義《りゅうぎ》とは、義をたてる、試問に対し自分の考えを主張する意味で、一般に論義問答による学僧試業の法をいう。すでに九世紀なかば以来、興福寺維摩会《ゆいまえ》・薬師寺最勝会《さいしょうえ》など南都諸大寺の法会では竪義を行なうことが定められ、竪義者に選ばれ試問に及第した学僧は、しかるべき僧位僧職にあずかり将来のエリートコースが保障されるしくみになっていた。

竪義の方法

竪義の方法は、竪義者（竪義・竪者《りっしゃ》・立者《りっしゃ》）が講座に着座すると、算題《さんだい》（竹の篦《へら》に書いた論義の問題）提出者で最後の決定をする最高の職である探題《たんだい》（題者・探題博士）が出題し、問者《もんじゃ》（難《なん》者《じゃ》）がこの算題によって竪義者に質問難詰し、竪義者は教理をふまえて自分の考えを主張反答する。この問答を注記《ちゅうき》が記録し、精義者《しょうぎ》（証義）が判定して、得否すなわち及落を定める。良源は、こうした竪義の制度を天台にも導入することで若い学僧たちの修学の励みとし、学問奨励・宗学の高揚を図ったのである。

広学竪義の始まり

広学竪義は、康保四年（九六七）の六月会から始める予定で、同年四月に権少僧都房算《ぼうさん》（八九六

―九六七)、五月にはこれを改めて律師禅芸《ぜんげい》(九〇二―九七九)に探題をつとめるよう宣下があった。ところが竪義者の会弘《かいこう》が直前に辞退し代りが間にあわなかったため結局この年は行なわれず、翌安和《あんな》元年に、探題は律師禅芸《ぜんげい》、竪者は春叡《しゆんえい》と前年分として覚円《かくえん》の二人で行なわれた(『僧綱補任』『天台座主記』)。房算・禅芸・覚円、すべて円珍系の僧で、ことに康保四年九月に没した房算は、反良源の急先鋒だったらしい。後に『園城寺《おんじようじ》伝記』は、良源が探題・竪者ともに円珍系から選ばざるを得なかったのは、円仁系に人なきことを暴露したもので、この人選問題が以後の両門不和の根源となったと記すが、どうであろうか。むしろ、座主就任間もない良源が、広学竪義を円滑に続けて行くため、対立する円珍系に気くばりした人選を行なったが、円珍系の非協力のため第一回は流れたといったところであろう。

定心房四季講

良源は広学竪義を成功させるため、自分の住房の横川首楞厳院定心房で行なっていた四季講の場を利用して、弟子たちに広学竪義の練習をさせることとした。四季講とは、春は三月三日から五日間『華厳《けごん》経』を、夏は四月八日から五日間『涅槃《ねはん》経』を、秋は九月九日から七日間『法華三部《ほっけさんぶ》経』を、冬は十月十日から五日間『大集経《だいじっきょう》』『大品経《だいぼんきょう》』を隔年に、それぞれ講ずる法会だが、このうち春夏の二季に竪義を行なうこととし、康保四年の夏季からこれを始めた。四季講竪義の竪者は一季二人、年間四人、四季講を六、七年つとめた後に四季講竪者となり、その上で六月会の広学竪義に臨むのである（『山門記』）。

良源の弟子育成

もともと横川の四季講は、良源が弟子たちの学問奨励の目的で、二十余町の田畠を買得し講料にあてて、康保年間にはじめたものである。清濁合わせ飲む親分はだの良源は、多くの弟子をかかえ、彼らの才能をのばすことに熱心で、年少の弟子たちが相撲などとっているのを見ると、「お前たちは仏道を修すべき身で、なにを遊び惚《ほう》けているのか」と、若き日を空しく過さず勉学に精励するようさとすのが常であった。六月会の広学竪義を始めるにあたり、まず自分の弟子たちのため、その練習の場を設けたところにも、良源の弟子育成に対する熱意のほどがうかがえる。

良源の論義重視

良源は天禄二年（九七一）、没後の雑事を定めたなかで、

自分の一周忌の法華八講には、必ず論義《ろんぎ》を行なえ。世の人は、周忌法会に論義を行なうことを忌むだろうが、自分の本業は論義にある。遺弟たちはこのことを理解し、もし報恩の志あらば、必ず講説論義を修すべきで、他善を行なってはならぬ。この講説論義によって生ずる善を広く一切衆生に廻向し、煩悩を断除し智恵を発せしめ、

速やかに成仏させよう。

と遺言している。弟子たちの学問教育、ひいては宗教的行為の最高最善なものとして論義を重視したのであり、そうした良源の熱意が広学竪義・四季講竪義を生み出したのである。

東塔・西塔では、四季講竪義のような修練の準備がなかったようだから、四季講竪義できたえられた横川の僧たちが、広学竪義の晴れの舞台で存分に実力を発揮し、叡山を代表する学僧へと育っていったのは当然である。尋禅が、良源の四季講始修について、「その後、院内（首楞厳院＝横川）の学生、山里に名を揚げ、嶺谷《れいこく》に誉《ほまれ》を飛ばす。一門の面目、もっとも斯《ここ》に在り」（『門葉記』）、『慈慧大師伝《じえだいしでん》（慈慧大僧正伝）』が、良源の弟子育成について、「その門徒数千人、達するもの三十余人。あるいは僧中の崇班《すうはん》（高い地位）、あるいは山上の領袖《りょうしゅう》なり」と讃えるのも、あながち過褒《かほう》ではない。横川の若い僧たちは、天台学問僧の登竜門《とうりゅうもん》である広学竪義の晴れの舞台をめざして、師良源の庇護の下に、めぐまれた環境で切磋琢磨《せっさたくま》し、その中から多くの英俊が生まれ育った。源信もまた、その一人であった。

二　才名日に新た

才名日に新たにして良源に認められる

良源の門に入った源信は、学問的活気に満ちた横川で、少年期から青年期の日々のすべてを、天台教学の研鑽に費やしたと思われる。この時期の源信について『法華験記』は、

僧都（源信）、天性聡恵《そうけい》にして、また正直なり。法門を習学し、道心堅固にして、法華を読誦せり。深義を解了《げりょう》して、文々句々、開き通ずること無碍《むげ》なり。五種法師（『法華経』でもっともすぐれていると説く、受持・読・誦・解脱・書写の五つの功徳を行《ぎょう》ずる法師）の功徳は具足《ぐそく》し、四種三昧（心を集中し覚りに至る天台の四つの実践方法）の行法を成就し、自宗他宗（の教義）は、その玄底（奥底）を極め、顕教・密教は、深くその意を得たり。これすなわち仏教の棟梁《とうりょう》（棟《むね》うつばり＝重鎮）にして、善根の屋宅（善根を積みあげた家）なり。

『源信僧都伝』は、

ついに以て剃髪《ていはつ》し出家し、具足戒《ぐそくかい》（正規の僧になるとき受ける戒）を受けて、すなわち慈恵大僧正の室に入る。学徒の中に烈《つら》なり、提撕《ていせい》の末（後進教導の末席）に交わる。才名日

に新たにして、時輩に卓犖《たくらく》（超絶）す。大僧正、以て偉器となす。しかのみならず人となり秉直《へいちょく》（まっすぐ）にして、いまだかつて弐過《にか》あらず（同じ誤ちをくりかえさない）。

と記している。どちらも常套《じょうとう》的表現の感はまぬがれないが、源信が若くして内外の学を究め、しかもその性格は父親ゆずりか実直で、良源の眼鏡《めがね》にかなったことがうかがえる。

広学竪義に及科

源信は、良源門下の逸材の多くがそうであったように、ついに名誉ある広学竪義の竪義者に選ばれた。『源信僧都伝』は、

天延《てんえん》年中（九七三―九七六）、その翹楚《ぎょうそ》（衆にぬきんでる）を以て、広学竪義にあずかる。少僧都禅芸を請うて探題博士となす。問答の間、疑難ありて得否いまだ判ぜず。翌日、阿《あ》闍梨《じゃり》（禅芸）の房において再び義理を精《つまびらか》にし、ついに及科《きゅうか》の芳名を振う。ときに春秋三十二なり。

と記している。要するに、禅芸の出題に対する源信の答えに問者から疑難が発せられて、その場で源信の得否が判定できず、翌日、禅芸の房に場所を移して再審査し、ついに源信の及科が決定したというのである。

前にもふれたように禅芸といえば、第一回の広学竪義以来探題博士をつとめたベテランなのに、得否についてその場で判定を下せず座が混乱状態になってしまったとは、ど

うしたことか。『天台法華宗相承血脈図《てんだいほっけしゅうそうじょうけちみゃくず》』『顕密宗系図《けんみつしゅうけいず》』は、このときの竪義について「九得《とく》一略《りゃく》」と記す。すなわち十題中九題正解、残る一題については判定を下せぬまま省略したというのであろう。川崎庸之《つねゆき》氏は、源信の独自の論旨の展開が出題者禅芸を当惑させたのではないかと推測している。もしそうならば、七十二歳の天台宗学の老大家を翻弄《ほんろう》するかのような、才気煥発《さいきかんぱつ》な源信の答弁は、つめかけた一山の僧たちをおどろかすに十分だったと思われる。

及科の年齢
三十二歳天延元年説

『源信僧都伝』はこの広学竪義の行なわれた年を天延年中と記しているが、三十二歳という源信の年齢から逆算すれば、天延元年(九七三)の六月会ということになる。ところが鎌倉中期成立の『叡岳要記《えいがくようき》』を見ると、同年四月二日に行なわれた延暦寺大講堂供養法会の役僧名のなかに「右方……梵音《ぼんおん》源信内供《ないぐ》、錫杖《しゃくじょう》覚運内供」とある。宮崎圓遵《えんじゅん》氏はこの記載によって「源信が内供奉十禅師に補されたのは、天延元年四月以前と決定すべきであろう」として、その「源信和尚年譜」に、「天延元年四月二日以前、広学竪義に預り、内供奉十禅師に補さる」と記している(日本名僧論集『源信』)。

いかに師良源にその才を認められていたとはいえ、広学竪義に及科《きゅうか》する以前の源信は社会的には無名に等しい存在だろうから、天皇護持僧の大役である内供奉十禅師補任の勅が下るはずはない。天延元年四月にすでに内供奉十禅師だったという『叡岳要記』の記事を生かすと、源信及科の広学竪義は天延元年の六月会ではなく、前年の天禄三年(九七二)の方がふさわしいように思えてくる。前記『天台法華宗相承血脈図』『顕密宗系図』が広学竪義のときの源信の年齢を三十一歳と記すのも、これと符合するかのようである。

三十一歳説

内供奉十禅師補任は西遊後か

しかし師良源が、応和の宗論の翌年、五十三歳にして内供奉十禅師に補された例をみても、三十代に入ったばかりの源信、まして二十代の覚運がすでに内供奉十禅師に列しているのは疑問である。これは鎌倉時代成立の『叡岳要記』が、天延元年当時の身分ではなく極官《ごっかん》(その人のきわめた官)で記したと考えるべきだろう。江戸時代の『血脈図』や『系図』の年齢も正確とはいえまい。『源信僧都伝』は、永延《えいえん》元年(九八七)、四十六歳の源信が西遊し、翌二年『往生要集』を遣宋した記事の後に、

頭陀斗籔《ずだとそう》いく旬ならずして早くも本山(比叡山)に帰る。ついに智行具足《ちぎょうぐそく》を以て天子の勅有りて、内供奉十禅師、ついで法橋上人位《ほっきょうしょうにんい》を授け、六月会の竪義の探題博士とす。

と記しており、同伝の記述は必ずしも年代順でないことが多いとはいえ、この場合、永延の西遊後、長保三年(一〇〇一)の法橋《ほっきょう》叙位の間に内供奉十禅師に補されたと考える方が、

及科は天延元年、三十二歳か

源信及科は空也逝去の翌年

宮中の論義に召され奝然と対論

無理がないであろう。法橋叙位を記す『権記《ごんき》』長保三年三月十日条に「内供奉源信」とあり、長保五年、源信が四明知礼《しめいちれい》に送った『天台宗疑問二十七条』に「日本国天台山楞《てんだいさんりよう》厳院《ごんいん》法橋《ほっきょう》上士（人）位内供奉十大禅師《ないぐぶじゅうだいぜんじ》源信」と自署しているのも、これと一致する。源信が広学竪義にあずかり及科したのは、『源信僧都伝』の記載に従って、かれ三十二歳の天延元年（九七三）の六月会であったとして誤りあるまい（ちなみに『源信僧都伝』は、探題の禅芸を少僧都と記すが、天延元年当時、禅芸は律師であった。これも極官で記した例である）。

　天延元年といえば、かの阿弥陀聖空也《くうや》が市井《しせい》の房に波瀾の生涯を閉じた翌年のことである。空也の時代の終焉が源信活躍の時代の開幕であったことは、後にのべる二人の念仏観の相違と合わせて、興味深い。それはさておき、広学竪義に及科した後の源信の活躍は、まことにめざましいものであった。

　翌天延二年（九七四）五月八日、内裏の穢《けがれ》によって延引されていた季《き》の御《み》読経《どきよう》がはじまり、十日には南北二京の十人の学生《がくしよう》により五番の論義が行なわれることとなった。禅芸が円《えん》融《ゆう》天皇の御前に祗候《しこう》し学生の名簿《みようぶ》を進めたが、天台僧四人のうちに選ばれた源信は、その第三番の問者として、答者の南都の奝然《ちようねん》（九三八—一〇一六）と対した。前年の広学竪義では、一山の僧侶を前に芳名を振るったが、この度は円融天皇の出御を仰ぎ、左大臣源兼明《かねあきら》・

大納言源雅信《まさのぶ》はじめ綺羅星《きらぼし》のごとく居並ぶ公卿たちを前にしての宮中の論義、対する奝然は、後に渡宋して清涼寺《せいりょうじ》に栴檀《せんだん》の釈迦《しゃか》像を請来したことで知られる東大寺の名僧である（一四七頁参照）。良源門下の栄誉をかけた晴れの舞台に、若い源信の心は逸《はや》ったであろう。

人々、源信の論義を称賛

論義は白熱し夜におよび、灯火をともして続けられたが、列席した平親信《ちかのぶ》は、その日記『親信卿記』に、「源信の論義、諸人、善と称す」と特記している。論義を直接見聞した貴族の日記だけに、この簡潔な表現には重みがある。公卿たちは、前年の六月会での源信の才気あふれる弁舌を、すでに禅芸を通じて耳にしていたと思われるが、いまこの天台の若き俊秀の透徹した論理と雄弁を目のあたりにして、等しく感歎したのである。かつての応和の宗論における良源の姿を思い浮べたものもいたかもしれない。

論義決択、智弁群を抜く

広学竪義及科後の源信について諸伝は、

学業すでに成り、仏道の英雄たり。論義決択《けっちゃく》（宗義などにつき疑問を決断すること）、世に絶倫と称す。（『過去帳』）

山上・院内、講経法会の筵、論義決択、智弁群を抜く。（『源信僧都伝』）

問答決択の庭には、その人を屈辱《くつじょく》せしめずということなし（相手をみな屈服させてしまう)。（『続本朝往生伝』）

と等しくその論義の弁舌を讃えており、鋭鋒《えいほう》あたるべからざる新進気鋭の学問僧源信の面目躍如《めんぼくやくじょ》たるものがある。

厳久、源信に因明の教示を請う

貞元《じょうげん》三年（天元《てんげん》元、九七八）二月、源信は同門の厳公（厳久《げんきゅう》、九四四―一〇〇八）から、因明《いんみょう》につき教示してほしいとの依頼を受けた。厳久は、同年六月会の竪義者に選ばれ、その準備に因明の勉強をはじめたが、「正理《しょうり》の門」を知らんとして「四種の相違」についてなお理解がおよばないので、慈恩《じおん》大師窺基《きき》（玄奘《げんじょう》の弟子で中国法相の第二祖）の疏《しょ》（『因明大疏《いんみょうだいしょ》』をさす）によって、概要を教示してほしいというのである（『恵心僧都全集』〈以下『全集』と略記〉五、五一頁)。

因明とは、仏教論理学のことである。インドでは、諸学派に共通する論理学のことを正理というが、仏教徒の間では特にこれを因明とよび、五～六世紀のディグナーガ（陳那）によって旧来の水準を一新した新因明学の成立をみた。中国では七世紀に法相宗の玄奘《げんじょう》が陳那の『因明正理門論《いんみょうしょうりもんろん》』を漢訳し、その流れは日本に伝えられていた。厳久のいう「正理の門」とは、正理学、具体的には玄奘『因明正理門論』の新因明学をさす。竪義者にとって因明の知識は不可欠である。事実、第一回の広学竪義で、探題禅芸は算題の一つに「因明四相違」を出題している(『扶桑略記《ふそうりやつき》』)。すでに竪義にあずかり名声を博した源信は、当然因明に通じているはずで、厳久は竪義の先輩に四相違につき教示を求めたのである。

因明では、宗《しゅう》(命題)・因《いん》(その論証の根拠)・喩《ゆ》(その例証・例諭・実例)が三支すなわち立論の三要素であるが、四種相違とは、因が宗の賓辞《ひんじ》(述語)あるいは主辞と相違矛盾し宗を成立させせない論理的過誤に四つの場合があるとするもので、論義の場に臨むものはこの矛盾論を十分心得ておかねばならぬ。しかし慈恩の『因明大疏』四相違段は、古来難解をもって鳴る。厳久が理解に苦しんだのもうなずける。四相違段の註釈としては、慧沼《えしょう》の『義断《ぎだん》』『纂要《さんよう》』各一巻があるが、これまた難解、四相違段の註釈は因明学の難関といわれる。

因明学は、玄奘の伝統を受けつぐ法相宗のもっとも得意とするところで、わが国でも、法相宗の碩学《せきがく》小島寺真興《しんごう》(九三四—一〇〇四)が、『四相違断纂私記《しそういだんさんしき》』『四種相違略私記《ししゅそういりやくしき》』を著し、応和の宗論で良源に反論した仲算にも、『因明四種相違私記《いんみようししゅそういしき》』がある。

『因明論疏四相違略註釈』を著す

厳久の請に応じて源信は、『因明論疏四相違略註釈《いんみようろんしよしそういりやくちゆうしやく》(因明四種相違略註釈)』三巻を著した(『全集』五)。通説では学問僧としての源信の処女作とされる。南都ことに法相宗が得意とする難解な四相違段にあえて北嶺の立場から註釈を加え、これを最初の学術的著作として公にした源信の因明学に対する自信のほどは、なみなみでない。ことに巻上の「法差別《しゃべつ》相違」（因が宗の賓辞〈法〉の裏面に隠されている意味〈意許《いこ》・差別《しゃべつ》〉と矛盾する場合）を釈した部分で、法相の勝劣義《しょうれつぎ》に対し、いわゆる勝々義《しょうしょうぎ》の釈を主張して、

先師慈恵大僧正、善く法義《ほうぎ》を解して心に偏党なし。往年、大衆賢哲《だいしゅけんてつ》の前において始めてこの解を許す。爾来《じらい》、山家（天台）多く依憑《いひょう》することあり。しかるに南京の学者は、確乎として改めず。（『全集』五、一二〇頁）

と論ずるあたり、東大寺系三論《さんろん》の流れに立つ師良源の学説を敷衍《ふえん》して法相因明学を批判する源信の意気まことに壮《さかん》といわねばならぬ（文中、良源を先師慈恵大僧正と没後の諡号《しごう》で記すのは、後述の正暦《しょうりゃく》三年遺宋の際に改めたものである）。

源信六十代の寛弘初め（一〇〇四―五）ころの話らしいが、『続往生伝』覚運《かくうん》伝によると、因明を得意とした覚運（九五三―一〇〇七）は、藤原道長の法華講の論義で、問者の寛印（一七一頁参照）が竪義の興福寺法相宗の遍救《へんきゅう》に「神我勝《じんがしょう》の意」を質問した際に精義《しょうぎ》をつとめた。神我勝とは、独自の論理説を展開した古代インドのサーンキヤ学派（仏教でいう数論外道《すろんげどう》）の所説で、この現象世界は、無形不滅の純粋精神である神我と、有形可滅の根本原質である自《じ》

性《しょう》の二元関係で開展するが、内の智を完全にすれば、神我は自性を離れて独存となり、解脱《げだつ》に到達できるとする。これは南都でかつてなかった算題（三七頁参照）であり、覚運と親交あった源信の案にもとづき初めて出題したものだった。法相宗の人々は、精義の覚運が因明の奥旨に達していることに驚いたというが、むしろ、案を授けた源信の因明の知識の広さをうかがわせる、興味深い挿話である。

源信の因明に対する関心と研究は、このように後年にいたっても衰えなかった。正暦三年（九九二）、『因明論疏四相違略註釈』を宋の商船に託して慈恩寺門徒に送り批評を仰ごうとしたが、その返答を得ることができなかったので、長保三年（一〇〇一）、慧沼の『義断』と『纂要』の註釈書と思われる『纂要義断注釈《さんようぎだんちゅうしゃく》』一巻をそえて、『往生要集』遣宋以来親交あった中国僧斉隠《さいいん》を介し再び慈恩門徒に送った（一六七頁参照）。

> 情《こころ》を凝《こら》して省覧し、その是《ぜ》とする所を是とし、その非とする所を非とされんことを。

と批評を乞う源信の態度には、自分の因明学の水準は本家の慈恩門徒のそれに互し得るとの自信があふれている。

そうした源信の因明への自信のほどは、かれがつねづね自分の学問について、

> 倶舎《くしゃ》・因明は穢土《えど》において極め、唯識《ゆいしき》は□を期し、浄土の宗義《しゅうぎ》は仏果《ぶっか》を待つ。

と語っていたという『続往生伝』の記載にもうかがえる。仏教学の基礎となる倶舎論《くしゃろん》と論理学の因明は、すでにこの世で究め尽したとの自負である。ちなみにいえば倶舎も源信が造詣《ぞうけい》深かった分野で、その蘊蓄《うんちく》の一端は、後年の『大乗対倶舎抄《だいじょうたいくしゃしょう》』『倶舎論頌疏正《くしゃろんじゅしょしょう》文《もん》』『倶舎疑問《くしゃぎもん》』などにうかがえる（『全集』四・五。一九八、二四一、一八五頁参照）。

『六即義私記』

『因明論疏四相違略註釈』と異なり撰述年代は明確ではないが、やはり源信の初期の著述として注目されるのは『六即義私記《ろくそくぎしき》（六即義問答）』である。『恵心僧都全集』第三に『六《ろく》即詮要記《そくせんようき》』と題する一本が収められているが、これは覚超の再治《さいじ》本の系統であって源信撰の原本ではない。佐藤哲英氏の「六即義私記の研究」（『竜谷学報《りゅうこくがくほう》』三一七）によると、全集本の『六即詮要記』と同系統で『六即義私記再治本』と題する写本が青蓮院《しょうれんいん》に伝えられており、その巻末には、

> 件《くだん》の私記は故恵心僧都の草なり。僧都時々命じて曰く、我が著すところの法門の中に六即義問答あり。昔に在りて憶《おも》うところ今と多く異る。汝、取捨を加えて後学に伝えよ。もし爾《しか》らずばこれを焼き捨つべし。臨終に重ねて誡《いまし》めて曰く、必ずこの事を遂ぐべしと云々。予、力及ばずといえどもただ命これに従うの故、愚見に従ってなまじいに添削す。人の嘲哢《ちょうろう》を知らざるにあらず、誠に彼の遺訓に背き難きなり。

寛仁四年孟夏《もうか》の月（四月）　　末資《まっし》覚超

と、覚超が源信没後三年の寛仁四年（一〇二〇）に記した奥書があり、その間の経緯を知ることができる。いっぽう、やはり青蓮院には『六即義私記未再治本』と題する一本があり、「年少の時、事の縁あってこの本を草したが、たまたま長徳《ちょうとく》の申《さる》の歳夏五月これを再見した。文義《ぶんぎ》に誤り多く火中に投ずべきとも思ったが、六即義に関する要文や先徳の言を載せているので、しばらく留めおくこととする。本書を見た人は、要文などを写し取った後、早く破却せよ」との源信の奥書が付されている。長徳申歳とは長徳二年（九九六）、源信五十五歳にあたり、奥書の内容は覚超再治本のそれと符合し、これが覚超のいうところの源信草本と思われる。

仏教では、二つの事象が体《たい》は別だがあい離れぬ関係にあるのを即《そく》という。六即《ろくそく》とは『摩《ま》訶《か》止《し》観《かん》』巻一下に説くところで、すべての存在は本来的に三千の説法を具えているから、体そのものでは仏も衆生も同等だが、修行の階位（行位《ぎょうい》）としては六種の階級差異があるとする天台の教義である。我《われ》に即仏の智分なしとする衆生の自屈心《じくっしん》を離れさせるとともに、我は仏に等しとの増上慢《ぞうじょうまん》を免れしめるため、天台大師智顗《ちぎ》が六にして即なる行位を立てたとされる。

六即と義科書

源信の処女作は『六即義私記』か

天台の論義《ろんぎ》には宗義の肝要を論義決択する宗要《しゅうよう》、経疏《きょうしょ》の文理を明らかにする義科《ぎか》、天台教義史や仏教全般に関する問題を論義決択する問要《もんよう》の三種があるが、六即義は義科の十六算題《さんだい》の一つとして重視された。論義興隆の風潮の下で、当時の高名な学僧たちは、各算題について「何々私記」と題する「義科書」を著した。「義科書」は、論義の準備として個々の問難《もんなん》を予想しこれに対する模範回答を示したり、論義の場の問答の往復を後日の参考のため記録したりした、論義の手控である。六即義については、安然《あんねん》・千観・覚運などの私記の存在が知られるが、源信もおそらく竪義の準備の書として『六即義私記』を撰したのである。佐藤哲英氏は本文の論調からみて、『因明論疏四相違略註釈』以前の述作ではないかと推定しており、あるいは本書こそ源信の処女作とすべきかもしれない。

「誦経礼拝よりも論義をなすべし」と遺言した良源の門下の逸材とされ、「論義決択、智弁群を抜く」と世人を驚かせた源信の弁舌は、こうした仏教の基礎学・論理学、天台教学の造詣の上にはじめて可能だったのである。源信といえば往々にして浄土・念仏の書のみが云々されるが、「才名日に新た」と讃えられた若き日の著述が六即義や因明四相違段を対象とするものだったという事実の重みに、改めて思いをいたす必要がある。

第四　白毫の光明

一　新しい道

広学竪義及科《きゅうか》以来、源信はまさに順風満帆《まんぱん》、少壮気鋭の天台学問僧として師良源の定めたエリートコースを歩み続けていた。もし望むなら源信も、かつての良源のように有力貴族の外護《げご》を得て、栄達の道を求めることができたのである。

根本中堂供養法会

天元三年（九八〇）九月三日、延暦寺《えんりゃくじ》根本中堂《こんぽんちゅうどう》供養大法会《くようだいほうえ》が、座主良源の下に行なわれた。叡山の中枢東塔の根本中堂は、承平五年（九三五）焼失の後、尊意《そんい》が再建したが、九間四面の以前の規模にはおよばなかった。康保の大火で焼失した諸堂宇《どうう》をつぎつぎ再建した良源は、いわば山上復興の総仕上げとして、天元元年、根本中堂の大改造に着手し、十一間四面の孫庇《まごひさし》・廻廊《かいろう》をそなえ旧観を一新する建物とした。『堂供養《どうくよう》』は、円融天皇の御幸を仰ぎ関白頼忠《よりただ》以下九卿雲客《きゅうけいうんかく》席に列なったと記すが、天皇御幸はなかったとする史料

右方錫杖衆頭役をつとむ

母の訓戒により隠遁すとの『今昔物語集』説話

もあり、実際は勅使《ちょくし》参向程度だったろうという（平林盛得『良源』）。それにしても請僧百五十余人、うち南都など他門から招かれた僧は東寺長者寛朝《かんちょう》、興福寺別当定昭《じょうしょう》はじめ四十三人を数え、叡山にとってまれにみる盛儀であったことに変りはない。

『堂供養』『叡岳要記』などによると、源信はこのとき、右方錫杖衆《しゃくじょうしゅう》十六人の頭役《とうやく》をつとめた。左方錫杖衆の頭役は後に天台座主となった院源《いんげん》である。三十九歳の源信にとって晴れがましい大役であった。しかし、なぜか源信の名は、この根本中堂供養法会を最後に、華やかな法会や論義の場から消えてしまう。「山上・院内、講経法会《こうきょうほうえ》の筵《えん》、論義決択、智弁群をぬく」とまでうたわれた彼が、どうして「講経法会の筵」に背をむけてしまったのか。源信の隠遁《いんとん》を物語るものとして、古来人口に膾炙《かいしゃ》する『今昔物語集』巻十五の有名な説話がある。

三条の大后《おおきさい》の宮の御八講《みはっこう》に召された源信は、御八講の賜わりものを当麻の郷の母のもとに送った。

后の宮の御八講に参って給わったものです。はじめてのことですので、まず母上の御覧に入れる次第です。

と書き送ったところ、母からの返事に、

そなたの心遣い、ありがたくいただきました。このように、やんごとない学生《がくしょう》になられたことは、およろこび申します。しかし、こうした御八講などに立ちまわられることは、私がそなたを仏門に入れた本意《ほい》とたがうものです。私は「女の子はたくさんいるが、男の子はこの子一人。それを元服もさせずに比叡の山に登らせるのだから、学問をして才を身につけ、多武峰《とうのみね》の聖人《しょうにん》(増賀)のように貴くなって、後世《ごぜ》を救ってもらいたいもの」と思ったのです。それなのに、このように高名の僧として華やかに振るまわれることは、私の本意にたがいます。私も年をとりました。生きているうちに、そなたが聖人となっておいでになるのを見とどけて、やすらかにあの世にまいりたいものです。

と書いてあった。源信はこの手紙に涙を流し、「仰せに随い、山籠《やまごも》りして、きっと聖人となりましょう」と誓ったというのである。

『今昔物語集』説話の原型

この有名な説話の原型は、『過去帳』と『源信僧都伝』にみえる。『過去帳』は、論義決択、世に絶倫と称されたことを述べた後に続けて、

時に公請《くしょう》(公《おおやけ》の召し)に赴きて、得るところのものあれば、貴きを撰びて母に贈る。母、泣いて報じていう。送る所の物は喜ばざるにあらずといえども、遁世修道《とんぜいしゅうどう》は我

が願うところなり、と。すなわち母の言に随い、永く万縁を絶ちて山谷に隠居し、浄土の業を修す。

と記している。『過去帳』の文を添削したと思われる『源信僧都伝』も、文学的修辞の色は濃いが内容は同じで、両伝ともに、だれの法会か、いつのことかは明示していない。

『今昔物語集』の文飾

『今昔物語集《こんじやくものがたりしゆう》』に記す三条の大后の宮とは冷泉天皇妃昌子《しようし》内親王のことである（宮崎圓遵氏が『今昔物語集』巻十九の三条太皇太后宮すなわち円融皇后遵子《じゆんし》と同一人とするのは誤り）。昌子は康保元年（九六四）立后、天延元年（九七三）皇太后、寛和二年（九八六）太皇太后となり、長保元年（九九九）五十歳で没した。臨終《りんじゆう》には西に向い念仏を称えたと伝えられるように、深く仏法に帰依《きえ》したことで知られるから（『日本紀略《にほんきりやく》』『小右記《しようゆうき》』『権記《ごんき》』）、天元三年（九八〇）ころに法華八講を設し源信を招いた貴人としてはふさわしい。しかし『今昔物語集』が、『過去帳』以外になにか根拠があって書いたとも思えないから、おそらくは説話を具体化する上での文飾であろう。もっとも文飾にしても、源信を招く貴人としてふさわしい昌子の名に加え、良源の下で栄達の道を歩む源信をいさめる母の言を借りて、良源の俗風をきらって隠棲《いんせい》した増賀を理想の聖人として登場させるあたり、『今昔物語集』の作者の史眼はさすがである。

それはともかく、広学竪義及科以後、講経法会の筵《えん》につぎつぎと召され、得意の境にあった源信が、母の箴誨《しんかい》に深く感じ隠遁《いんとん》したという、これら伝記や説話の事実を否定するものではないが、その年次を特定するのは無理であろう。むしろ、天元三年の延暦寺根本中堂供養のころを境にして源信の心境に変化がおこったとするならば、この供養法会を契機に表面化した山内の派閥抗争の影響も無視できぬのではあるまいか。

天元の法会をめぐる山内派閥抗争の影響

前述のように天元三年九月の根本中堂供養は、大火以来十四年、営々と続けてきた座主良源の叡山復興事業の掉尾《とうび》を飾る大法会であった。六十九歳の良源は『供養願文《くようがんもん》』で、

そもそも少僧《しょうそう》、齢《よわい》は七旬に盈《み》ち、命《めい》は一夕《いっせき》を期《ご》す。大夢《たいむ》の至らんとするに先んじて、宿念《すくねん》の傾諧《はかい》を悦ぶ。

と読みあげた。「おのれはすでに年七十になんなんとし、余命いくばくもあるまい。夢のごとき人生の終る前に、一山復興の宿願をいささか果し得たことを喜ぶ」というのである。会の諸役をつとめる一門の僧百余人、いずれも良源が多年手塩にかけた愛弟子たちで、一山復興の宿念達成は、かつて横川に屏居《へいきょ》した良源の山上制覇の宿念達成でもあった。良源の得意や思うべし。

良源、円珍系門徒を排す

だがこの大法会は、叡山の将来に禍根《かこん》を残すこととなった。良源は、法会の役僧をす

べて自派の円仁系門徒で固め、対立する円珍系門徒は一人もよばなかった。良源にすれば、多年にわたる叡山復興事業は自派一門の辛苦の結晶であり、これを白眼視し非協力的であった円珍系門徒は席に列する資格はないということであろう。疎外され激昂《げっこう》した円珍系門徒は、良源の非を朝廷に訴え、にわかに勅定《ちょくじょう》あって千光院《せんこういん》の少僧都《しょうそうず》余慶《よけい》が納衆《のうしゅ》（法会の役僧の一つで衲衣《のうえ》を着する）に加えられた。余慶は、禅芸なき後の円珍系門徒の総帥《そうすい》で、園城寺長吏となった人物である。法会は無事とり行なわれたが、このトラブルは、円仁系円珍系両門徒の間に深いわだかまりを残すこととなった。

円仁系門徒、余慶解任を要求

　翌天元四年八月、円融天皇が病み、東密仁和寺《とうみつにんなじ》の寛朝、延暦寺の良源・余慶・尋禅らが召されて五壇法《ごだんほう》を修した。功によって良源は奈良朝の行基《ぎょうき》以来という大僧正《だいそうじょう》、寛朝は僧正、余慶は権大僧都《ごんのだいそうず》、尋禅は権僧正にそれぞれ昇進したが、ついで朝廷が余慶を法性《ほっしょう》寺《じ》座主に補任《ぶにん》したところ、円仁系門徒は余慶の解任を要求して関白頼忠邸に強訴《ごうそ》乱入した。法性寺座主は円仁系門徒のみ九代にわたり任じられて来たのに、いま円珍系の余慶を任じるのは旧例にたがうというのである。

円珍系門徒、叡山を離脱

　余慶はやむなく同年十二月、法性寺座主を辞退した。それとともに円珍系門徒数百人は余慶・勝算《しょうさん》・勧修《かんしゅ》・穆算《もくさん》らに率いられ、円仁系門徒と袂《たもと》を分って叡山を離脱し、北岩

勅使、叡山に登り良源を叱す

倉の観音院《かんのんいん》、白河の修学院《しゅがくいん》、石蔵《いわくら》の解脱寺《げだつじ》、北白河の一乗寺《いちじょうじ》など、周辺の天台別院に拠った（『扶桑略記』『四箇大寺古今伝記《しかだいじここんでんき》』）。しかしなお円珍系の強硬派百余人は、叡山内の円珍の旧跡千手院《せんじゅいん》を退去しなかったため、山内は騒然たる空気に包まれ、世上には良源が円珍系門徒の房を焼き余慶らを殺害せんとしているとの風評がもっぱらであった。ついに天元五年正月、勅使が叡山に登り、

座主良源の所行《しょぎょう》、千手院の経蔵ならびに観音院・一乗寺を焼亡すべきのこと、余慶・穆算ら五人を殺害すべきのこと、すでにその聞えあり、きわめて以て不善なり。

と叱したところ、良源は「かかる虚偽の奏聞をしたものこそ召し問わるべし」と、容疑を否定反論した（『扶桑略記』）。

卓越した政治的手腕で摂関家と提携し、叡山に空前の繁栄をもたらした良源であったが、その現実主義は叡山の俗化を招くものとして、門徒のなかにも批判的言動を示すものが少なくなかった。応和の宗論を辞して多武峰に去った高弟増賀は、その急先鋒であった。

増賀は、参議《さんぎ》橘恒平《たちばなのつねひら》の子で、良源より五歳若い。天台止観《しかん》を究めたが、『今昔物語集』が源信の母の言を借りて「多武ノ峰ノ聖人ノ様ニ貴クテ」と記すように清廉《せいれん》に徹した聖《ひじり》

で、名利を忌むことはなはだしく、後世の一休《いっきゅう》禅師(一三九四—一四八一)を思わせるような権門に対する反骨、奇矯《ききょう》な言動が数多く伝えられている。増賀はあるとき法会に招かれ、その途次、説法の詞をあれこれ思案している自分に気づき愕然《がくぜん》として畏れた。このように立派な説法をしようと思案するのは、自分の心に名聞《みょうもん》(世間の名声)を求める気持が芽生えたからではないか。名聞のための法会は魔縁《まえん》である。そこで法会の願主と強いて争いごとを起し、とうとう説法せずに帰った。また東三条院詮子《せんし》(一説に三条太皇太后遵子ともいう)の戒師として招かれると、后を前にして「誰人《たれびと》か増賀をもて嫪毒《ろうあい》(宮刑《きゅうけい》に処されたと詐り、秦《しん》の夏太后《かたいごう》に通じて権勢を得る)の輩となし、后闈《こうい》(后妃の居所)に啓達《けいたつ》するか」と放言し、満座を驚愕させて帰った。

増賀の良源批判

このような人物だったから、多武峰に去った後も、良源の俗風やこれに追従する弟子たちを見すごせなかったらしい。天元二年(九七九)良源が僧正となって参内《さんだい》する際(あるいは天元四年の大僧正就任のときともいう)、干鮭《からさけ》を剣のように腰に帯び牝牛《めうし》にまたがる異装で行列の前駈《さきがけ》に加わろうとした。供奉のものが増賀を退けようとすると、「(古参の弟子の)我をおいて、たれか師の房の前駈をつとめんや」と叫んだという(『続往生伝』)。

もっとも、これらのエピソードは、増賀没後四十年で成った『法華験記』のそれを嚆《こう》矢《し》とし、史実と思えない面が多い（平林盛得「増賀聖奇行説話の検討」『聖と説話の史的研究』）。しかし『慈慧大師伝』には、良源が相撲にたわむれる弟子たちを見たりして、

弟子たちの不信感

> 汝すべからく仏道を修すべきに、なんぞ放逸《ほういつ》をこととするや。禅徒《ぜんと》の所行は空しく日を過さず、つねに菩提《ぼだい》を慕い、名利を思わざれ。或は公家《こうけ》の請用に赴き、或は仏道の指帰を決するに、以て名を衒《ひけ》らかし、誉《ほまれ》に徇《したが》うなかれ。ただ他を先にし己《おの》れを後にすべきのみ。

と、諄々《じゅんじゅん》と仏徒の心得を説いたのに対し、弟子たちは師の言行不一致にとまどい、教訓を信じなかったとある。増賀ならずとも、門弟たちの間に師に対する不信感がみなぎっていたことは否定すべくもない。

衒名の人

だが叡山復興の大事達成をおのれの使命と信ずる良源は、こうした門弟の批判は承知の上だった。良源没後、横川の経蔵から発見されたかれの手記には、自らの半生を回顧し、「外は衒名《げんめい》（名をひけらかす）の人に似るも、内に弘法《ぐほう》の思いを秘む」と記してあったという（『慈慧大師伝』）。かれもまた、増賀と歩む道はちがっても、おのれの信念を貫いた豪毅《ごうき》の人であった。

源信の苦悩

良源のそば近くにあった源信は、こうした騒然たる山内の動きをどのように見たであ

ろうか。「衒名の人」のそしりを招く師の一面には、源信もつねづね心を痛めていたはずだが、さりとて入門以来の師の鴻恩《こうおん》を思えば、実直なかれの性格として正面から師を批判することにはたえられなかったであろう。結局、天元三年の法会を境に良源の派閥主義が明白となるにおよんで、師の下での栄達の道から身を引き、「浄土の業」に専念する決心をしたのではあるまいか。

源信の浄土教への関心

浄土の業に対する源信の関心がいつごろ芽生えたのか、史料の上でたしかめることはむずかしい。もしその源をたどれば、西方の業を修していたと伝えられる母や姉に手を引かれ、『観無量寿経』の世界を描く当麻曼荼羅を拝し、二上山のめくるめく落日に西方浄土の幻をみた幼少の日に遡るであろうか。あるいは、横川入山後のできごととしては、師良源の『極楽浄土九品往生義《ごくらくじょうどくほんおうじょうぎ》』撰述も一つの刺激となったかもしれない。

『極楽浄土九品往生義』

『極楽浄土九品往生義』は、その名の通り『観無量寿経』九品段を一品ずつ註釈したものである。九品の階位の別によって、その生因《しょういん》・得果《とくか》・往生相《おうじょうそう》がどう違うかを多くの経論疏を引用して緻密《ちみつ》に論じている。そこに奈良時代の三論《さんろん》の浄土教家智光《ちこう》の影響が指摘されるのは（井上光貞『日本浄土教成立史の研究』）、良源の因明学も三論の系統を引くものであったことと思い合わせて興味深い。それはさておき、冒頭に「台山僧良源、仰《おおせ》を奉じて略註す」と記すのは名目上のことで、門下の弟子たちが良源の命を受けて編纂したのではないかという平林盛得氏の推測が事実に近いかもしれない。良源に本書の撰述を依頼したのが、室康子の急逝（三二頁参照）で来世の思いを深めた師輔だったとすれば、その成立は天徳元年（九五七）末以後数年間のことになる。良源の門に入って間もない源信が直接これに関与したとは思えないが、師の指導の下で兄弟子たちが編纂に従事するありさまを見たであろう。

性空や勧学会の影響

しかし、学解的註釈書と念仏実践の手引書という相違があるにせよ、『往生要集』は『九品往生義』を大文《だいもん》第九と第十でわずかに引用するだけで、『九品往生義』の主題である九品各品の相違には関心を示していない。この書が、源信の浄土思想形成の上でさして大きな役割を果したとは考えられないのである。むしろ源信に、法会の論義に明け暮れる華やかな生活とは別の新しい信仰の道へ目を開かせたのは、天元の法会とちょうど同じころの書写山性空上人《しょしゃざんしょうくうしょうにん》との邂逅や慶滋保胤《よししげのやすたね》をはじめとする念仏結社勧学会《かんがくえ》の文人貴族たちとの親交の深まりであり、それが『往生要集』そして二十五三昧会《ざんまいえ》へと展開して行く「浄土の業」の原点である『阿弥陀仏白毫観法《あみだぶつびゃくごうかんぼう》』撰述の直接の契機となったと思われる。

源信、性空を訪問

性空《しょうくう》（九一七？—一〇〇七）は従四位下橘善根の子と伝えられる。『書写山円教寺《えんきょうじ》旧記』に収める『一乗妙行悉地《いちじょうみょうぎょうしっち》菩薩《ぼさつ》性空上人伝（悉地伝）』によれば、十歳で『法華経』を読誦、三十六歳で出家し持経聖《じきょうひじり》として苦行につとめ、ついに播磨《はりま》国の書写山に円教寺を開き、寛弘四年（一〇〇七）没した。その徳行をしたい結縁《けちえん》する貴紳は多く、寛和二年（九八六）・長保二年（一〇〇二）と再度書写山に幸した花山《かざん》法皇（九六八—一〇〇八）、結縁のため歌を送った和泉式部《いずみしきぶ》などの話は有名だが、源信や慶滋保胤ら勧学会の文人貴族たちも書写山に性空を尋ねている。

十世紀の末、文名高かった中書王具平親王《ちゅうしょおうともひら》（九六四—一〇〇九）のつぎのような詩が『本朝麗藻《ほんちょうれいそう》』に残っている。

近来、播州書写山の中に性空上人というものあり。法華経を誦するを事とし、寤寐《ごび》（ねてもさめても）休まず。天台の源公（源信）その高行を聞き、遠く尋ねてあい見《まみ》ゆ。緇《し》素《そ》（僧と俗）結縁する者は、まことに繁くして徒あり。予、諸《もろもろ》の聖徳《しょうとく》を讃する詩を伝見するに、身を顧みて甚だ障礙《しょうげ》の多きを悩む。いまだ頂礼《ちょうらい》（拝顔）を遂げざるによりて、拙什《せつじゅう》（拙《つた》ない詩）を綴らしめていささか結縁す。

寂寥《せきりょう》の山中　　坐禅の師
一乗の蓮華　　よく憶持す

掌底《しょうてい》の鉄針《てっしん》　胎を出ずるの日
経中《きょうちゅう》の白米　糧を絶つの日
妙文《みょうもん》暗記し　眠りてなお誦すれば
法力冥薫《みょうくん》し　貌《ぼう》いまだ衰えず……

詩にいう「掌底の鉄針」とは、性空が左手に針をにぎって生まれた不思議、「経中の白米」とは、山中苦行で糧つきたとき法華経中に粳米出現した奇跡をさすが、親王は「貌未衰《いまだおとろえず》」に註して、「上人春秋六十九、しかれどもなお光沢あり」と、性空の若々しさを讃えている。いっぽう『書写山旧記』には、

源信、性空を讃える詩を作る

恵心先徳、上人を讃える詩
四十年来　一乗を持し
衣はなお忍辱《にんにく》　室は慈悲のごとし
菩提の行願《ぎょうがん》は　まさに清浄
世々生々　我が師とならん
寂心《じゃくしん》上人、上人を讃える詩
三千界裏　頭陀《ずだ》の迹《あと》

五十年前　口誦の声
今日幸いに教化を蒙るを容《ゆる》され
西方定《さだ》めて相迎《そうごう》を獲《え》んことを識る

と、源信と慶滋保胤の詩を収め、また鎌倉時代に昌詮《しょうせん》が編した『性空上人伝記遺続集』は、「秋日、書写山を尋ね性空上人の高徳を讃す」と題した「無量億劫無修の力　六十九年清浄の身」という大江為基《ためもと》の詩を収めて、「私に云う、同時に参詣の道俗、源〻(信)恵心、厳久、仁康《にんこう》已上僧、沙弥《しゃみ》真静《しんせい》、保胤、為基《ためもと》、為象《ためかた》、為忠《ためただ》已上俗、おのおの詩を作り上人を讃す」と註している。従来これらの詩は、性空六十九歳のとき、源信・保胤・為基その他がつれだって書写山を尋ねて詠んだもので、具平親王のいう「諸の聖徳を讃える詩」にあたると考えられていた。性空が寛弘四年（一〇〇七）に没したときの年齢は、『悉地伝』の記述に混乱があってはっきりしないが、昌詮は九十八歳と推定しており、これから計算すれば、源信らがつれだって尋ねたのは天元元年（九七八）秋ということになる（川崎庸之『源信』）。

ところが近年、平林盛得氏は寛和二年（九八六）に性空が書いた文に「春秋七十」とあることから、性空没年九十一歳説を考証した（「花山法皇と性空上人」『聖と説話の史的研究』）。これから計算すれば、性空六十九歳の年は寛和元年(九八五)となる。また平林氏は、源信の詩には「四十年」、保胤の詩には「五十年」とあり、同じときに詠まれた詩ではないとし、源信の詩は天元元年(九七八)前後、保胤の詩は具平親王の詩作(九八五)のあとの永延元年(九八七)ころと論証した。

源信と性空の出会い

いずれにせよ源信と性空の出会いは天元初年と考えて大過ないが、ここで注目されるのは、例の天元三年の根本中堂供養法会に性空が増賀とともに招かれている点である。『堂供養』は、右方梵音衆の中に、「性空聖人書写山、増賀、多武峯山、」と記している。性空・増賀は書写山と多武峰に去っているが、いずれも叡山良源の法脈という意味であろう。性空の伝記では三十九歳以後不明瞭な一時期があるが、平林氏はこの時期に性空は民間持経者として修行していた九州を去って叡山に登り、良源に師事したと推定している。性空は増賀同様、座主良源の下の叡山の俗化に失望し、下山して書写山に入るのだが、良源は余慶門徒を牽制《けんせい》するため、増賀とともに天元の法会に招いた。性空の意図に反し良源門下のレッテルが貼られてしまったのであり、かれが終生叡山での修行を口にしなかったのは、叡山の現実、良源の施策に対する反撥であったろう、というのである(平林前掲論文)。

源信が書写山を尋ね、性空に詩を呈したのが、天元三年の法会の前か後かはわからない。しかし天元の初年といえば、源信は『因明論疏四相違略註釈』を著し、論義決択にその名をうたわれていた時期である。宮中・山内の華やかな法会の席を見なれていた源信にとって、世俗を避け名利に背をむけ日々の糧にも事欠くような清貧真摯《せいひんしんし》な聖の信仰生活は、大きな感動であったと思われる。師に対する「衒名の人」の謗《そし》りや山内にみなぎる派閥抗争・権謀の渦中で懊悩《おうのう》する源信が、師良源の下を辞し山谷に隠居した聖人に「世々生々我が師とならん」という詩を呈したのをみれば、そこに自分の進むべき新しい道の示唆を得たのかもしれない。

しかし性空の面目は、深山で苦修練行につとめる持経聖にある。書写山における性空の生き方は「永く万縁を断ちて山谷に隠居」する源信の決意にあずかって力あったかもしれないが、「浄土の業」を修する源信の信仰との関わりでいえば、やがてかれの盟友となる慶滋保胤《よししげのやすたね》ら当時の代表的念仏結社勧学会《かんがくえ》の文人貴族たちの影響も合わせて考えなくてはなるまい。

二　勧学会の人々

勧学会

勧学会は、康保元年（九六四）三月、天台の学僧と大学文章道《もんじょうどう》の学生各二十名が一堂に集い、『法華経』の句偈《くげ》を講じ、弥陀の名号《みょうごう》を称え、経の一句を題として詩会を催したのにはじまる。以後、西坂本の月林寺《がちりんじ》、親林寺、あるいは禅林寺などを会場として、毎年三月と九月の十五日、すなわち春秋の満月に定期的に行なわれた。勧学会のメンバーでもある源為憲が書いた『三宝絵詞《さんぼうえことば》』によると、学生と僧たちが「この世、後の世に永き友として、法《のり》の道、文《ふみ》の道をたがいにあい勧《すす》めならわん」との趣旨で勧学会と名づけたという。学生と僧たちは十四日の夕に会場で合流し、十五日の朝には『法華経』を講じ、夕には弥陀仏を念じ、その後は夜を徹して仏を讃《ほ》め法《のり》を讃《たた》える詩をつくり、寺に納めるのである。

勧学会の構成員

勧学会の構成員は、歳月とともに変動あったろうが、文人側は慶滋保胤《よししげのやすたね》をリーダーとして、紀斉名《きのただな》・橘倚平《よりひら》・藤原在国《ありくに》・高階積善《たかしなのもりよし》・三善道統《みよしのみちざね》・高岳相如《たかおかのすけゆき》・源為憲・大江以言《もちとき》《これゆき》などの名が推定されている（桃裕行《ももひろゆき》『上代学制の研究』、薗田香融《そのだこうゆう》「慶滋保胤とその周辺」日本名僧論集

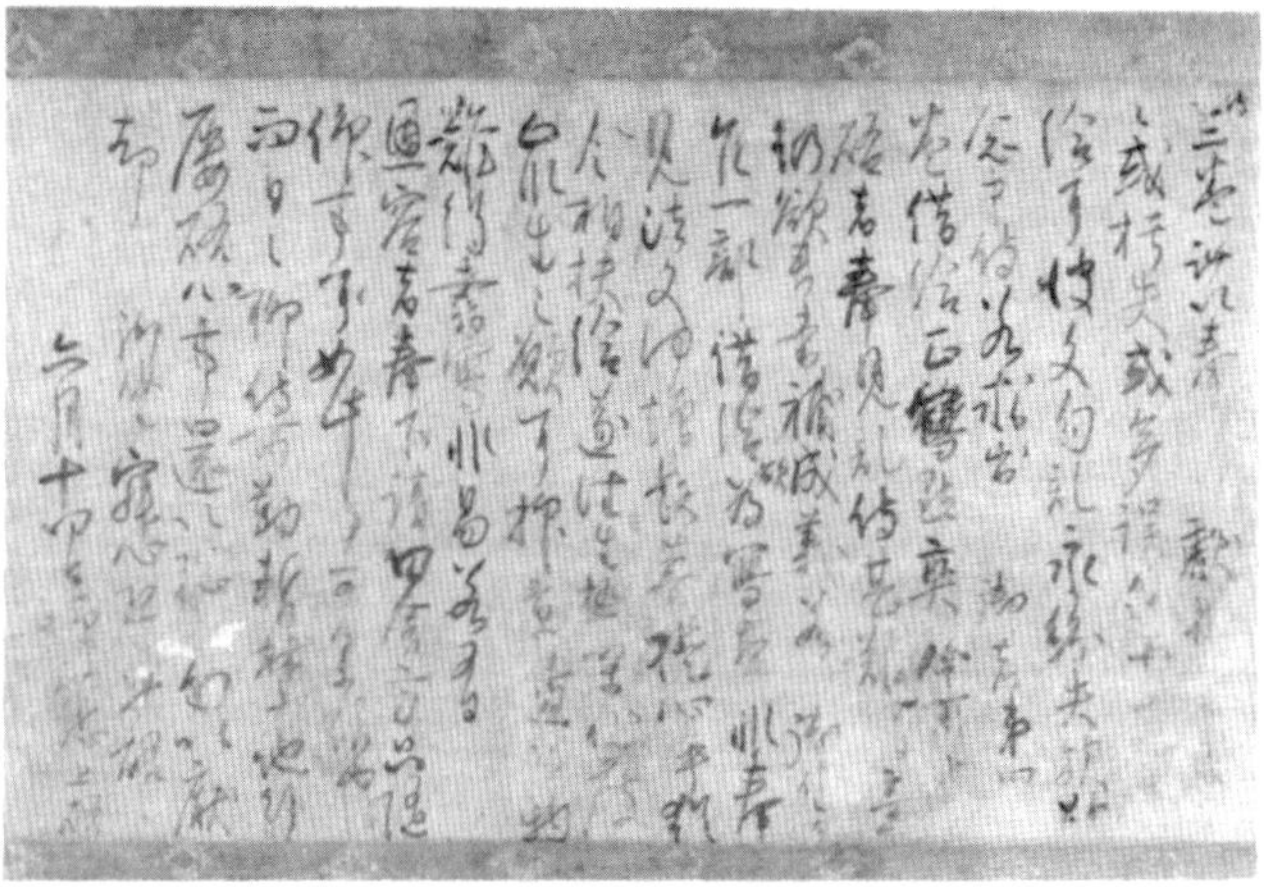

慶滋保胤自筆消息（東京国立博物館蔵）

『源信』、小原《おばら》仁《ひとし》『文人貴族の系譜』)。

　慶滋保胤は、陰陽《おんよう》家賀茂忠行《ただゆき》の第二子である。長保四年にその四十九日忌が修され、また天元五年（九八二）の『池亭記《ちていき》』に「行年《ぎょうねん》ようやく五旬になんなんとす」と記すのを四十九歳と仮定すれば、承平四年（九三四）に生まれ長保四年（一〇〇二）に六十九歳で没したことになり（薗田前掲論文）、源信より八歳ほど年長だったと思われる。兄の保憲《やすのり》は累代の家業を嗣いで陰陽博士となり、保胤は兄に譲った形で姓の文字を改めて慶滋とした。後世「よししげ」と訓《よ》むようになったが、もちろん慶滋は賀茂と異字同義、本来「かも」と訓むべきものである。

　『続往生伝』が「累代陰陽の家より出づと

いえども、独り大成を企てつ」と伝えるように、家業を嗣げぬかれは、大学の課程を修得し学者・官僚として世に出る道をえらんだ。若き日の保胤は、才に富み文に工《たく》みなこと当代絶倫、文章《もんじょう》博士菅原文時《ふんとき》の門下第一とうたわれ、大江以言によれば、天徳・応和のころ（九五七—九六三）天下の子女で才子を語るものは、多く高俊《こうしゅん》（高岳相如）と茂能《ものう》（賀茂保胤）の二人の名をあげたという（『本朝文粋《ほんちょうもんずい》』九、『二中歴』十三）。エリート官僚をめざす保胤は、文章生《もんじょうしょう》として近江掾《じょう》に任じ、方略の宣旨（官吏登用の最上級国家試験）に対策し、永観二年（九八四）ころには従五位下大内記《だいないき》（中務《なかつかさ》省内記局で詔勅はじめ重要公文書の起草、宮中の記録を掌る）の職にあった。しかしこの間、保胤の関心は、官界での立身から私的心情の世界へと移っていった。

文章経国思想の衰退

かつての嵯峨《さが》朝を頂点として、九世紀の前半ころまでは、「文章《ぶんしょう》は経国《けいこく》の大業《たいぎょう》」とされ、それが公的に承認された文人貴族たちの存在根拠であり誇りであった。しかし十世紀における律令国家の変質は、同時に文章経国《ぶんしょうけいこく》思想の衰退をもたらし、詩をもって政治に資するがごとき彼らの存在意味は、もはや空洞化していた（小原仁『文人貴族の系譜』）。加えて摂関体制が安定期に入り官界の上層部が藤原一門によって占められるとともに、中流の文人貴族の間でも、文章道における菅原・大江二氏のように、その嫡流《ちゃくりゅう》が特定の職

能を家業として独占し自家の温存を図る「家業の形成」の動きが、十世紀末には顕著となった（薗田前掲論文）。大江匡衡《まさひら》が、

この両家（菅原・大江）の門業《もんぎょう》を伝うるや、才不才を論ぜず、年歯《ねんし》に拘《かかわ》らず。……高岳相如、賀茂保胤なるものあり、才に富むといえども争わず。……田口（紀）斉名、弓削（大江）以言なるものあり、文に工《たく》みなりといえども競《きそ》わず。それ然らば則ち、累代のものは重んぜられ、家を起すものは軽んぜらるること明らかなり。

私ごとの自覚

と記しているのは（『本朝文粋』六）、その間の事情をものがたるものである。こうして才ありながら摂関体制下の社会にみなぎる門閥《もんばつ》主義に疎外された文人貴族たちの間に、時代社会の弊風への批判的精神が高まるのは当然であろう。もとより摂関体制下における文章経国の衰退や家業の形成は、もはや動かしがたい現実で、文人貴族たちも公的生活においては中下級官僚として摂関貴族社会の構成員だから、かれらは、その公の世界での不満の解消を、私的心情の世界、個人的意識の場に求める他なかった。こうして十世紀末の文人貴族たちの間では、はじめて「公《おおやけ》ごと」に対する「私《わたくし》ごと」の意味が自覚され、保胤の『池亭記』に描かれた「身は朝《ちょう》にありて志《こころざし》は隠《いん》にある」という公私の二元的生活が理想とされるようになった。

『池亭記』は、天元五年(九八二)、京六条の北に小宅を構えた保胤が、これに託して日ごろの鬱積を吐露したものである。そこで保胤は、応和年間以後ことに顕著となる富や勢威を尊ぶ社会の弊風を批判するとともに、権力者に媚《こ》びることなく、退公《たいこう》の余暇は詩を吟じ弥陀を念じ法華を読む閑居の生活を至上としている。それは官の制約と無縁な風流と現世《げんせ》を越えた信仰の世界の価値の主張であり、新しい藤原文化を生み出す価値観の転換ともいえる。

勧学会文人貴族の社会批判

『日本往生極楽記』の序によれば、保胤は若き日より弥陀を念じ、四十歳をすぎるころからその志いよいよ深まったというが、『池亭記』において理想とする詩を吟じ弥陀を念じ法華を読む、風流と信仰の「私ごと」の世界を、志を同じくする文人貴族や天台僧との結社を通じて実践したのが勧学会に他ならないのである。文章経国の役割が失われたのに加え、「家業の形成」によって、才に富み文に工みでありながら志を得られなかったとされる相如・保胤・斉名・以言が等しく勧学会の有力メンバーとなったことは興味深い。保胤が「方今、会の故旧は人数いくばくならず、或はこれ散位《さんみ》、或はこれ無官なり。なんぞいわんや党結の徒は、貧しくして道を楽しむ人のみなるをや」(『本朝文粋』十二)と記したように、勧学会のメンバーや友人の多くは、摂関体制下の時流にあい容《い》れぬ貧し

い中下層の文人貴族たちであった。ささやかな会所の建物を建立するための寄附をよびかけた保胤の文に、

辞することなかれ、官に俸禄なしと。道《い》うことなかれ、家はなはだ貧窶《ひんる》なりと。ただこれ力の任《た》うるところ、志の欲するところ、一銭一粒といえども寸鉄尺木といえども、また嫌《いと》わざるところなり。古今、高堂大館を造るものあれど、寧《いづく》んぞ旅宿にあらざるや。黄金美玉を堆《つ》むものあれど、またこれ浮雲なり。我らたまたまこの堂を起し、永くこの会を修せば、世々生々に弥陀仏を見、在々処々に法華経を聴かん。これ大因縁《いんねん》なり、これ大善根《ぜんこん》なり。もし故人党結の外に同心合力の徒あらば、以て随喜すべし、以て頌歎《しょうたん》すべし。(『本朝文粋』十三)

とあり、『池亭記』のそれと同じく、かれらが弥陀と法華の信仰に情熱を傾けた背後に、権門勢家《けんもんせいか》への批判的精神の底流していたことを知るのである。もちろん文人貴族たちの集いである勧学会は、

一切衆生をして諸仏知見に入らしむるは、法華経より先なるはなし。故に心を起し掌を合わせ、その句偈を講ず。無量の罪障《ざいしょう》を滅し極楽に生じるは、弥陀仏に勝るなし。故に口を開き声を揚げて、その名号を唱う。およそこの会を知る者は、謂《おも》えら

くは見仏聞法《けんぶつもんぼう》の張本となし、この会を軽んずる者は、恐るらくは風月詩酒の楽遊と
なさん。（『本朝文粋』十）

勧学会の性格

と保胤が記すように、風月詩酒を楽しむ文学サロン的なものと見なされかねない面もあった。しかしそれは、「公ごと」に対し「私ごと」の世界を重んじ、白居易《はくきょい》（七七二—八四六）の生き方を憧憬《どうけい》する会の貴族たちの文人趣味のしからしめたところで、その本質が念仏結社をめざすものであったことは保胤の言葉からも明らかである。

保胤と源信の接触

保胤と源信が、たがいに相手の存在を意識しあったのは、いつごろであろうか。天元元年、つれだって性空を尋ねたとの説が成り立ちがたいことは前に述べたが、それにもかかわらず両者の接触は天元ころにあったと考えて大過ないのではあるまいか。

桃花閣の作文会

この当時、やはり藤氏《とうし》専権の世に志を得ず、法華と観音の信仰に鬱《うつ》を散じていた前中《さきのちゅう》書王《しょおう》源兼明《みなもとのかねあきら》（九一四—九八七）の桃花閣《とうかかく》で催された作文会《さくもんえ》に、保胤はじめ勧学会の有力メンバーは参加していたという（菊地勇次郎「日本往生極楽記の撰述」日本名僧論集『源信』。主催者の中書王を具平親王とする説もある）。源兼明は、源信が宮中で奝然と対論した際、左大臣として親しくこれを見聞したから（四六頁参照）、公卿たちを感歎させた源信の智弁《ちべん》ぶりは作文会の席の恰《かっ》好《こう》な話題となり、保胤はじめ文人貴族たちに源信の名を印象づけたであろう。いっぽう

源信も、勧学会に参加した天台僧二十人の中に自身加わっていたかどうかは不明だが、少なくも勧学会に参加した学僧たちから文人貴族念仏結社運動のリーダー保胤の令名は伝え聞いたことであろう。後にのべるように、天元四年(九八一)撰述の『阿弥陀仏白毫観』の内容は実践的性格がきわめて強く、源信が念仏結社勧学会の存在を意識したところに撰述されたと思われるから、源信はこれ以前から保胤ら勧学会の文人貴族とかなり密接な交流があったと推測できる。

勧学会の念仏

しかし源信は、世の名利を忌《い》む念仏聖や念仏結社の文人貴族と親交を深め、その真摯《しんし》な求道の態度に共鳴すればするほど、確たる念仏理論を欠くために呪術的な真言陀羅尼《だらに》との区別も定かでないような、かれらの称名念仏の弱点にも気づいたであろう。勧学会のメンバー源為憲は『三宝絵詞』で、勧学会の行事である講経・念仏・作詩の次第をのべ、

娑婆《しゃば》世界はこゑ仏事をなしければ、僧の妙《たえ》なる偈頌《げじゅ》となへ、俗のたふとき詩句を誦《ず》するをきくに、心おのづからうごきて、なみだ袖をうるほす。

と結んでいる。「娑婆世界はこゑ仏事をなしければ」とは、この娑婆世界の仏事においては音声《おんじょう》が重要な作用をなすといったほどの意味である。つまり勧学会の行事において

は、僧が偈頌《げじゅ》をとなえ、俗が詩句を誦し、その唱和がかもしだす一種真言陀羅尼的効果を重視するのであって、当然そこで行なわれた「夕念仏《ゆうねんぶつ》」とは、甘美な旋法にのせて阿弥陀仏名を唱和する称名《しょうみょう》念仏であった。

勧学会が天台学僧と文人貴族の結社として発足したことでも明らかなように、十世紀の貴族社会浄土教の念仏の系譜は、天台宗の不断念仏に求められる。承和十四年(八四七)帰朝した円仁(七九四―八六四)は、常行三昧《じょうぎょうざんまい》の作法として中国の五台山を中心に流行していた五《ご》会《え》念仏を伝えたが、これが後に叡山で年中行事化し不断念仏《ふだんねんぶつ》とか山の念仏とよばれたのである。常行三昧とは、中国天台の智顗《ちぎ》の『摩訶止観《まかしかん》』に説く四種三昧――心を集中し悟りに至る止観成就のための四つの実践方法――の一つである。この常行三昧実践方法のなかに、

九十日、身は常に行すること休息なく、九十日、口に常に阿弥陀仏名を唱えて休息なく、九十日、心に常に阿弥陀仏を念じて休息なく、……

というくだりがある。この「唱」とは称名念仏、「念」とは観想念仏に通じるものだから、常行三昧は念仏による阿弥陀浄土信仰実践の契機を含んでいたことになる。もちろん常行三昧の「念仏」は、本来「諸法即実相、煩悩即菩提」の理をさとる止観成就のた

め行なうもので、浄土往生が目的ではない。しかし中国天台は、六祖《ろくそ》の荊渓湛然《けいけいたんねん》（七一一―七八二）のころから浄土教的色彩が強まり、円仁が請来した常行三昧は、『摩訶止観』のそれと名は同じでも、俗に五会《ごえ》念仏とよばれたように実体は浄土教的に変化していたのである。

五会念仏

五会念仏は、専修《せんじゅ》念仏実践で知られる南嶽承遠《なんがくしょうえん》（七一二―八〇二）を師とした法照《ほっしょう》が、大暦《たいれき》元年（七六六）に弥陀の霊感を得て創唱したものである。五会の「会《え》」とは旋法の意味だから、五会念仏とは、高低緩急を異にする五種の旋律を用いる念仏唱和法である。弥陀は法照に、極楽界では仏菩薩水鳥樹木ことごとく五会念仏を誦していると告げたという（塚本善隆『唐中期の浄土教』、薗田香融「山の念仏」『平安仏教の研究』）。このように法照の神秘的体験にもとづく五会念仏は、音楽性豊かな称名念仏として比叡山で発達し「山の念仏」とよばれ、「身の罪……口のとが……心のあやまち」をすべて消し去る懺悔滅罪《ざんげめつざい》の法として意識された。勧学会の念仏も、この「山の念仏」の流れをくむものであった。

称名念仏と死霊鎮送

ところで、この懺悔滅罪という称名念仏の機能は、念仏者自身の浄土往生もさることながら、当初は怨魂《えんこん》を鎮め浄土へ送る目的で用いられることが多かったのである。古代の日本人は、肉体と霊魂の二元《にげん》観で人間を考えた。肉体は滅んでも霊魂はすぐ他界に赴《おもむ》かず、鎮魂の儀を怠るならば、さまざまの災異をもたらす。ことに非業《ひごう》の死をとげた人の霊は、さまよい残ってこの世に仇《あだ》なし怨念をはらそうとするであろう。その意味で貴族社会の政争の犠牲者こそ、こうしたさまざまの災異をもたらす怨魂に恰好な存在である。

御霊会

貞観《じょうがん》五年(八六三)、代表的な政争犠牲者六体の鎮魂を祈る御霊会《ごりょうえ》が神泉苑《しんせんえん》に密教僧を招いて行なわれたが、こうした死霊鎮送の対象は、しだいに民衆の間にも広まっていった。かつて民間では、死穢《しえ》をさけるため都市の河原や村外の曠野《こうや》に死者を棄てることさえめずらしくなかったが、御霊会などを介して、死霊の恐怖、追善の必要性が民間の死者についても認識されるようになってきた。畿内の民間で先祖の霊を供養する盂蘭盆会《うらぼんえ》が行なわれるようになるのは十世紀とされるが、このころから死霊鎮送・祖霊追善の仏教が貴族社会だけでなく民間でも広く行なわれ、そこでは称名念仏が真言陀羅尼と並んで修されたのであった。

験者の念仏

このように称名念仏が、さまよう死霊を浄土に鎮送するマジカルな真言陀羅尼的性格で理解される以上、称える僧も、厳しい修行で霊力を身につけた験者《げんじゃ》であればあるほど念仏の利益は大きいと人びとが考えるのは当然である。発生期の浄土教で、念仏僧といえば例外なく、貴族や民衆が畏敬する験者だった理由はそこにある。九世紀末以来、天台・真言・南都の宗派を問わず、称名念仏や真言陀羅尼によって死霊を鎮送し、浄土往生を願った験者は枚挙にいとまなく、その伝統は、勧学会や源信の時代にもおよんでいたのであった。

空也と勧学会貴族

こうした「験者の念仏」の流れに立ちながら、称名念仏の浄土往生の利益を広く民衆に説いたのが、十世紀中ころ京都を中心に活躍した空也《くうや》(九〇三―九七二)である。空也の伝記として今日に知られるのは、『空也誄《くうやるい》』と『日本往生極楽記』空也伝だが、源為憲と慶滋保胤といういずれも勧学会のメンバーの筆になっていることは、空也の念仏活動に対する勧学会文人貴族たちの共感を物語る。空也は父母について黙して語らなかったが、高貴の血を引くといううわさは在世時から盛んであった。そうした身で、あえて市井の間で利生事業につとめ仏音《ぶつおん》を伝えようとする空也の念仏活動は、富と権勢《けんせい》におもねる浮薄の世に批判的な文人貴族たちに感銘を与え、民衆にはその験力《げんりき》への一層の畏敬の念をかもし出したと思われる。

京都の市中で念仏布教し、「市聖《いちのひじり》」「阿弥陀聖」とうたわれた空也は、天禄三年(九七二)九月十一日、市井の房に七十年の波瀾の生涯を閉じた。空也の死は、勧学会の文人貴族たちにも深い悲しみを与えた。保胤の念仏信仰が四十歳以後高まり、勧学会の堂舎建立《こんりゅう》の運動が起るのも、空也の往生に触発されたのであろうという(小原仁『文人貴族の系譜』)。

源為憲、勧学会を代表し『空也誄』を著す

一周忌にあたり、源為憲が推されて誄《るい》を執筆することになり（平林盛得「空也と平安知識人」『聖と説話の史的研究』）、空也の遺弟をたずね、法会の資料なども集めて、その生涯を叙した長文の序と四字一句の三十四句からなる誄（これを合わせて『空也誄《くうやるい》』とよぶ）をものした。勧学会会衆の空也追慕のよすがとして、文名一世に高い為憲が心血をそそいだ誄の本文をかかげ、釈してみよう。

『空也誄』

於赫聖人　其徳無測　　ああ聖人　その徳測《はか》るなし
素菩薩行　初優婆塞　　もと菩薩の行《ぎょう》　初め優婆塞《うばそく》たり
頭陀諸山　退散六賊　　諸山を頭陀《ずだ》し　六賊《ろくぞく》を退散す
物外栖心　市中乞食　　物外に心を栖《やど》し　市中に食《じき》を乞う
救苦世俗　唱善知識　　苦の世俗を救い　善知識を唱う
蟣虱離身　毒蛇感徳　　蟣虱《きしつ》は身を離れ　毒蛇《どくじゃ》は徳に感ず
霊狐病皃　□因悦色　　霊狐《れいこ》の病皃《びょうぼう》　因《よ》って悦色《えっしょく》あり
文殊蹔来　観音不匿　　文殊蹔《しばら》く来り　観音は匿《かく》れず
嗚呼哀哉　　ああ哀しいかな
尅念極楽　唱弥陀名　　極楽を尅念《こくねん》し　弥陀の名を唱う

求索般若　同常啼情　般若《はんにゃ》を求め索《たず》ぬるは　常啼《じょうたい》の情《こころ》と同じうす
挙世受化　毎人輸誠　世を挙げて化を受け　人ごとに誠《まごころ》を輸《つく》す
徳冠花夏　名知公卿　徳は花夏《かか》に冠し　名は公卿《くぎょう》に知らる
杪秋草衰　遥漢風清　杪秋《びょうしゅう》草は衰え　遥漢《ようかん》風は清し
房有香気　天伝楽声　房は香気あり　天は楽声を伝う
超生死海　赴涅槃城　生死《しょうじ》の海を超えて　涅槃《ねはん》の城に赴く
年之七十　被浄土迎　年はこれ七十にして　浄土の迎えを被る
嗚呼哀哉　　　　　　ああ哀しいかな

前半十七句は空也の生涯と奇瑞霊応《きずいれいおう》の数かずを叙し、後半十七句のはじめ八句は常啼菩薩にも比すべき空也の菩薩道実践、後の九句は空也遷化《せんげ》の悲歎をうたう。「杪秋」とは秋の末、空也が没した陰暦《いんれき》九月の別称である。後に『法華験記』が源信遷化の悲しみを「草木の枝葉、なえ衰えたる形に似て西方に向いて傾き低《た》る」と描いたように、仏が涅槃に入ったとき病床の四囲《しい》の沙羅双樹《さらそうじゅ》が色を変えて傾きたれた故事から高僧の死の悲しみを象徴する「草衰う」を、九月の風物にかけたのである。地上は草木枯れ果てて満目蕭《しょう》条《じょう》、すみきった天空に銀漢《ぎんかん》が遥《はる》かに高く輝いている。まさに名利をさけて民衆救済に生涯を捧げた高僧の昇天にふさわしい光景といえよう。

「市聖」「阿弥陀聖」とうたわれた空也の念仏活動の背後に、「上は菩提を求め、下は衆生を化す」大乗菩薩道実践の高い志がうかがえるとは、しばしば指摘されるところである。為憲が「般若《はんにゃ》を求め索《たず》ぬるは、常啼《じょうたい》（衆生利益のため難行を重ねて般若の大法をさがし求めた菩薩）の情《こころ》と同じうす」と讃えたのも、そうした空也の志の高さへの共鳴といえる。誄の前文によれば、曠野の委《い》（遺）骸の鎮送や閻羅《えんら》王宮に手紙を書くなど、験者の念仏の色彩は濃厚だが、もちろん空也自身は、称名念仏を単なる死霊鎮送の呪術的機能でとらえていたわけではない。『日本往生極楽記』で慶滋保胤は、

天慶よりさきつかた、道場に念仏三昧を修するは希有なりき。いかにいわんや小人愚女は多くこれを忌《い》めり。上人来りて後、自らとなえ他をしてとなえしむ。

と記している。称名念仏を死霊鎮送の機能で理解する限り、それは死者儀礼にたずさわる験者が称えるマジカルなもので、死穢をさける一般民衆にとって、みずから称えるのはむしろ忌み憚《はばか》られていたのであろう。おそらく空也は、こうした風潮に抗し、称名念仏が死霊鎮送にとどまらず念仏者自身の浄土往生の因となることを説き、みずから称えるとともに民衆にも念仏を勧進したのである。そこにも一切衆生とともに仏道を成ぜん

とする、空也の菩薩道実践の志の高さがうかがえるであろう。

空也像の分裂

しかし『空也誄』や『日本往生極楽記』をみれば、こうした記述の一方で、空也の類《たぐい》まれな苦行と霊異への讃辞が頻出する。こうした空也像の分裂は、そのまま記録者としての勧学会文人貴族たちの念仏観の混迷を反映しているのである。

三　『阿弥陀仏白毫観』

源信、空也に教えを受くとの話

すでにふれたように、空也の逝去は源信が広学竪義にあずかった前年のことである。十三世紀の初めに鴨長明《かものちょうめい》（一一五五―一二一六）が著した『発心集《ほっしんしゅう》』には、源信が空也を訪ねて往生についての疑問をただしたという話を記している。源信が「自分は極楽を願う心は深いが、往生をとげることができるでしょうか」とたずねると、空也は「智恵行徳なくとも、穢土を厭《いと》ひ浄土を願ふ心ざし深くば、などか往生をとげざらん」と答えた。源信は「まことに、ことはり窮まり侍り」と涙を流し合掌して帰り、さて『往生要集』を著すとき、このことを思いおこして、「厭離穢土《おんりえど》、欣求浄土《ごんぐじょうど》」を先としたというのである。興味深い話だが、『発心集』以外にこれを証する史料はなく、実際に源信が空也を訪問したことはなかったであろう。

源信、空也の活動に関心を示すか

しかし、天台座主延昌《えんしょう》が空也の徳行に感じ叡山に招いて親しく戒を授けた天暦二年(九四八)当時こそ源信はまだ横川入りしていなかったろうが、六十代の空也が鴨《かも》河原で貴紳の参列を得て盛大な経供養法会を行なったり閻羅《えんら》王宮に手紙を書き送ったり、都人士《とじんし》の耳目をそばたてる活躍をしているころには、源信は二十代の学問僧として横川で天台教学を研鑽していた。叡山と縁浅からぬ空也の華々しい念仏活動は、当然横川の僧侶たちの間でも話柄となったはずであり、青年僧源信がこれに無関心であったとは思えない。空也没後も、保胤はじめ勧学会の文人貴族との交流を通じ、勧学会会衆の空也鑽仰《さんぎょう》を聞く機会は多かったであろう。書写山に性空上人をたずね、その真摯な修道生活に、ありし日の空也の面影を重ね描いたかもしれない。

称名念仏のあり方への疑問

しかしその一方で、天台教学興隆の雰囲気につつまれた良源の膝下《しっか》で多年研鑽につとめた源信が、菩薩道実践の高い志にもかかわらず「験者の念仏」の次元でうけとられかねない空也念仏のあり方、そしてこれに共鳴しつつ「験者の念仏」へと押し流されかねない念仏結社勧学会の現実に、一抹の危懼《きぐ》の念をいだいたとしても不思議ではない。もともと天台観実相《かんじつそう》を志向すべき常行三昧の念仏は、甘美な称名念仏としての「山の念仏」

観想念仏

へと変質し、その流れに立つ勧学会も確たる念仏理論を欠くため風月詩酒を楽しむ文学サロン的色彩をぬぐいきれない。念仏結社としての純粋性を模索する保胤らは、空也の称名念仏へ接近しようとしている。称名念仏に立脚する限り呪術的死霊鎮送的な「験者の念仏」の限界を越えることはむずかしい。菩提心を基とする点は空也と同じでも、称名ではなく真如実相《しんにょじっそう》（万有不変の真実の相）の理を観じ、凡夫と仏が一体となる観想念仏こそ往生業としての念仏のあるべき姿だという源信の確信は、正統天台教学を究めるにつれて動かしがたいものとなっていったと思われる。

源信の使命の自覚

こうして勧学会の文人貴族らとの交流を通じ、念仏往生を模索するこれら同行者の日常念仏のよりどころとなるべき理論の体系化に、みずからの宗教的使命を自覚したであろう源信が、最初に著した念仏理論書は、『阿弥陀仏白毫観（白毫観法）』（『全集』三）で、『三宝院旧記』所収の同奥書によれば、その成立は天元四年（九八一）六月二十九日である。

『阿弥陀仏白毫観』

後述のように永観二年（九八四）起筆し翌年成稿した『往生要集』は、巻中の雑略観《ぞうりゃくかん》の項で白毫《びゃくごう》観《かん》をあげ、その観法は「具《つぶさ》には別巻にあり」と註記しているが、この「別巻」とは『白毫観法』を指すと思われる。『白毫観法』は、『往生要集』撰述の前提として、源信の浄土思想発達の軌跡を考える上でも重要な意味をもつのである。

『白毫観法』は、そのかみ源信が母や姉に手を引かれて拝した当麻曼荼羅にも描かれた『観無量寿経（観経）』の第九真身観《しんしんかん》（阿弥陀仏の真実の姿を観想する）にみえる白毫観を詳細に説いたもので、「もし阿弥陀仏を観念せんと欲せば、まず、ただまさに白毫の一相を観ずべし」と書き出し、阿弥陀仏の白毫《びゃくごう》（仏の眉間《みけん》で光を放つ白い毛）を観想する方法・意義・利益などを、諸経典《きょうてん》の文章を引用しつつ具体的に述べる。

白毫観の内容

弥陀眉間の白毫の体性《たいしょう》（存在の本性）は、天台の説く即空《そくくう》即仮《け》即中《ちゅう》の三諦円融《さんたいえんにゅう》（三諦とは三種の真理。すべての存在は空《くう》であり仮《け》であるとともに両者を越えた絶対的なもの〈中《ちゅう》〉で、しかも三者は別なく融《と》けあっている）、この一毛に一切諸仏・三千の法門が具足されている。心に仏を想うとき、その心はすなわち仏となるというから、白毫を観想するとき、わが心は三千の法門を具足する白毫の相となる。しかもかの白毫の一々の光明は、あまねく十方世界を照し、念仏の衆生を摂取《しょうしゅ》して捨てぬ。すなわち知る、われもまた白毫の光明の摂取の中にあることを。たといわが煩悩の眼《まなこ》を障《さ》えて白毫の光明を見ることあたわずといえども、弥陀の大悲《だいひ》は倦《ものうき》ことなくして、つねにわが身を照したまうのである。

こうして白毫観の意義や利益を説き終えた源信は結論する。『観経』に説くごとく、白毫を観ずることによって、われは八十億劫《ごう》生死の罪を除去し、浄土往生の利益を得るであろうが、われと衆生とはその本源は同じであるから、われがもし白毫観によって罪を滅し利益を得るならば、また衆生をして同じく滅罪利益を得せしめるであろう。われが白毫観によって罪を滅し利益を得、菩提《さとり》に至らんとするのは、おのれ一身のためではない。「願わくは、われ臨終に心乱れず、弥陀白毫の光明を見ることを得、即ち（たちどころに）安楽刹《せつ》（極楽）に往生することを得て、現前にこの観行《かんぎょう》を成就せんことを」。

白毫観法の意味

このように源信の浄土関係の著述が『観経』真身観のなかの白毫観の実践法に始まった意味は、改めて考えてみる必要がある。かつて井上光貞氏は、良源の『九品往生義』が学解的かつ思弁的であるのに対し、源信の『往生要集』は信仰的かつ実践的である、と評した。『九品往生義』は九品各品の別を中心問題とし、『観経』九品段を一品ずつ註釈しているのだが、『往生要集』の当該部分をみると、九品各品の別は問題でなく、凡夫にとって往生が可能かどうかという行《ぎょう》の立場に眼目があるからである（『日本浄土教成立史の研究』）。『白毫観法』の場合は、あつかう対象が『観経』の観法なのだから当然のことながら、先に引用したその結語にみられるように一編の眼目は浄土往生の実現にあり、記述内容は白毫観の実践法とその功徳に終始しているのだから、実践的信仰的といえば『往生要集』以上に徹底している。

源信がなぜ浄土往生の実践方法として白毫観法をとりあげたかだが、まず考えられるのは、『観経』に、

無量寿仏を観ん者は、〔仏の〕一の相好より入れ。ただ眉間の白毫を観て、極めて明了ならしめよ。眉間の白毫を見れば、八万四千の〔仏の〕相好、自然《じねん》にまさに現ずべし。

とあるように、初心者にとって比較的容易な観法だからだろう。しかし『観経』が往生の因としてあげる十六観のなかには、初心者にとって、より容易と思える観法もあるし、易行往生というだけなら観法にこだわらず、当時流行の称名念仏でもよいはずである。源信が白毫観法を重視したのは、空也的な称名念仏中心の当時の浄土教に対し、あえて天台教学の立場から「念仏」のあるべき姿を示そうとの意図が強く働いたためと思われる。

天台観法としての白毫観

十世紀の浄土教化した中国天台で重視され、日本天台にも影響を与えた『観経疏《かんきょうしょ》』（智《ち》顗撰《ぎせん》とされるが実は八世紀ころの偽撰。法然が重視した善導の『観経疏』とは別）は、『観経』十六観を天台の諸法実相に達する観法で理観を説くものとみているが、『観経疏』をさまで重視しなかった源信は、『往生要集』大文《だいもん》第九で「観経には十六観をもって往生の因となせり」と

いうだけで、大文第四正修《しょうしゅ》念仏ではもっぱら十方一切諸仏を観想する第九観の真身観により、初心者は弥陀の相好を個別的に観想する事観から入って窮極には真理空としての弥陀仏と念仏者が一体となる法身理観《ほっしんりかん》に至るよう説いている（一一〇頁参照。ちなみに、後に源信と交流した宋の知礼《ちれい》は純正天台義の確立に尽力したことで知られるが、一〇二一年に撰した『観無量寿経宗鈔』で、『観経』十六観のうち第九観のみが理観で他の十五観は事観とした）。そこで源信は、弥陀相好の惣《そう》括《かつ》的観想（惣相観《そうそう》）にたえない念仏者が、より容易な方法として対象を特定のものに限って行なう観想（雑略観《ぞうりやくかん》）に白毫観を位置づけている。要するに、「白毫観法」は、あくまで天台観実相の正統である真身観に立ちながら、そのなかで初心者が実践しやすい観法というところに意味があるのである。

『白毫観法』と念仏結社

『観経』真身観にもとづき一念三千諸法実相の理に至る天台の理観念仏こそ念仏のあるべき姿だとの確信に立った源信は、念仏結社に集う人びとにも理解し実践しやすいよう、白毫観という一点にしぼって明快に説いたのである。「我《われ》」が白毫観を通じ弥陀の大悲によって生死の罪を滅し利益にあずかることを論証した後に、

われと衆生とは本源それ一なり。われもし罪を滅せば、衆生をしてまた然らしむ。

われもし益を得ば、衆生をしてまた然らしむ。ないし菩提、一身のためにあらず。

と、衆生とともに仏とならんと願う烈々たる大乗《だいじょう》菩薩道の精神を吐露しているのは、同朋主義的念仏結社の存在を背景に考えるとき、きわめて現実的実践的な重みをもつ。

『白毫観法』から『往生要集』へ

まず『白毫観法』によって、結社の念仏に具体的指針を与えた源信が、自らの内なる欲求と念仏を志す人々の一層の期待に応え、つぎの段階として白毫観をさらに発展させて、天台教学の立場からすべての念仏すべての行業を包括し位置づけようとする壮大な往生理論の体系化にとりくんだのは自然である。こうして、宋僧行辿《ぎょうてん》が「三軸の珠璣《しゅき》」（一五二頁参照）と賞歎した『往生要集』三巻は、『白毫観法』撰述後四年にして完成したのであった。

第五　三軸の珠璣

一　『往生要集』撰述

『往生要集』の撰述

『往生要集』末文の記すところによれば、『往生要集』三巻は永観二年（九八四）冬十一月、延暦寺首楞厳院《しゅりょうごんいん》において撰述を開始し、翌寛和元年（九八五）四月にその功を終えたという。当時の用例では、首楞厳院とは横川中堂の建物自体を指すのではなく、東塔・西塔に対し首楞厳院に代表される地域を指すのが普通である（池上一切円「良源大僧正時代の横川について」『元三慈恵大師の研究』）。この場合も、「横川において」というほどの意味だろう。『往生要集』巻首に「天台首楞厳院源信撰」とあるのも、源信が東塔・西塔に対する横川の僧であることを示すものである。

恵心院供養

『往生要集』執筆開始のちょうど一年前、永観元年（九八三）十一月二十七日、良源は恵心院を供養し、対外的に円珍《えんちん》系門徒との和解がなったことを示す意味もあってか、余慶を招いて導師《どうし》とした。もちろん両派の和解は表面上のことで、

恵　心　院

良源死後、急速に破局を迎えることとなる。源信は、この院に永く居住したので後に恵心僧都・恵心院先徳などとよばれたが、『往生要集』執筆当時すでに恵心院を住房としていたかどうか確証はない。

撰述期間の問題

それはさておき、この末文については、源信自身の筆になり当初から『往生要集』に付されていたかどうかはっきりしないが（一一七頁参照）、これとからんで撰述期間についての疑問も呈示されている（花山信勝『原本校註漢和対照往生要集』著者伝説考）。

書名の由来

『往生要集』という書名の由来は、「往生極楽の教行」に関し「念仏の一門によっていささか経論の要文を集む」という序文によって明らかである。末文にも、ある僧の夢に毘沙門天《びしゃもんてん》（横川中堂に円仁の霊験談にちなむ観音と毘沙門天が安置されており、横川の守護神的意味をもつ）が現われ、「源信撰するところの往生要集は、みなこれ経・論の文なり。一見一聞のともがらは無上菩提を証すべし」と告げたとある。要するに『往生要集』は、念仏門の立場で、経や論の幹要な部分の文章を引用配列することにより一貫した論旨を展開するスタイルをとっている。かつて花山信勝氏が精査したところでは、引用の経論《きょうろん》は百六十余部、引文の数は九百五十二文におよぶという。もちろんその中には、原典によらず先行の論著からの間接的引文と思われるものも少なくないが、それにしても膨大な経論を博捜《はくそう》し、浄土や念仏往生に関する要文を典拠を明示しつつ自在適切に引用して自己の論旨を明快に展開して行く源信の博覧強記は驚歎に価する。これほどの労作がわずか半年間で可能かと、花山氏が末文の撰述期間に疑問を呈したのも無理からぬところである。

しかし先に述べたように、『往生要集』の前提として、すでに天元四年（九八一）六月に『白毫観法』が撰述されていたことを考慮に入れると見方も変ってくるだろう。『往生要集』における、経論の要文を引用配列し論旨を展開して行くスタイル、『観経』真身観を天台観実相実現の理観《りかん》として念仏の窮極に位置づける念仏観などの原型は、すでに『白毫観法』にうかがえる。『白毫観法』は、いわば『往生要集』の部分的デッサンであり、この

執筆の契機

母の死によるとの俗説は誤り

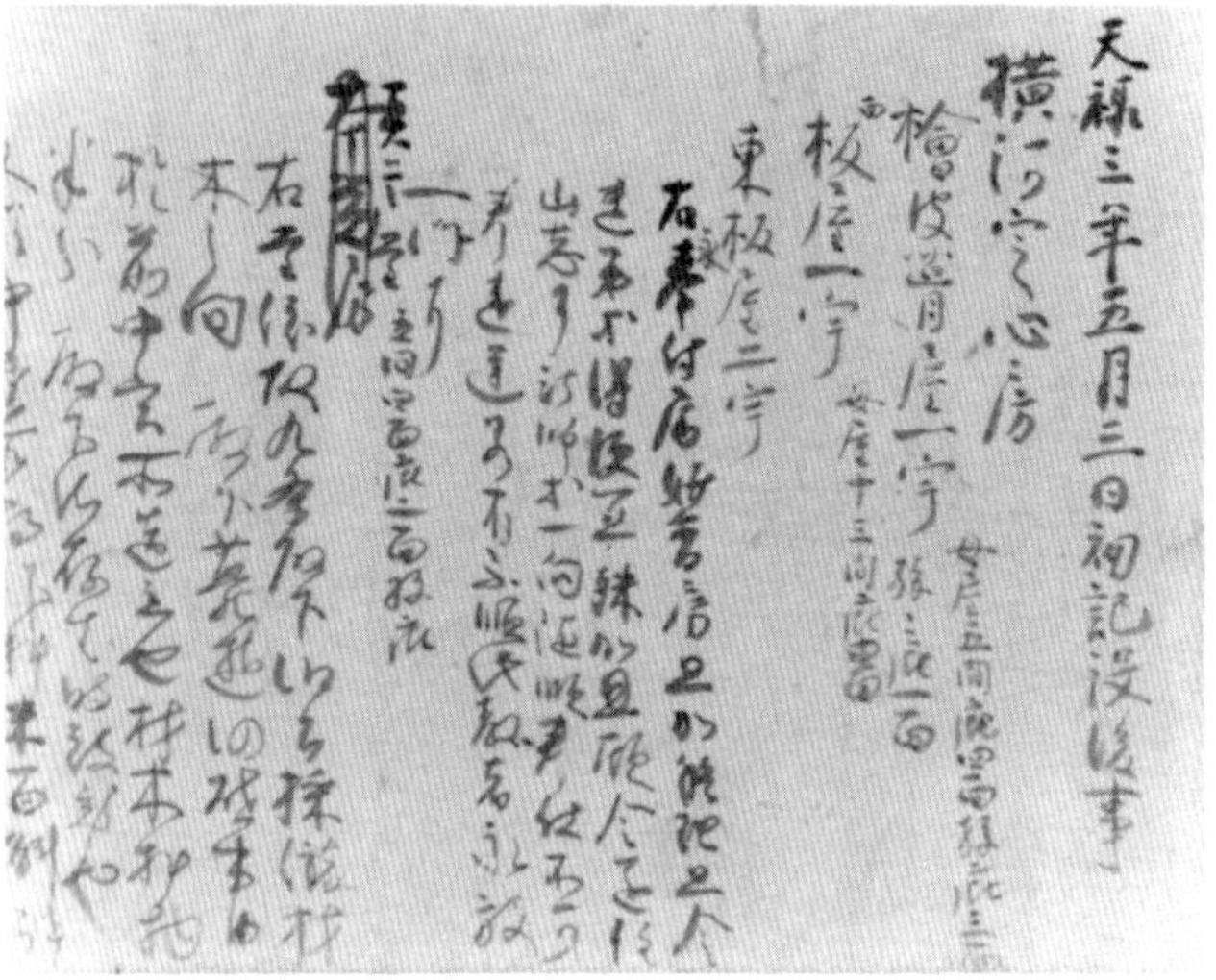

良源自筆遺告（廬山寺蔵）

方法・構想を拡大し、要文を抽出する作業は、『白毫観法』完成直後から行なわれていたはずである。そうした周到な準備に三年余を費やした後、これを最後にまとめあげる期間は、源信の筆力をもってすれば六ヵ月で十分だったと思われる。

　この撰述期間ともからんで、古くからさまざまに推測されているのは『往生要集』執筆の契機である。源信に浄土の業に恵念するよう諭《さと》した母の逝去が直接関係あったように説く俗説がある。『望月《もちづき》仏教大辞典』などはその代表だが、史料的根拠はつまびらかでない。あるいは江戸時代の

『浄土《じょうど》真宗七《しんしゅうしち》祖伝《そでん》』源信僧都伝が、母の没したのを起筆前年の永観元年九月とするのによったのかもしれない。しかし『七祖伝』の記載は、室町時代の『三国伝記』に源信四十二歳の寛和元年九月十八日に母が往生したとあるのを、四十二歳なら永観元年なので、書き改めたものである。もともと『三国伝記』の年齢や年月になんの根拠もないのだから、母の死と『往生要集』起筆が無関係なことは論ずるまでもない。

良源の逝去との関係

あるいは師良源の逝去を重視する見方もある。永観二年冬、すなわち源信が『往生要集』を起筆したころ良源は風疾《ふうしつ》を患い、山をおりて東坂本の弘法寺《ぐほうじ》で病を養っていたが、翌年正月三日、七十四歳で世を去った。『慈慧大師伝』によれば、良源は西に向い合掌し、「我が修するところの善根、悉《ことごと》く菩提に資し、かねて薫修《くんじゅ》（修行を積むこと）を分《わか》ちて、一切衆生に廻向《えこう》し、願わくは必ず極楽世界に往生せん」と誓い、口に弥陀の名号を称え、心に実相を観じつつ入滅した。没後、弟子たちは経蔵を開き、

良源の願文

〔われは〕外は衒名《げんめい》の人に似るも、内に弘法《ぐほう》の思いを秘む。ひそかに発願し念じていう、十方の諸仏、願わくは頑質《がんしつ》を擁護し、一切の聖衆《しょうじゅ》、願わくは羊僧《ようそう》（善悪をわきまえぬ僧＝自分）を加持し、われと交論決義の輩は、永く貪《とん》・瞋《しん》・癡《ち》（三毒、衆生を害する悪の根元）を離れ、たといわれをして負処《ふしょ》（論義に負けること）に堕しむるも、他をして負処

に堕しむるなかれ。また願う、わが問答を聞くものは菩提心を発し、ともに仏種を植え、ないし不見不聞の輩も、わが顧念《こねん》に随って、同じく妙果《みょうか》に攀《のぼ》らんことを。

と記す良源自筆の願文《がんもん》を見て等しく胸を打たれ、師に対し皮相な見方をしていたことを恥じたという。良源の死は天台教団にとって大きな転機となった。摂関家の権威につらなる尋禅がいくた先輩を越えて天台座主に就任し、学徳と浄業《じょうごう》を重んじる教団の伝統は、この権門座主の出現によって崩壊したのである。

尋禅、天台座主をつぐ

かつて『往生要集』の起筆は良源の病気下山に触発されたかとする見方のいっぽうで、鴻恩ある師の逝去をいたむ言辞が『往生要集』の序文なり末文なりにあってしかるべきなのに、それがないのは寛和元年撰述説への疑いを深からしめるとの花山信勝氏の見解があった。また近年では、『往生要集』が短期間に完成した背景に、師の霊前に一日も早く捧げたいという源信の報恩の想いを想定し（石田瑞麿《みずまろ》『源信』）、あるいは『往生要集』撰述の直接の原因となったのは、師良源没後、尋禅一派によって円仁以来の横川の同朋教団の伝統が崩壊されることへの源信の危機意識であったとする見方もある（堀大慈《だいじ》「横川仏教の研究」日本名僧論集『源信』）。

良源の病気下山、ついで逝去の報に接した源信の脳裏には、師とのさまざまの思い出が去来したであろう。良源が心懐を吐露した願文を伝え聞いては、感慨新たなものがあったであろう。しかし、すでにおのれの向うべき道をはっきりと自覚していた源信が、師の悲報や後任座主をめぐる山内の動きによって、いまさら格別の影響を受けたとは考えられない。源信は『白毫観法』執筆以来のみずからの軌道に則って、念仏による救いを模索する同信同行のため正しい念仏のあり方を説き明すことに日々専念したのである。

『往生要集』の序文

こうして完成した『往生要集』三巻の大綱と源信の意図したところは、その序文に明瞭である。

それ往生極楽の教行《きょうぎょう》（教えと修行）は、濁世《じょくせ》末代の目足《もくそく》（もっとも重要なもの。教え——目、修行——足の関係で「教行」と対句になっている）なり。道俗貴賤たれか帰《き》せざるものあらん。ただし顕密の教法《きょうぼう》は、その文《もん》、一《いつ》にあらず。事理《じり》の業因《ごういん》（事観理観など往生の修行。一一〇頁参照）は、その行《ぎょう》、これ多し。利智精進《しょうじん》の人は、いまだ難《かた》しとなさざらんも、予がごとき頑魯《がんろ》のもの、あにあえてせんや。この故に念仏の一門によって、いささか経論の要文を集む。これを披《ひら》いてこれを修すれば、覚《さと》り易《やす》く行い易からん。すべて十門あり、分ちて三巻となす。一には厭離穢土《おんりえど》、二には欣求《ごんぐ》浄土、三には極楽の証拠、四には正修《しょうしゅ》念仏、五には助念の方法、六には別時念仏、七には念仏の利益《りやく》、八には念仏の証拠、九には往生の諸業《しょごう》、十には問答料簡《りょうけん》なり。これを座右に置いて廃忘《はいもう》に備えん。

源信の意図

同信同行のための書

後世『往生要集』の名を一般に高からしめたのは、大文《だいもん》第一の地獄の惨と大文第二の極楽の美の対照的描写の妙であり、それが六道《ろくどう》絵や来迎《らいごう》図など浄土教美術の発達におよぼした影響は大きなものがあったといわなければならない。しかし源信が序文で、「予がごとき頑魯のもの」も浄土往生のための教えや修行を理解しやすく実践しやすいよう、念仏という限られた教えの立場から経論の要文を集めたもので、座右に置いて備忘としようとのべているのをみれば、本書は浄土往生のための念仏実践の手引書であり備忘録というべきである。利智精進の人に対する「予がごとき頑魯のもの」を、石田瑞麿《みずまろ》氏が「わたしと同じような、かたくなで愚かなもの」――源信と同じような念仏の道を歩む愚かな人たち――と解したのは（日本思想大系『源信』）、文脈に即していえば読みこみすぎの感もするが、すでにのべた『往生要集』成立に至る過程を背景においてこの序文をみれば、むしろ源信の意のあるところをとらえているといえよう。『往生要集』は源信自らの念仏実践の書であるとともに、念仏を通じてともに菩提を求め利他を願う同信同行のための書でもあったのである。

こうした観点で『往生要集』を見て行くと、その整然たる全体構成において各大文が占める位置と相関関係も正しく理解できる。

大文第一、厭離穢土

まず大文第一厭離穢土では、地獄をはじめとする六道輪廻《ろくどうりんね》の苦相を活写し、われらは前世に仏道を修さなかったためかかる永劫《えいごう》の生死輪廻のうちにあるが、いま幸い得がたき人身を得、遇いがたき仏法に遇うことを得た――「まさに知るべし、苦海を離れて浄土に往生すべきは、ただ今生《こんじょう》のみにあることを。……願わくはもろもろの行者、疾《と》く厭離の心を生じて、速《すみ》やかに出要《しゅつよう》の道（生死輪廻の世界から出て行くために必要な修行の道）に随え」と、穢土を厭離し浄土を欣求すべきことを説く。

大文第二、欣求浄土

これを受けて大文第二欣求浄土では、極楽浄土を欣求すべき理由として、極楽は清浄不退で、ここに往生したものは仏菩薩に会って親しく教えを聞き、悟りの道へ進み、縁ある人々を自分と同じように極楽に引摂《いんじょう》できるなど、十の楽しみがあると説く。ここで注目すべきは、源信が、極楽は単なる享楽の世界ではなく修道の世界であり、往生を願うのはおのれ一身のためではなく引摂結縁のためと考えている点である。

修道と衆生引摂

もろもろの衆生をして、その国を欣求すること、われの今日極楽を志願するごとくならしめん。また十方に往《ゆ》いて衆生を引摂すること、弥陀仏の大悲の本願のごとし。

かくのごとき利益、また楽しからずや。

獲るところの善根清浄なるものもて、願わくは衆生《しゅじょう》とともに、かの国に生まれん。

願わくはもろもろの衆生とともに、安楽国に往生せん。

と主張する源信は、という竜樹《りゅうじゅ》の『往生礼讃偈《おうじょうらいさんげ》』を引用して、大文第二を説き終える。それは、「われもし益を得ば、衆生をしてまた然らしむ。ないし菩提、一身のためにあらず」とする『白毫観法』の精神を受け（九一頁参照）、大文第四正修念仏における作願と廻向の重視と照応するところである（一〇五頁参照）。

千観の浄土思想

いったい、極楽浄土で修行して悟りを得た後、この世に還って悩める人々を救うという思想は、浄土経典に明示されていないが（中村元『往生要集』）、この時代、利他行に挺身《ていしん》した天台浄土教家たち——たとえば『往生要集』完成二年前の永観元年（九八三）に没した箕面《みのお》の千観《せんかん》——の間に色濃く現われている。千観は、橘氏の出身で円珍系の行誉を師としたが、世俗をいとい、応和二年（九六二）当時には遁世《とんせい》して箕面山に入っていた。応和の宗論に招かれたが、良源の俗風をきらってか、増賀とともにこれを辞した（三五頁参照）。同年に書かれた『十願発心記《じゅうがんほっしんき》』は、大乗菩薩としての自覚に立った十の大願をかかげており、

その浄土思想は、

凡夫は力なし。ただすべからく専《もは》ら阿弥陀仏を念じて、彼の国（極楽浄土）に生まるることを得て、忍《にん》を証し（真理の上に心を安んじる。悟りを得る）、已《おわ》りて三界（輪廻の穢土）に還り来りて苦の衆生を救い、広く仏事を施すこと、意に任せて自在なり。この因縁を以て浄土に生まるることを求む。

とあるように、烈々たる下化衆生《げけしゅじょう》の精神にうらづけられていた。この精神が、千観をして和讃を作成し都鄙《とひ》老少の間にも浄土教を広めさせたのであり、源信の場合、それが「一切衆生みなともに仏道を成ぜん」という念仏結社運動につらなっていったのである。

大文第三、極楽の証拠

ところで、十方に浄土ありといわれるように、浄土は本来多数存在するはずなのに、なぜ特に「極楽」の往生のみを願うのか。それは極楽が他の浄土に比較して勝れているからである。この点を論じたのが大文第三極楽の証拠で、まず十方の浄土に比較し、つぎに古くから信仰盛んな弥勒《みろく》の兜率天《とそつてん》に比較して、極楽の優越を説く。ただ、こうして極楽の優越を強調した後に、「特別の因縁のある人は極楽以外の浄土を求めるのもまたよかろう」として、

兜率上生の容認

兜率を志求《しぐ》する者は西方の行人を毀《そし》ることなかれ。西方に生れんと願うものも兜率

の業を毀ることなかれ。おのおの性《しょう》の欲《ねが》いに随い、情《こころ》に任せて修学せよ。あい是非することなかれ。

という恵感《えかん》の『釈浄土群疑論《しゃくじょうどぐんぎろん》』の文を引いて結びにしているのは興味深い。具平親王によると源信は保胤とともに慈尊《じそん》（弥勒）に値遇《ちぐ》する業を修しており（『本朝麗藻』。一三七頁参照）、臨終には「兜率天に生まれ、慈尊に見《まみ》え奉る、善根窮りなし……」と語ったとも伝えられる（『法華験記』。二五一頁参照）。弥陀・極楽の信仰の勝れたことを説きながら、他の信仰の存在意味も容認する源信の立場は、すべての行《ぎょう》に成仏の因を認める天台浄土教の諸行往生主義と通じあうところであろう。いずれにせよ、このように見てくると、大文第一から第三までは、人々に極楽浄土欣求の心を起させる導入部であり、これを受けて大文第四正修念仏では、いかにすれば浄土に往生し得るかという念仏実践の方法を、正面から論じるのである。

大文第四、正修念仏

正修念仏《しょうしゅねんぶつ》――正しく念仏を修すること――とは、源信によれば、五世紀のインド僧世《せ》親《しん》が「五念門《ごねんもん》を修して行《ぎょう》成就すれば、畢竟《ひっきょう》して安楽国土に生まれて、かの阿弥陀仏を見奉ることを得」と説いた五念門――念仏に関する五つの行為――からなる。

五念門

第一に礼拝《らいはい》門《もん》、すなわち西方弥陀仏に一心に帰依礼拝すること、第二に讃歎《さんだん》門、すなわち経論の偈《げ》や真言《しんごん》を称えて弥陀仏の徳を讃歎すること、第三に作願《さがん》門、すなわち仏に作《な》らんと願うこと、第四に観察《かんざつ》門、すなわち阿弥陀仏を正確に観察すること、第五に廻向《えこう》門、すなわち以上の行為によって得られる善根功徳《くどく》を一切衆生に廻向し利益《りやく》する（利他）こと、である。このうち狭い意味での念仏にあたるのが観察門だが、ここで注目されるのは、「この

作願と廻向の重視

中に作願・廻向の二門は、もろもろの行業において、まさに通じてこれを行なうべし」とあるように、浄土往生の行業に不可欠のものとして作願と廻向がきわめて重視されている点であろう。源信は作願門で、

『大経《だいきょう》（無量寿経）』に云わく、「およそ浄土に往生せんと欲せば、要《かなら》ず菩提心を発《おこ》すをもって源《みなもと》となすべし」と。……『浄土論』（曇鸞《どんらん》『往生論註』）に云わく、「発《ほっ》菩提心とは、すなわちこれ仏と作《な》らんと願う心なり。仏とならんと願う心とは、すなわちこれ衆生を度《すく》う心なり。衆生を度う心とは、すなわちこれ衆生を摂取《しょうしゅ》して仏の有《いま》す国土に生まれしむる心なり」と。いますでに浄土に生まれんと願うが故に、まずすべからく菩提心を発すべし。

菩提心

という『安楽集《あんらくしゅう》』の文を引き、「まさに知るべし、菩提心はこれ浄土の菩提（浄土に往生し悟りを得ること）の綱要《こうよう》なることを」と断じ、さらにつぎのように説く。「仏と作らんと願う

心」とは、「上は菩提を求め、下は衆生を化《すく》う心」であり、具体的にいえば「四弘《しぐ》の誓願」（すべての菩薩が発する四つの願い）である。天台止観《てんだいしかん》に説くところの一切諸法（すべての存在）の本性は空寂《くうじゃく》ゆえ、生死即涅槃《しょうじそくねはん》・煩悩即菩提《ぼんのうそくぼだい》なりとの理を観じ、あまねく法界《ほっかい》（全宇宙）の一切衆生に対し大慈悲心を起し「四弘の誓願」を発す、これこそ「最上の菩提心」である。

極楽を願うは衆生利益のため

この作願門が大文第二の欣求浄土の精神と照応することはすでにふれた。自己の浄土往生を願うことは自利ではないかとの疑問に対し、源信は反論する。

> あに前《さき》に言わずや。極楽を願う者は、要《かなら》ず四弘の願を発し、願のままに勤修《ごんしゅ》せよと。これあに大悲心の行にあらずや。また極楽を願求《がんぐ》することは、これ自利の心にあらず。しかる所以《ゆえん》は、今この娑婆世界はもろもろの留難《るなん》（障害）多し。……初心の行者、なんの暇《いとま》ありてか道を修せん。故に今、菩薩の願・行を円満して（誓いと実践とを完成して）、自在に一切衆生を利益せんと欲するがために、まず極楽を求むるなり。自利のためにせず。

こうして源信は、千観も『十願発心記』で依拠した『浄土十疑論《じょうどじゅうぎろん》』の「浄土に生まれて諸仏に親近し、無生忍《むしょうにん》を証して（悟りを得て）、まさによく悪世の中において衆生の苦を救わん」という文を引き、結論する。

まさに知るべし。仏を念じ善を修するを業因《ごういん》となし、極楽に往生するを花報《けほう》となし、大菩提を証するを果報《かほう》となし、衆生を利益するを本懐《ほんかい》となすことを。たとえば世間に、木を植うれば花を開き、花によりて菓を結び、菓を得て餐受《さんじゅ》する(食べる)がごとし。

源信は『往生要集』序文で「往生極楽の教行は濁世末代の目足なり」と喝破《かっぱ》したが、その「往生極楽」とは、単なる利己的な自己往生の希求ではなく、末法《まっぽう》の世において「一切衆生みなともに仏道を成ぜん」という烈々たる利他の精神にうらづけられていたのであり、念仏実践の書としての『往生要集』全編を貫く熱気がここに発していることを知るのである。

観察門

こうした菩提心を前提とする観察門の念仏は、阿弥陀仏の相好《そうごう》(身体的特徴)を観想する色相観《しきそうかん》(色とは形を有するもの。すなわち無形の法身ではなく仏の有形の相＝相好の観想)であり、それは相好を個別に観想する別相《べっそう》観、総括的に観想する惣相《そうそう》観、特定のものに限って観想する雑略《ぞうりゃく》観の三つに分れる。

別相観

別相観とは、まず阿弥陀仏が坐る美しく壮大な蓮華座を観想し、つぎに座の上の阿弥陀仏の相好を一つ一つ正確に観想して行く。これらは『観経』

第七観の華座観《けざ》、第八観の像想観《ぞうそう》にあたるが、源信が仏の相好について伝統的な三十二相の数え方にとらわれず、独創的な四十二相をあげているのは興味深い（中村元前掲書）。

この別相観を押し進めて行くと最後に到達できる、いわば観想念仏の極致が惣相観である。源信は『観経』第九観真身《しんしん》観の文をふまえていう。阿弥陀仏を個々の特徴によってではなく、全体として観想するならば、修行者の心眼《しんげん》には、海も河も大地も木々もこの世のすべて形あるものの姿は消え、ただ正法を説法する阿弥陀仏の相好光明が一切世界に満ち溢《あふ》れ、自分もまたその光明に照されていることがわかるだろう。つぎにこの阿弥陀仏が、応化身《おうげしん》（仏が衆生の機に応じて現われた姿）・報身《ほうじん》（仏が菩薩であったときの願の報いとして現われた姿）・法身《ほっしん》（宇宙の真理＝法としての仏）の三身《さんじん》を一身に兼ねそなえていると観想すれば、過去・現在・未来にわたるすべての仏の三身、無数の教えや功徳、そして尽きることなき真理の世界も、すべてこの阿弥陀一仏にそなわっていることがわかるだろう。こうして源信はつぎのように結論する。

この故にまさに知るべし、観るところの衆相は、すなわちこれ三身即一《さんじんそくいつ》の相好・光明なり、諸仏同体の相好・光明なり、万徳円融の相好・光明なることを。色《しき》は即ちこれ空《くう》なるが故に、これを真如実相《しんにょじっそう》（万有不易の真実の相）といい、空は即ちこれ色なるが故に、これを相好・光明という。一色《いっしき》も一香《いっこう》も中道（中道実相。真如実相と同義）に非ずということなし。受《じゅ》・想《そう》・行《ぎょう》・識《しき》もまたかくのごとし。わが所有の三道と弥陀仏の万徳とは、本来、空寂《くうじゃく》にして一体無礙《むげ》なり。願わくは、われ仏を得て、聖法《しょうほう》王に斉《ひと》しからん。

凡夫と弥陀仏は一体無礙

惣相観で観想される三身即一・諸仏同体・万徳円融の弥陀仏と、われら凡夫はいかなる関係にあるのか。因縁の理をもって考えれば、この現象界の「われら」に即して「仏」とよぶのでもないし、「われら」を離れたものとして「仏」とよぶのでもない。なぜなら、現象界の存在を構成する五つの要素（五蘊《ごうん》）の一つ色《しき》（物質的現象）というものは、すべて実体がない（空《くう》）のだから、色はそのまま真理の姿（空）ともいえるし、実体がないという真理は、物質的現象として現われるのだから、空はすなわち相好・光明だともいえる。一つの色、一つの香として真理の現われでないものはない。五蘊の色以外の受《じゅ》（感覚）・想《そう》（表象）・行《ぎょう》（意志）・識《しき》（知識）と空《くう》の関係についても同じことがいえる。さすれば有為《うい》界のわれら凡夫の三悪道に堕ちる煩悩も、無為《むい》界の弥陀仏の無限の徳も、ともにもともと空なのだから、一体無礙《むげ》のはずだ。それゆえ、弥陀仏が法蔵比丘《ほうぞうびく》の昔、「願わくは、われ仏とならんに、聖法王（世自在王仏）と斉しからん」（『大経』讃仏偈）と発願し仏となったのにならい、われら凡夫もまた発願して、ともに菩提を求めようではないか。

理観念仏

　別相観が具体的な仏の相好などを観想する事観《じかん》（事《じ》とは具体的現象としての差別）であるのに対し、惣相観は、阿弥陀仏を普遍的真理空《くう》そのものとしてとらえ、これと一体となろうとする理観（理とは普遍的実在としての真理）である。源信は大文第五の最後で往生にとって必要な修行を総括し、「往生の業は念仏を本となす。その念仏の心は、必ずすべからく理のごとくすべし」と喝破したように、この惣相観こそ凡夫と弥陀が一体無礙となる念仏の窮極の境地と考えたのである。大文第十の第四に、平常の念仏を四つに分け、

無相業

> 四には無相業《むそうごう》。謂わく、仏を称念し浄土を欣求すといえども、しかも身土は即ち畢《ひっ》竟空《きょうくう》にして、幻のごとく夢のごとく、体《たい》に即して空なり。空なりといえども、しかも有《う》なり。有にあらず空にあらずと観じて、この無二に通達し、真に第一義に入るなり。これを無相業と名づく。これ最上の三昧なり。

と記すのも、理観念仏の至上の境地をいうのである。大文第四正修念仏のなかでも惣相観の記述は、念仏門と天台観実相の神髄《しんずい》をみごとに会通《えつう》し、まさに『往生要集』全編の圧巻といえよう。

　しかし、このような理観に至るには高度な能力資質や精進努力を必要とするから、源

雑略観

信は、それに耐えない人のため、同じ観想念仏でも弥陀の相好のすべてを微細にあるいは総括的に観察するのではなく、特定の部分の特徴を観察する雑略観《ぞうりゃくかん》（雑《ぞう》とはいろいろのものをなにか一つに結びつけること。中村前掲書）として白毫観をあげる。「具《つぶさ》には別巻にあり」と註記するように、『白毫観法』で説いた観法は、理観を頂点とする真身観のなかで一般的実践的な観法として位置づけられたのである。ここに再引された『白毫観法』の、

かの一々の光明、遍く十方世界を照し、念仏の衆生を摂取《しょうしゅ》して捨てず。われもまたかの摂《せっ》取《しゅ》の中にあり。煩悩眼《まなこ》を障《さ》えて見ることあたわずといえども、大悲倦《ものう》きことなくして常にわが身を照したまう。

称名念仏

という一節も、既述の惣相観との関連において読めば、源信が当初から『白毫観法』で意図したところを正しく理解できるだろう。そして、この雑略観の白毫観の後に、源信は、「もし相好を観念するに堪えざるものあらば……まさに一心に称念すべし」と、どうしても観念ができない人に限って称名念仏を認めているが、その場合でも、「心の念は常に存せよ」というのを忘れない。

廻向門

　こうして達成した念仏の功徳を他者に廻向するのが、第五廻向門である。すなわち、心に念《おも》い、口に言い、修するところの善根功徳の一切を、法界（全宇宙）の生きとし生ける

ものに廻向し、平等に利益し、ともに極楽に生まれんことを願う。かく廻向した功徳は、まためぐって未来の自己の菩提に資することとなる。法界の一切衆生におのが念仏の功徳を利益することによって、念仏者は真理空としての法界と一体となり、ここに自利と利他を兼ねそなえた「正修念仏」は、全き意味において完結するのである。

大文第五、助念の方法

大文第五助念の方法は、「一目《もく》の羅《あみ》は鳥を得ることあたわざれば、万術もて観念を助けて、往生の大事を成ずるなり」とあるように、観想念仏実践を助けるさまざまの手段を、場所、供物《くもつ》、道具、修行の姿から怠け心をなくし悪をやめ善を行なうことまで、こまごまと説く。最後に、述べるところ多岐にわたるが往生業の幹要はなにかとの質問に対し、「菩提心を発し、身・口・意の三業《ごう》のすべての行為に気をつけ、深く信じて、誠をいたし、常に仏を念ずれば、願のままに極楽に往生できる。ましてそれ以外のすぐれた修行をすればなおさらである」と答えているのは、念仏を最勝としながら余行《よぎょう》も肯定する天台の諸行往生思想の一端を示すものといえよう。

余行の肯定

大文第六、別時念仏

大文第四・第五でのべた念仏は、平生のときに行なう「尋常の念仏」だが、特別の場合の念仏のあり方を説いたのが大文第六別時念仏である。まず「尋常の別行《べつぎょう》」で平生でも一定の日時や場所を限って行なう場合を述べ、つぎに「臨終の行儀」では死に臨んでの念仏を論じる。特に注目されるのは臨終念仏のあり方で、死の近づいた人に対し周囲の人々はどのような心づかいをして念仏を勧めるかが懇切に説かれている。祇園精舎《ぎおんしょうじゃ》の無常院の例にならい病人を西向きにし、仏像の手の五色の糸をにぎらせ病人の不安をやわらげる。同行《どうぎょう》者たちはあい集い、臨終の友のため声々《しょうしょう》あいつぎ十念を成就させる。源信によれば、この十念とは一心に十遍「南無阿弥陀仏」と称えることで、臨終念仏における称名の重視は興味深い。病人を見舞う同行者たちは、

もとより期するところは、この臨終の十念なり。いますでに病床に臥《ふ》す、恐れざるべからず。すべからく目を閉じて合掌し、一心に誓い期《ご》すべし。仏の相好に非《あら》ざるよりは余《よ》の色《しき》をみることなかれ、仏の法音に非ざるよりは余の声を聞くことなかれ、仏の正教《しょうきょう》に非ざるよりは余の事を思うことなかれ。

と『往生要集』が説くところの念仏を行なうよう励ます。いよいよ臨終と見定めると、気づいておられるか、あなたの玉の緒の今まさに絶えんとしていることを。臨終の一念は百年の善業にもまさる。もしこの刹那を過ぎれば、来世に生るべきところが決まってしまう。今こそまさにその大事な瞬間。一心に念仏し必ず極楽の蓮《はす》の台《うてな》に生まれられよ。「願わくは必ずわれを引摂したまえ、南無阿弥陀仏」と念じられよ。

と病人によびかけ、往生極楽の素懐《そかい》をとげさせるのである。人はすべて死すべきものである。死に行くものと、これを見守る善友《よきとも》たちが、死を直視し弥陀の大悲を信じ、一心一体となって念仏する。この臨終念仏の記述は緊張感に満ち、読者に強く迫る。

大文第七、念仏の利益

大文第八、念仏の証拠

ついで大文第七念仏の利益では、念仏にいかなる利益があるかを論じ、大文第八念仏の証拠では、「一切の善業《ぜんごう》はおのおの利益あって往生を得るはずなのに、なぜ念仏の一門を勧めるのか」との問に対し、余行《よぎょう》を否定するものではないが、念仏はすべての人によってもっとも易行であるからで、ことに臨終に往生を願うには念仏にしくはない、と説く。

大文第九、往生の諸業

大文第九往生の諸業は、この「余行を否定するものではない」という立場から導かれる内容で、「極楽を求むるものは、必ずしも念仏を専らにせず。すべからく余行を明して、おのおの楽欲《ぎょうよく》（願うところ）に任すべし」として、さまざまの顕密経典や真言陀羅尼の読誦、持戒、その他もろもろの行業《ぎょうごう》も、すべて往生極楽の業となると説く。源信は、かれ自身の行業に照してみれば、念仏は最勝だが余行の併修が望ましいと考えていたようで、それはすべての行に往生の因を認める天台の諸行往生思想の当然の帰結である。

大文第十、問答料簡

最後に大文第十問答料簡は、以上の記述から派生するさまざまの疑問点について問答形式で答えるものである。その末尾で、本書が引用する経論の正文《しょうもん》に対し著者が私見を加えたのは人々の謗《そしり》を招くのではないかとの問に、つぎのように心懐を吐露している。

もしひとえに謗りを生ぜば、あえて辞せず。……謗を生ずるもまたこれ結縁なり。われもし道を得ば、願くは彼《かれ》を引摂《いんじよう》せん。彼もし道を得ば、願くはわれを引摂せよ。ないし菩提まで、たがいに師弟とならん。

後に源信が『往生要集』遣宋の手紙で、「一天の下、一法の中、みな仏弟子で親疎の別はない。本書を謗るものも讃歎するものも、われとともに往生の縁を結びたい」と海彼《かいひ》の人々に呼びかけたのも、この故である。ここに至れば、「長きにわたり本書の執筆に尽《じん》瘁《すい》したのは、何を期待してのことか」という最後の問に対する源信の答は、おのずと明らかであろう。

『往生要集』執筆の願い

このもろもろの功徳によりて
願わくは命終るの時において
弥陀仏の無辺の功徳の身を見たてまつるを得ん
いい、い、い、われおよび余の信者と
すでに彼の仏を見たてまつりおわらば
願わくは離垢《りく》の眼《まなこ》（煩悩を離れたけがれなき目）を得て

無上菩提を証せん

この偈をもって、源信は、三巻十章八万数千字からなる『往生要集』本文の筆を擱《お》いたのであった。

二　二十五三昧会

『往生要集』の反響

『往生要集』がひとたび世に現われるや、浄土教家・念仏者の間に空前の反響をよんだ。真言陀羅尼との区別さえ定かでなかった称名中心の従来の念仏観に対し、正統天台教学にうらづけられた観実相中心の『往生要集』の念仏観は、往生業としての念仏の意義をはじめて明確に体系化理論化したものとして、天台浄土教家たちのこぞって推賞するところとなった。正暦《しょうりゃく》元年（九九〇）以前の撰述とされる静照《じょうしょう》の『極楽遊意《ゆうい》』は、「世に往生要集および白毫観文《もん》あり。行者すべからくかの文によるべし」と記し、覚超《かくちょう》（九五二—一〇三四）の『往生極楽問答』も、臨終の念仏は「往生要集の臨終の行儀の往生要十箇《じっこ》の語によるべし」としている。

毘沙門天、『往生要集』を讃うとの末文

『往生要集』の末文は、寛和元年四月に功なったと記した次に、ある僧の夢に毘沙門天

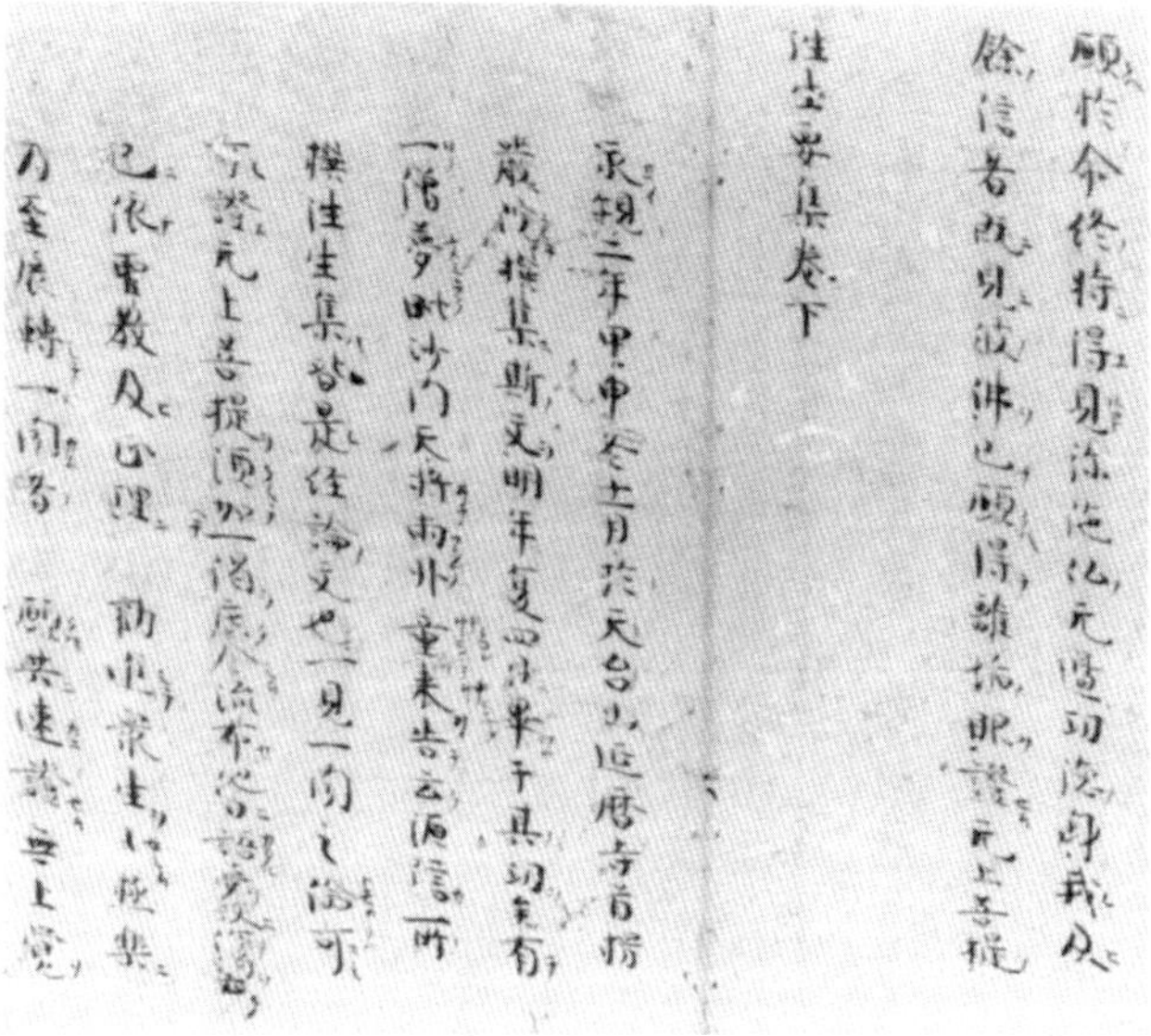

往生要集巻下　巻尾（最明寺蔵）

が現われ、「源信撰するところの往生要集は、みなこれ経論の文なり。一見一聞の倫《ともがら》は無上菩提を証すべし。すべからく一の偈を加えて広く流布せしむべし」と告げたので、これを聞いた源信は、「已に聖教と正理に依って、衆生を勧進して極楽に生まれしむ。ないし展転《あいつたえ》て一たびも聞かんものは、願わくは共に速やかに無上覚《むじょうかく》を証せん」との偈《げ》を加えたと記している。この末文が当初からあったのか後に付加されたのかはっきりしないが、一〇四三年ころ成立の『法華験記』、一〇六一年以前成立の『源信僧都伝』はこの毘沙門天の話を記しているから、その当時流布していた『往生要集』には、すでに末文が付されていたと思われる（最近刊行された、識語は存しないが十一世紀後半の書写と推定される『最明寺本往生要集』に末文があるのは、これと符合する）。いずれにせよ、『往生要集』が発表後評判となり広く読まれていたことがうかがえる。*

『往生要集』の古写本と末文等の有無

*ちなみに『往生要集』の現存最古の写本は、「長徳二年（九九六）七月二十六日写了　長胤」の奥書のある加賀小松聖徳寺上宮文庫所蔵本である。撰述後十一年、源信五十五歳当時の写本として知られるが、現存するのは中巻だけなので末文の有無はたしかめられない。仁平二年（一一五二）写の神宮徴古館本も、現存するのは上巻の後半部のみである。三巻そろった写本でもっとも古いのは前記最明寺本、ついで承安元年（一一七一）の奥書のある青蓮院本だが、これらには末文は付されているが、現在の流布本がその後に付す源信と周文徳の書状はみえない（一四三頁参照）。仁安三年（一一六八）刊本の版木焼失によって再刻した承元四年（一二一〇）版本（ともに現存せず）を見たらしい年次不詳の高野山正智院蔵古写本、および建長五年（一二五三）版本には、末文の後に書状が付加されている。

二十五三昧会の発足

しかしこうした『往生要集』の社会的反響の大きさをもっともよく示すのは、その念仏理論を実践しようとして、『往生要集』完成の翌寛和二年（九八六）五月に横川で発足した念仏結社二十五三昧会《ざんまいえ》であろう。『二十五三昧式』（『全集』一）に引用される寛和二年五月

二十五三昧会の発願文

二十三日付『楞厳院二十五三昧根本結衆二十五人連署発願文《ほつがんもん》』（以下『発願文』と略称）は、会の趣旨をおおよそつぎのようにのべている。

　思うにわれわれの生きる世は苦しみ多く無常である。しかるにわれわれは、いたずらに生死をくりかえすのみで道心を発《おこ》すことがなかったため、いまだこの輪廻《りんね》の苦を免れずにいる。『観無量寿経』に、念仏を称えるものは八十億劫生死の罪を除き極楽に往生できるとあるのを来世のたのみとし、ここにわれらは契《ちぎ》りを交してたがいに善友となり、臨終まで助けあって念仏を称えることとした。二十五人をもって結縁の衆の数とし、もしこの中に病人が出たら結縁の衆は見舞って念仏を勧めよう。没後、極楽往生の望みをとげたものも悪道に堕《お》ちたものも、必ずその由をこの世の結衆に知らせよう。結衆は心を同じくし、浄土往生の業に共につとめるが、ことに毎月十五日の夕には念仏三昧を修し、臨終の十念を祈ろう。生死涯《かぎ》りあり、あに草露の命をたのまんや。昇沈定めなし、よろしく蓮台の迎を期すべし。

二十五三昧会の式文

この後に、「転経《てんぎょう》念仏の功徳をもって六道の衆生に廻向すとは……」と書き出し、念仏を輪廻の世界に迷い苦しむ一切衆生に廻向してみな共に仏道を成ぜんと願う長い『式文』がある。二十五三昧の名は『涅槃経《ねはんぎょう》』にみえ、迷いの生存の状態を二十五に分類した二十五有《う》（四悪趣《しあくしゅ》・四洲《ししゅう》・六欲天・七色界《しちしきかい》・四無色《しむしき》界の合計）を菩薩が破砕《はさい》する三昧とされる。要するに三界六道《さんがいろくどう》に輪廻し苦しむ一切衆生に弥陀念仏を廻向し、ともに救われようという菩薩道実践の趣旨を、発会時の人数にちなんで会の名称に擬したのであり、高野山金剛《こんごう》三昧院《ざんまいいん》蔵本によれば、結衆たちは翌六月十五日から毎月の例修を始めた。

発会のときの結衆二十五人は「根本結衆」あるいは「根本発起衆」とよばれ、『二十五三昧根本結縁過去帳』（『全集』二）に列記されている。その顔ぶれをみると、良源ついで源信に師事し「顕教の才はその師（源信）に亜《つ》ぎ、真言の道は猶《なお》しかの山（叡山）に冠りぬ」（『続本朝往生伝』）とうたわれた覚超（当時はまだ二十七歳だったが）、良源が遺言で自分の葬送の際の留守役をゆだねた仁澍《にんじゅ》、天元三年の根本中堂供養法会で源信と並んで役をつとめた梵照《ぼんしょう》・明善《みょうぜん》など、良源門下でもその名を知られた学僧・役僧たちがいる一方では、全く無名といってよい僧侶も多い。また年齢も、『楞厳院廿五三昧結衆過去帳』（三〜四頁参照）から逆算すると、二十四歳の青年から六十八歳の老僧まで幅広い。このように地位も学識も年齢もさまざまの二十五人の横川の僧たちを「善友」として強い連帯感で結びつけたものは、『往生要集』に描かれた、一切衆生に念仏の利益を廻向しともに仏道を成ぜんと願う大乗菩薩道実践の高い志と、臨終には善友たがいに集い念仏を勧め助け往生の素懐をとげんとの臨終行儀に対する、深い感動・共鳴であった。

六十四歳の老齢で結衆に加わり、翌年正月死去した祥連《しょうれん》の例を『過去帳』の伝によってみれば、結衆たちの心情の一端がうかがえる。祥連は、さしたる学問もなく道心ありとも見えぬ人物だったが、ひそかに往生の願を発し一心に念仏していた。当初、根本結衆予定者に祥連は数えられていなかったが、「祥連、善人にあらずといえども、いささか思うところあり、結衆に預らんと欲す。請う、慈悲を垂れたまえ」と頼みこんで、ついに結衆の列に加わることができた。感激した祥連は、「われ愚暗なりといえども久しく念仏を修す。ただ臨終に善友に値《あ》わざるを恐れしに、幸いにしてこのことあり。深く随喜すべし。ただこれ祥連の宿善の感ずるところなり」と称し、熱心に会の役をつとめた。祥連が病に伏すと、結衆たちが交替で昼夜看病し念仏を勧めること、みな慇懃《いんぎん》である。歓喜した祥連は、「年来浄土を欣求し、いま善知識に遇う。〔往生は〕決定疑いなし。必ず本意をとげん。この病、必ず死すべき相あり。さらに存命を求めず」と正念《しょうねん》して没し、覚超らの夢に現われて往生の由をつげたという。ここに描かれた、臨終の善友を求めてついに得ることのできた祥連の喜び、『発願文』の定めどおり慇懃に臨終念仏を勧める結衆、すべて『往生要集』臨終行儀の記述を背景として、はじめて理解できる。

『往生要集』の影響

二十五三昧会発会に際しての『発願文』と『式文』は、ともに根本結衆の手になるものだろうが、『発願文』は『往生要集』大文第六別時念仏の記述によって、『式文』の六道の苦相《くそう》の部分は大文第一厭離穢土《おんりえど》の記述によって、それぞれ書かれたと思われる。現行本の『式文』の後に「恵心僧都撰」と記されているのは後世の付会だろうが、内容に即して考えれば不自然ではないのである。二十五三昧会が前年公にされた『往生要集』に刺激され、その念仏論を実践しようとするところに結成されたのは明らかである。二十五人の根本結衆の中に源信の名はないが、かれが『往生要集』で「予がごとき頑魯のもの」のため情熱をこめて説いた理想の念仏は、はやくも翌年、志を同じくする二十五人の横川の僧たちによって実践されることとなったのである。

勧学会の消滅

ところで、このように二十五三昧会の成立を考えると、当然思い起されるのは、先行する念仏結社勧学会の存在である。そもそも「予がごとき頑魯のもの」のため正しい念仏のあり方を明らかにしようとの源信の決意が、勧学会会衆との交流を通じて燃えあがったであろうことはすでにのべたし、『往生要集』の構想に重要な役割を果した『白毫観法』も、勧学会の存在を前提として書かれたと思われる。ところが横川の僧と文人貴族による勧学会は、永観二年（九八四）冬成立の『三宝絵詞』に年中行事化した仏教法会の一つとして記されているから、源信が『往生要集』を起筆したころ（永観二年十一月）活動していたことは疑いないが、以後その存在を伝える史料は絶えてしまう。寛和二年（九八六）五月、横川の僧たちによって新たな念仏結社が企図されたのは、その時点ですでに勧学会が解散ないし有名無実化していたことを示している。

慶滋保胤の出家

勧学会の消滅の理由として井上光貞氏『日本浄土教成立史の研究』以来定説化しているのは、慶滋保胤の出家である。『日本紀略』寛和二年（九八六）四月二十五日条に「大内記慶滋保胤出家す」とあるように、『往生要集』完成のちょうど一年後、保胤は出家して横川に入った。法名を寂心《じゃくしん》と号したが、「入道内記」とか「内記のひじり」の名で広く知られた。保胤の出家によってリーダーを失った勧学会は、自然解散の形となったのであろう。

出家の理由についての諸説

保胤の出家の直接の理由について明記する史料はない。天元五年（九八二）の『池亭記』で、池亭の閑居を楽しみ、「身は朝《ちょう》に在りて志は隠にある」公私の二元的生活を理想としたかれに、池亭を棄て朝事を棄て、出家に踏み切らせたものはなんであったのか。永観二年（九八四）即位した花山《かざん》天皇は、藤原義懐《よしちか》・藤原惟成《これしげ》らを重用して律令制再建をめざす気鋭の政治を行なっていた。保胤も大内記としてこれに参画したと思われる。しかし寛和元年七月、弘徽殿《こきでん》女御怟子《しし》が没し、若い天皇が最愛の女性の死に悩み落胆しているのを好機とみた右大臣藤原兼家は、天皇の退位出家を策謀し、寛和二年六月、七歳の一条天皇を皇位につけて外戚として権をにぎった。女御《にょうご》の死、怪異の連続、兼家の策謀をめぐり、『栄花物語』は「世の中〈寛和二年〉正月よりのどかならず。……世の中の人、いみじく道心起して、尼法師になりはてぬとのみ聞ゆ」と記しており、怟子四十九日の願文を書いたような立場にあった保胤の出家は、当時の政界の動きと関係するのではないかとする説がある（薗田香融「慶滋保胤とその周辺」日本名僧論集『源信』）。またこの年正月、親交あった源兼明が辞任したこと、あるいは『続往生伝』に従って、子息が成人したこと、などの理由をあげる説もある。そうした多様な可能性を否定するものではないが、保胤の出家は第一義的には、やはり源信との交友を通じての道心の深まりを背景として理解すべきではあるまいか。

保胤の道心の深まり

出家直後の寛和二年七月二十日、菅原道真を祀《まつ》る北野社に奉った願文で、保胤は、かつて神仏に栄誉ある身分と名声を祈ったとき、所願成就せば天満天神の廟に文士を集め詩編を献じようと誓った。天神は詩文の祖だからである。しかし自分は年老いて出家し仏道を求める身となった。いま年老いた沙弥には、風月（詩文）の報謝を神に行なう術《すべ》なく、法華一乗の講筵を行なおうと思う。そもそも花言綺語《きご》の遊《あそび》(詩文の会)を行なったとて、神になんの益あろう。法華一乗の教えによってのみ成仏できるのだ。これによって天満天神に慶あらば、衆生これにあずかり、功徳無辺あまねく一切に及ぼし、ともに仏道を成ぜんことを。

と述べている(『本朝文粋』十三)。池亭に閑居して白楽天を追慕し詩を吟じていた当時とは大きな心境の変化であるし、やはり白楽天が香山寺《こうざんじ》に詩文を納めた故事にならい会衆の作詩奉納をもって往生極楽の方便と考えていたらしい勧学会の行事とも隔たるところ大である。源信が保胤との交友を通じ、念仏結社の人々のため正しい念仏のあり方を明らかにしようと努めるとき、保胤もまた源信の感化によって天台法華一乗の妙理に傾倒し、風月詩酒の楽遊視されていた勧学会の現実にあきたりなくなっていったのであろう。

『十六相讃』

後に源信が『往生要集』とともに中国に送った保胤の書に『日本往生極楽記』と並んで『十六相讃』がある(一四二頁参照)。佐藤哲英氏が坂本の真如蔵《しんにょぞう》から発見した十二世紀初めの写本によれば、原題は『西方極楽世界十六想観画讃』といい、『観経』十六観に心観を加えた十七観をそれぞれ七言四句を一首とする詩に読んだものである(『叡山浄土教の研究』資料編)。一例として、最後の心観の讃を示してみよう。

弥陀の悲願　思議しがたし
観音《かんのん》・勢至《せいし》もまた　かくのごとし
願わくは三界《さんがい》・四生《ししょう》（この世の生きとし生けるもの全て）の類をして
九品《くほん》に往生せしめて　ひとりをも遺《のこ》さじ

佐藤氏は、「勧学会の運動につれて年一年とその信仰の高鳴りを感じていた保胤が、日ごろ愛誦していた『観無量寿経』の十六観の一々につき、その天稟《てんぴん》の文才をもって簡潔な偈頌《げじゅ》をつくったもので、保胤の胸にいだいた宗教的情熱の芸術的表現」と評している。その撰述期は不明だが、従来の勧学会の「こゑ仏事」とはいささか異なる天台的観想の世界への関心の高まりを読みとるならば、この時期における源信との交友による念仏観の深化を示すとみることもできる。

『日本往生極楽記』

出家直前、おそらく『十六相讃』を詠じたと同じころの保胤が情熱を傾注したのは『日本往生極楽記』の撰述であった。『往生極楽記』の第一次稿本は、千観の伝を載せるから、千観が没した永観元年（九八三）十二月を上限とし、『往生要集』に「慶氏《けいし》日本往生記」の名が見えるから寛和元年（九八五）四月を下限とする間に、成立したことになる。当時『白毫観法』はすでに成り、源信は『往生要集』の構想を折りにふれて保胤にもらしていた

『浄土論』『瑞応刪伝』の影響

かもしれない。源信の念仏理論体系化の構想に刺激された保胤が企図したものは、念仏往生者の実例を多く示すことで、やはり「予がごとき頑魯のもの」の念仏の志を励まそうとする試みであった。『往生極楽記』序文によれば、保胤は、唐の浄土教家迦才《かざい》が『浄土論』において経論を引き往生の理論を説いた後に「衆生は知浅くして聖旨《せいし》に達せず。もし現《うつつ》に往生の者を記せずんば、その心を勧進《かんじん》することを得じ」と称して往生者の実例をあげているのに共感し、また唐の往生伝『瑞応刪伝《ずいおうさんでん》』を読み、「牛を屠《ほう》り鶏《とり》を販《ひさ》」ぎながら十念往生した人々の存在を知って、いよいよ浄土往生の志を固くすることができた。そこで海彼の往生伝のひそみにならい、国史・別伝を検し、兼ねて故老に訪《と》い、異相往生者四十余人の操行を録した。「後にこの記を見る者、疑惑を生ずることなかれ。願わくは、われ一切衆生とともに安楽国に往生せん」と保胤は序文を結んでいる。

源信・保胤の交友

保胤はどのようにして『浄土論』と『瑞応刪伝』にめぐり会ったのか。平林盛得氏は、大陸渡来の両書は叡山に所蔵されており、保胤が勧学会を媒介として源信から両書を示された可能性を指摘している（「大陸渡来の往生伝と慶滋保胤」『芳賀先生古稀記念日本文化史研究』）。二人の交友を考える上でも興味深いが、その因縁によってか保胤は、『往生極楽記』の稿本を完成後ただちに源信に送ったらしい。源信は『往生要集』大文第七で、また震旦国《しんたん》（中国）には、東晋よりこのかた唐朝に至るまでに、阿弥陀仏を念じて浄土に往生せし者、道俗男女合わせて五十余人あること、『浄土論』ならびに『瑞応伝』に出でたり。わが朝において往生せる者も、またその数あり。具《つぶさ》には慶氏の『日本往生記』に在り。

とこれを紹介している。迦才が『浄土論』で経論引用による往生理論と往生者の実例を併記したのに対し、源信は『往生要集』では経論引用による念仏理論の体系化を主眼とし、一半の往生者の実例については完成したばかりの保胤の『往生極楽記』にゆずったともいえる。

いずれにせよ源信と保胤は、善友として交友を深めつつ、念仏実践による浄土往生に、それぞれ理論と実例の面から迫ろうとしたのである。『往生要集』は、もともと保胤をリーダーとする勧学会における念仏実践を想定して編まれたのである。しかし『往生極楽記』撰述を通じ、真摯な念仏実践者の実例に多くふれた保胤は、勧学会の現状にあきたらず、より純粋な信仰生活を求めていたのであろう。結局、『往生要集』を手にした保胤は、その読後の感動を源信の住む横川への入山という行動で現わすこととなったのである。

勧学会と二十五三昧会の関係

かつて井上光貞氏は、勧学会の発展的解消として二十五三昧会の成立を位置づけた。これに対し、二十五三昧会発会に源信・保胤が直接関与していないことから、否定的意見も多い。たしかにこの二つの念仏結社は、その構成員から考えても単純につながるものではないが、勧学会会衆に正しい念仏生活を示そうとした『往生要集』の撰述が結果的には勧学会を解散させ、『往生要集』の理念の実践をめざして二十五三昧会が新たに発足したと考えれば、「発展的解消」という表現も、あながち不当ではない。まして源信と保胤が、以後の二十五三昧会の展開に深くかかわったことをみれば、なおさらである。

『起請八箇条』制定

寛和二年五月二十三日、横川の僧二十五人を根本結衆として発足した二十五三昧会は、同年九月十五日、発足時の『式文』に代って八箇条からなる『横川首楞厳院二十五三昧起請《きしょう》』（『全集』一。以下『起請八箇条』と略称）を定めた。この末尾には「慶保胤の草と云々」と註記している。「云々」とあるからこれは後人の加筆である。自筆なら当時は寂心とあるべきなのに、慶保胤とあるのも、これをうら書きする。しかし『起請八箇条』の終りの部分に「多く西唐の先輩を考えるに、……かの張 鍾《ちょうしょう》（張 鍾馗《ちょうしょうき》）は販鶏《はんけい》の悪人なり。異香室に満つ。敗善（マヽ）は殺牛の屠士《とし》なり。紫雲《しうん》家を遶《めぐ》る。あに最後の善知識の故（功）力にあらずや。いわんやわれら戒行欠くといえども、心願これ深し」とあるのは、明らかに『往生極楽記』巻頭の、「瑞応伝に載するところの四十余人、この中に牛を屠り鶏を販ぐ者あり、善知識逢いて十念に往生せり」という一節に対応する内容で、中国往生伝に通暁した『往生極楽記』第一次稿本撰述後の保胤の筆にふさわしい。註記どおり、当時横川にあった寂心（保胤）が乞われてこの起請文を書いたとみて誤りあるまい。

保胤、『起請八箇条』を書くか

ところで『起請八箇条』の結文は、さらに続けて、

いま極楽の蓮台に発心し、長く十口《じっこう》の禅侶《ぜんりょ》と結縁す。尼女・在俗はこの限りにあらざるも、よろしく競い望むに随って、まさにもって補入《ほにゅう》すべし。

新しい入会者

と記している。すなわち二十五三昧会に新たに十人の僧侶が結縁し、希望に随って入会を許されたというのだが、この十人とはだれだれか。堀大慈氏は、『二十五三昧根本結縁過去帳』が根本結衆二十五人に続けて「根本結縁衆」（最初結縁衆）として記す十九人のなかの十人、さらにいえば花山法皇・厳久・源信……と並ぶこの記載順序は結縁順序だろうから、花山法皇以下十人の僧で、源信もその中に含まれていたと推定する（「二十五三昧会と霊《りょうぜん》山院釈迦講」日本名僧論集『源信』）。氏の推定はおそらく正しいであろう。その結縁の時期について、堀氏は、寛和二年六月二十三日に花山寺《かざんじ》で出家し横川に入った法皇は七月二十二日に性空と結縁するため書写山に向っているから、法皇と扈従《こしょう》の厳久はこの間に

花山法皇の入会時期

結縁したであろう、源信は厳久の次に名が記されているから、法皇・厳久と同時か少し後に結縁したのだろうと推定している。

源信の入会時期

『古事談』によると、花山寺で出家した法皇は「暫《しばら》く横川に住すべし」と藤原実資《さねすけ》に告げているから、そのまま横川に入ったのは疑いない。七月の性空訪問はごく短期間のもので、ほどなく横川に帰ったようである。『日本紀略』によれば同年十月に延暦寺戒壇《かいだん》院で廻心戒《えしんかい》を受けており（『百練抄』は九月十六日とする）、永延二年（九八八）には西塔に住んでいた（今井源衛『花山院の生涯』）。したがって法皇と厳久の二十五三昧会結縁をしいて七月二十二日以前とする必要はなく、『起請八箇条』の文脈からいえば、九月十五日の直前に、法皇・厳久以下源信も含めた十人の僧がまとまって結縁入会したと考える方が自然であろう。

厳久の役割

その際、花山法皇と源信さらには二十五三昧会の橋渡しをしたのはだれか。まず第一にあげられるのは厳久である。忯子の死に悲歎する十九歳の天皇に無常観を説いて出家させ、以後扈従した厳久は、良源の門下で源信より二歳若い。世俗的野心家の一面があったようで、巧みな説法により東三条院詮子《せんし》を介して父の兼家に接近し、その態度は後に藤原実資の顰蹙《ひんしゅく》を買ったこともあった。今井源衛《げんえ》氏は、兼家による花山天皇退位の陰謀の積極的加担者とみなしている（『花山院の生涯』）。しかし広学竪義の際、源信に因明につき教示を得て以来（四七頁参照）、つねに源信に兄事し、二人は性格や立場を越えて終生親交を結んだ。こうした関係からみて厳久が法皇を源信に引き合わせ、あるいは書写山の性空訪問や二十五三昧会結縁を実現したことは疑いない。

保胤の役割

しかし横川における法皇の行動を考える場合、無視できぬもう一人の人物は寂心、かつての大内記慶滋保胤であろう。保胤の大内記としての公的活動を物語る文章は花山天皇在位の二年間に限られており、保胤は花山派の官僚として一時期かなり重要な役割を果したようである（薗田香融前掲論文）。花山の後を追って出家し飯室安楽寺に入り、法皇とともに延暦寺戒壇院で廻心戒を受けた中納言義懐とも親しかったであろう。花山寺で実資に「暫く横川に住すべし」と告げた法皇の念頭に、二月前に横川入りしていた保胤の存在がよぎったとしても不思議ではない。法皇と保胤は、おそらく横川において久濶《きゅうかつ》を叙しあったのであり、法皇と源信の邂逅《かいこう》には、厳久に加えて保胤の存在を想定できるのではあるまいか。花山法皇・厳久・源信らの結縁入会を機に定められた『起請八箇条』の文を保胤が執筆したのも理由あることといわねばなるまい。

『起請八箇条』の内容

さて保胤撰の『起請八箇条』は、つぎのような内容である。

一、毎月十五日に念仏三昧を修すべきこと。

一、念仏結願の次に光明真言を誦し、土砂《どしゃ》を加持《かじ》すべきこと。

一、〔結衆は〕心を調え道を護り、人を撰びて闕くるを補うべきこと。

一、別処を建立して往生院と号し、結衆に病あるときは移住せしむべきこと。

一、結衆、病の間は結番《けちばん》して瞻視《せんし》すべきこと。

一、結衆の墓処を点定《てんじょう》して花台《けだい》廟《びょう》と号し、〔春秋〕二季に念仏を修すべきこと。

一、つねに西方を念じ、深く功力《くりき》を積むべきこと。

一、結衆の没後も、〔生前の〕義を守り修善すべきこと。

『発願文』との異同

各条ごとに具体的な内容の説明があるが、これを五月の『発願文』と対比してみると、八ヵ条のうち五ヵ条すなわち第一条・第三条・第四条・第五条・第七条が『発願文』と共通する内容である。もともと『発願文』には『往生要集』の影響がうかがえるが、この『起請八箇条』の場合、その表現は、より『往生要集』に類似したものとなっている。往生院における看病結番の方法と臨終念仏を説く第四条・第五条は、『往生要集』の別時念仏・臨終行儀を要約したもの、結衆の平生の用心、毎月十五日の念仏作法、尋常の積功を説く第一条・第三条・第七条は、『往生要集』の尋常の別行と助念の方法を要約したものである（堀前掲論文）。このように二十五三昧会の中心的問題が『往生要集』に則って具体的に説明されているのは、堀氏も指摘するように、保胤が『往生要集』を座右《ざゆう》に置いて各条の説明文を書いたことを示している。しかし、死体や墓上に加持した土砂をかけると滅罪生善《めつざいしょうぜん》の功徳絶大とされる光明真言《こうみょうしんごん》により葬送を定めた第二条、結衆の共同墓地について定めた第六条、結衆没後の追善念仏を定めた第八条の三ヵ条は、『発願文』に対応する部分はないし、その内容説明も『往生要集』によっていない。もともと『往生要集』の眼目は生者の念仏往生にあるのだから、死者の葬送追善は問題にしておらず、当然この三ヵ条に対応する内容はなかったのである。つまり保胤による『起請八箇条』の制定は、発足時の『発願文』『式文』をより整備する意味あいとともに、『往生要集』によった『発願文』『式文』だけでは律しきれない問題――結衆の葬送・墓地・追善――について定める必要がこの時点で生じたことを示している。

井上光貞氏は、結衆のだれかが死んで葬送と墓所のことを定める必要が生じ『起請八箇条』を制したのだろうというが(『日本古代の国家と仏教』)、結衆で最初の死者が出たのは翌年正月の祥連の病死だから(一二一頁参照)、この場合は堀氏も指摘するように、花山法皇が結縁した際に自らの率都婆《そとば》を立てるよう綸旨《りんじ》を下したのが墓地や葬送の規定の整備をうながす直接の機縁となったのであろう。『過去帳』の花山法皇伝に、金輪《こんりん》の位(皇位)を捨てて沙門の形を作《な》し、忝《かたじけな》くも至尊《しそん》の叡質《えいしつ》を以て暫《しばら》く一結《いっけつ》の等侶《とうりょ》となる。かの時、結衆は一勝地《いっしょうち》を択《えら》び、おのおの一率堵婆《そとば》を立て以て墳墓の処を占む。綸旨を降されて云う「現世の昇沈は上下隔《へだた》るといえども、菩提の依正《えしょう》は彼我なんぞ異ならん。我れ汝らと事を同じくせんとす」と。すなわち宣旨に依りて二十五の中心に御願の率堵婆を立て了ぬ。

とあるのは、その間の事情を物語る。

源信の入会理由

源信が花山法皇や厳久とともに二十五三昧会に入会したのは、おそらく厳久を通じて伝えられた法皇の結縁入会の希望に仲介の労をとった結果だろうが、二十五三昧会結衆たちが、かねて尊敬する『往生要集』の著者をこの機会に会の指導者として迎えたいと望んだことにもよるであろう。源信としても、『往生要集』の念仏理念の実践をめざす二十五三昧会への入会協力は望むところである。その規約整備に当然、源信は参画し、草案の執筆を、横川にあって文名高い親友保胤の手をわずらわしたのであろう。『起請八箇条』は、保胤の筆になるとはいえ、あくまで源信の意を体したもので、実質的には後述の源信撰『起請十二箇条』と異なる性格ではないのである。

源信・保胤の協力関係

この前後の念仏結社運動と源信・保胤の関係をうかがわせる史料に、高山寺《こうざんじ》文書所収

「僧範好《はんこう》等連署起請文」（『平安遺文』四五七六）がある。これは長徳二年（九九六）八月、範好・叡《えい》桓《かん》・延久《えんきゅう》ら横川飯室安楽院の住僧五人が、菩提を求め院内住人の守るべき式を定めたものだが（式の内容は文書が断簡のため不明）、その別紙に制式に至るつぎのような由来が記されている。

保胤、飯室谷の念仏会縁起を草す

寛和元年十月、飯室北谷の地を安楽谷と号し、同二年夏ころ横川の源信が供養に来られた機会に「かれこれ道心あるもの、あいともに議定し、初めて結縁の行法を企て」た。そこで延久の所領の建物を施入し、道心ある僧俗が力を合わせて件《くだん》の建物・僧房などを修造し、同年十月から行法を始修した。このとき会の縁起の草案は入道内記（寂心＝保胤）が書いたが、「草案いまだ一定《いちじょう》せざるの間に、内記は他行され、その草は落失」してしまった。

これによれば、二十五三昧会発足と同時期の寛和二年夏、横川の中心から離れた別所飯室でも僧俗あいよって念仏結社結成の企てがあり、源信はその発会に結縁参画し、保胤が会の縁起の草案を作成したことがわかる。この飯室安楽院の念仏会における源信と保胤の参画と役割分担が、二十五三昧会の場合と近似しているのは興味深い。『往生要集』に刺激され、横川の地を中心に念仏結社運動の気運が澎湃《ほうはい》としておこり、源信と保胤は、念仏実践の指導、規約草案の作成と役割を分担し、一体となって運動の発展に尽力したのである。こうした源信と保胤のこの時期の一体一味の関係を示すものとして、『本朝麗藻』所収の具平親王の「心公（寂心）に贈る古調の詩」の一節も注目すべきであろう。

　願わくは共に極楽に生じ、願わくは共に慈尊に謁さん公（寂心）、天台源公（源信）と慈尊に値遇するの業を修す。予たまたまこれに預る。

源信と保胤、共に三会値遇の業を修す

保胤と源信が極楽往生と併せて弥勒がこの世に下生《げしょう》し末世の衆生を救うという三会《さんね》値《ち》遇《ぐ》の業を修した時期は、心公とあるから保胤が出家し横川に住したころだろうが、この詩句との関係で興味深いのは、寛和二年七月二十五日付の『要法文《ようほうもん》』（『全集』五）の跋文である。*

『要法文』

『要法文』三巻は、「海公の請により聊《いささ》かこの文を集む」とあるように、同門の安《あん》海《かい》の願いにより五蘊《ごうん》（一〇九頁参照）はじめ仏教の基礎概念百項目を関係経論を引用しながら解説したものである。浄土教学・天台教学に関する項目は少なく、むしろ源信の性相《しょうそう》学《がく》（万物の本体としての性と現象としての相を研究する学問。法相の宗学でもある）に対する造詣の深さを示している。源信が『往生要集』撰述の一方で、『六即義私記』や『因明論疏四相違略註釈』の系列の基本的仏教学研鑚をいささかもおろそかにしていなかったことがうかがえるが、その跋文には、

願わくはこの功徳を以て安楽国に往生し、水鳥樹林の声つねにこの法門を聞き、乃《ない》至《し》は慈氏の下生に値遇して、恒河《ごうが》（恒河砂＝ガンジス河の砂。無数無限のたとえ）の仏法を悟り不二《ふに》の法門《ほうもん》に入らん。もし一文一句を修学するものあらば、仏に値《あ》い法を聞くこと、われらがごとくして異なるなきことを。

『要法文』跋文にみる三会値遇

とあり、本書撰述の功徳をもって一切衆生の極楽往生の縁としようとする点、やはり『往生要集』後の源信の心境を現わしている。しかもそこで極楽往生と結合した形の三会値遇の功徳が強調されているのは興味深い。極楽から現世に帰って衆生を救うことを理想とした源信にとって、三会値遇は還相《げんそう》の実現として大きな意味をもったのだろう。『本朝麗藻』の詩句はこれと符合し、源信と保胤が「慈尊に値遇する業」を修したのも、このころかと思われる。そうした二人の横川における交友が念仏結社運動での協力関係の背景となっていたのである。

『要法文』の成立時期

＊『要法文』の成立は、現行本奥書によれば寛和二年七月二十五日だが、金沢文庫《かねざわぶんこ》本奥書《おくがき》には寛弘七年七月二十五日とあり、「源信和尚撰述著作解題《かいだい》」（『竜谷学報』三一七）は『一乗要決』成立後の寛弘七年（一〇一〇）説をとる。しかし長保五年（一〇〇三）源信が『天台宗疑問二十七条』を知礼に送ったのに対し、安海が「あに遠問すべけんや」として三種の釈を作った話（一八三頁参照）が事実なら、寛

弘七年当時学匠として大成していた（すでに他界していた可能性も強い）安海がこのような基礎的項目の解説をわざわざ源信に請うとは考えられない。『要法文』は寛和二年七月の撰述と考えてよいであろう。

保胤、横川を去る

源信、二十五三昧会発展に尽力

前記安楽院の念仏会《ねんぶつえ》の由来によれば、保胤は寛和二年十月以後遠からぬころ横川を去り、諸国行脚《あんぎゃ》の旅に出たようである。保胤の心境は忖度《そんたく》の限りではないが、念仏結縁の喜びを結社の人々にとどまらず広く世の人々にも伝えようと志したのであろうか。『続往生伝』によれば、いまは寂心となった保胤は、諸国をめぐって仏事を営み、仏像経巻があれば必ず王公に対するごとく威儀をただして過ぎ、牛馬に乗るときは涕泣《ていきゅう》したという。大江匡房は、「慈悲は禽獣までに被りぬ」と讃えている。多年の善友保胤が山を下りた後も、源信は横川に留まり二十五三昧会の発展に尽瘁《じんすい》した。かつて『往生要集』でかかげた念仏の理念は、二十五三昧会に集う同志の人々によっていまや現実のものとなったのであり、その将来を見護ることこそおのれの終生の使命と源信は心に決め、そして実践したのであった。

第六　両岸蒼蒼

一　『往生要集』遺宋

源信、九州に向う

永延元年（九八七）、後述の朱仁聡《しゅじんそう》らとの十月末の邂逅から考えればおそらく秋のころ、源信は横川を離れ九州をめざして旅に出た。『源信僧都伝』に、「永延の初め、偸閑《ちゅうかん》に（閑をぬすんで）海西（西海道＝九州）に頭陀《ずだ》するの日……」とある。二十五三昧会に入会してすでに一年、横川をしばらく離れても心配ないほど会の基礎が安定したことがうかがえるが、それにしても多忙な源信を、はるか九州に旅立たせたものはなんだったのだろうか。

朱仁聡・斉隠と会う

『源信僧都伝』によると源信は、この旅行で宋の商人朱仁聡（『源信僧都伝』は朱仁聴と記すが他の史料からみて聡の誤写だろう）と同船の唐僧（中国人の僧）斉隠《さいいん》の博多来航に会って、『往生要集』その他の遺宋の望みを果したという。朱仁聡と斉隠は、『扶桑略記』に「〔永延元年〕十月二十六日……大宋国商人朱仁聡、来到す」、『日本紀略』にも「此歳（永延元年）の冬、大

『往生要集』を贈るの書状

博　多　津

宋国商人朱仁聡ら来到す」とあるから、永延元年十月末に来航し、博多津に停泊していたと思われる。なお『元亨《げんこう》二年具注《ぐちゅう》暦《れき》裏書《うらがき》』に「永延二年、朱仁聡、羊を献ず」と記すのは、このとき朱仁聡が献じた羊が、大宰府を経て翌二年に朝廷に届いたことを示すのであろう。

さて『源信僧都伝』は、朱仁聡・斉隠との邂逅の記事に続けて、「往生要集を贈るの書状に曰く」として源信の書状を引用するが、一部要約改変した文章なので、現行『往生要集』が末文の後に付す源信書状、いわゆる「遣唐消息」によって、その全文をつぎにかか

朱仁聡ら着岸の日、これと会う

斉隠、日本に来航し、仏法興隆に随喜す

一天の下、一法の中、みな仏弟子

良源・保胤・為憲らの書を合わせ贈る

げよう。

仏子源信、暫らく本山を離れて、西海道諸州の名嶽霊窟《めいがくれいくつ》を頭陀せるに、たまたま遠客著岸《ちゃくがん》の日、図らずも会面《えめん》せり。これ宿因なり。然れどもなお方語(方言、たがいの国語)いまだ通ぜず、帰朝おのおの促《せま》る。さらに手札《しゅさつ》(自筆の書簡)を封じて、述ぶるに心懐をもってす。側《ほの》かに聞く、法公《ほうく》、本朝に之《いた》りて三宝の興隆はなはだ随喜せりと。我が国東流《とうる》の教え(仏教)は、仏日《ぶつにち》再び中《みち》て、当今、極楽界を刻念《こくねん》し法華経に帰依するもの熾盛《しじょう》なり。仏子はこれ極楽を念ずるその一《ひとり》なり。本習《ほんしゅう》の深きを以ての故に、往生要集三巻を著して観念するに備えり。それ一天の下、一法の中、みな四部の衆(仏弟子)なり。いずれか親しく、いずれか疎《うと》からん。故に此の文(往生要集)を以て、あえて帰帆に附す。そもそも本朝に在りても、なおその拙《つたな》きを慚《は》づ。況《いわ》んや他郷においてをや。然れども本《も》と一願を発せり。たとい(本書を)誹謗のものありとも、たとい讃歎するものありとも、みなわれと共に極楽に往生するの縁を結ばん、と(一一五頁参照)。また先師故慈恵大僧正諱は良源の作るところの観音讃、著作郎《ちょさくろう》(内記の唐名)慶保胤の作るところの十六相讃および日本往生伝、前進《さきのしん》士《し》(文章生の唐名)為憲の作るところの法華経賦《ふ》、同じくまた贈りて、異域(日本)にこの志あるを知らしめんとす。ああ一生は苒苒《ぜんぜん》（過ぎやすい）たり、両岸は蒼蒼《そうそう》（遠山などの蒼《あお》くかすむさま。遥かに離れて遠い意）たり。後会《こうかい》（後日の再会）如何《いかん》せん、泣血而已《きゅうけつすならくのみ》。不宣《ふせん》（十分に述べ尽さないの意。宋代、友人間の手紙の結語に用いた）以て状す。

正月十五日

天台楞厳院某申状

大宋国某賓旅《ひんりょ》下

源信書状付加の時期と書状の日付について

この源信書状（遣唐消息）は、十一世紀後半の書写と思われる最明寺本、承安《しょうあん》元年（一一七一）の青蓮院本、建保《けんぽう》四年（一二一六）古版本などには欠けており、鎌倉時代になって付加されたらしい。後世の刊本が書状の日付を寛和二年正月十五日と記すことから、『往生要集』遣宋は完成翌年の寛和二年（九八六）とする説が江戸時代以後広まった。しかし花山信勝氏はじめ、宮崎圓遵氏（「源信和尚年譜」日本名僧論集『源信』）、西岡虎之助氏（「源信を中心とせる日宋文化の交渉」『史学雑誌』三五―一二、三六―一・二・三）も論証しているように、建長《けんちょう》五年（一二五三）版本など遣唐消息を載せる初期の版本には「正月十五日」とだけあって「寛和二年」の年紀はない。承元《しょうげん》四年（一二一〇）本を見たらしい年不詳の正智院《しょうちいん》本は「正月十五日」と記して横に「寛和二年歟」と註している。寛和二年の年紀は後世付加されたもので信憑性《しんぴょうせい》はうすい。

しかも書状に記す「慈恵《じえ》」の号は寛和三（永延元）年二月に諡《おく》られたものだから、寛和二年の書状ではあり得ない。『源信僧都伝』の記載に従って永延二年（九八八）正月十五日の書状と考えるべきであろう（ただ一一一六年成立の『朝野群載《ちょうやぐんさい》』所収の本書状が「年月日」とだけあって日付を明記しない点、多少問題が残る）。最近では、書状が寛和二年四月に出家した保胤を「寂心」と書かず「著作郎慶保胤」と出家前の名で記しているという理由で、寛和二年正月説の再評価がみられるが（川崎庸之『源信』）、賛成しがたい。『日本往生極楽記』の初稿本は保胤の出家以前にできたので、現行本も巻頭には「朝散大夫《ちょうさんたいふ》（従五位下の唐名）行《ぎょう》著作郎慶保胤撰」と署しており、源信はこの表現によっただけのことである。

源信書状の宛名

また現行『往生要集』が源信書状の後に宋商周文徳《しゅうぶんとく》の源信宛書状（一五七頁参照）を対の形で載せるところから、この源信書状は周文徳に宛てたものとする解釈が今日でも広くみられるが、これも誤りである。源信書状と文徳書状は一連の往復書状ではない。源信書状の宛名は「賓旅」（賓客旅人の略）だから、当時日本に来航している人物でなければならないが、周文徳は当時来航していない。当然、永延元年十月来航し滞在中の朱仁聡ないし斉隠と解さなければならぬ。さらにいえば、源信書状に記す「法公《ほうく》」とは、宋代に十四歳から十九歳の間の沙弥（応法沙弥《おうほうしゃみ》）をさした語だから（『釈氏要覧』上）、在俗の商人朱仁聡

『往生要集』を託されたのは斉隠

よりも斉隠にふさわしく（斉隠がすでに一人前の比丘なら非礼の語になるが、多分まだ若い沙弥だったのだろう）、源信は『往生要集』を直接には斉隠に託したと思われる。このとき斉隠が『往生要集』遺宋を誠実に果してくれたので、源信は斉隠を深く信頼するようになり、後年、因明関係の著書の遺宋の際も特に斉隠に託したのである（一六八頁参照）。

遺宋実現は偶然か

　源信書状の年紀と宛先は以上のように考えられるが、この『往生要集』遺宋の実現は、源信にとって全く予期せぬ偶然の出来事だったのだろうか。通説では、源信が書状で「たまたま遠客著岸の日、図らずも会面せり。これ宿因なり」と述べているので、西遊の途次朱仁聡らとたまたま会って思いがけず実現したということになっている。また、このとき遺宋された『往生要集』は初稿本でなく、源信が再治して送った本だということも通説化している。これは建長五年（一二五三）本の刊記に、

遺宋本と留和本について

　ある古文に云う、もとよりこの文（往生要集）には両本あり。遺唐本、留和《りゅうわ》本なり。今の本（建長五年刊本の底本）は、これ遺唐本なり。「祇園精舎無常院」の文二行余あるはこれ留和本なり已上。故に知る、遺唐本は再治本なること明らかなり。

と記しているのに依ったもので、西岡虎之助氏などは、中国人に送り批評を得ようとする以上、源信は当然の用意として留和本に手を入れ修正を加えたのだとしている。しか

しこの二つの通説は、考えてみれば矛盾している。源信が『往生要集』遺宋を意図していない九州旅行に、遺宋のための再治本を用意し持参するはずはないだろう。そのため、この矛盾を解決しようとして、『往生要集』遺宋は二度あったという説も発表された（堀大慈「源信の往生要集遺宋について」『仏教史学』一〇—三）。偶然めぐり会った朱仁聡に託したのが初稿本（留和本）、後に周文徳に託し天台国清寺《こくせいじ》に入ったのが遺宋を意図して修正した遺宋本だというのである。

遺宋本こそ源信原本か

だが留和本＝初稿本、遺宋本＝再治本という鎌倉時代の刊記の説をそのまま信じてよいか疑問もある。いわゆる留和本といわゆる遺宋本を対比すると、「祇園寺無常堂云々」はじめ大文第一で四ヵ所、いずれも遺宋本が留和本の文章の一部を削除した形になっており、これが遺宋本を再治本とする建長本刊記の解釈を生んだらしい。しかし諸本を詳細に対校した花山信勝氏は、再治本とされる遺宋本こそ源信原本に近いもので、むしろ留和本は後世の竄入《ざんにゅう》を加えた加筆本であろうと推定している（『原本校註漢和対照往生要集』遺宋留和二本説考）。氏の推定が正しいなら、源信が九州に持参したのは寛和元年完成の原本（内容的にはいわゆる遺宋本）であり、『往生要集』遺宋が二度あったと強いて考えなくても、前記の矛盾は解決されるわけである。もっとも、最近刊行された、上巻を含む写本としては現存最古の最明寺本は、いわゆる留和本だから、留和本を後世の加筆本とする花山氏の推論は、なお慎重に検討すべきである。ただ、遣宋本・留和本のいずれが原本に近いにせよ、鎌倉時代の刊記だけを根拠に『往生要集』に源信自筆の二本があったとは断定できないし、源信による『往生要集』遣宋も、九州旅行の際の一度だけと考えるのが穏当だろう。

当初から遣宋を意識か

だがその上で『往生要集』遣宋実現は全くの偶然かといえば、源信が自分の『往生要集』に加えて良源の『観音讃』、保胤の『往生極楽記』『十六相讃』、源為憲の『法華経賦』など周囲の人々の浄土信仰の著書をとりそろえ九州旅行に持参したのは、これら諸本の遣宋を永延元年(九八七)秋の旅行出発当初からかなり意識していたからではないかと私には思われる。この年二月十一日、僧奝然は宋から請来した釈迦像・一切経などを多数の人

奝然の入宋帰朝

夫に運ばせて入京した。奝然は、永観元年(九八三)、宋の商船に便乗して入宋し、寛和二年(九八六)七月、宋台州寧海県《たいしゅうねいかいけん》の商人鄭仁徳《ていじんとく》の船に乗って大宰府に帰着した。八月二十五日、入京を許す官符が発せられ、十一月に大宰府を出発した奝然は二月余を費やして入京したのである。雅楽寮《ががくりょう》が音楽を奏し大臣公卿以下が出迎えた華やかなパレードは、京の人々の話題をさらった。源信にとって奝然は、かつて宮中で対論した旧知の間柄であり

源信、入宋の願望あり

(四五頁参照)、その入宋帰朝は大きな刺激だったろう。後年、源信は慈恩大師の門徒に宛てた書状で、「ことすべからく蒼波《そうは》を渡りて疑氷《ぎひょう》を決すべし(自分が中国に渡って疑問点を解決すべきだ)。しかれども少時は父母と提携し、老後は筋力窮屈す」と歎じているように、身辺の事情でかなわなかったとはいえ、若い日から入宋の思いは強かったようである。九三〇年代ころから呉越《ごえつ》地方の商船の来航があいつぎ、摂関家と呉越王、叡山と中国天台山の交流はなみなみならぬものがあった。良源の『九品往生義』が初宋天台で研究盛んな『観経疏』を重視しているのは、その一例である(井上光貞『日本浄土教成立史の研究』)。『往生要集』に中国撰述の論を多く引用した源信が、撰述当初からこれを中国天台に送り自説の是非につき批判を仰ぎたいと願っていたであろうことは容易に推察できる。

源信西下の背景

永延二年二月八日、奝然の請によって奝然の弟子嘉因《かいん》らを鄭仁徳の帰船に便乗入宋させる官符が大宰府に発せられているのをみれば(『続左丞抄《ぞくさじょうしょう》』『宋史《そうし》』)、鄭仁徳の船は博多津に停泊したままであり、源信も西下するに際し、そのことは耳にしていたであろう。『往生要集』以下の諸書を帯行した源信の心底に、機会を得ればこれらの書を鄭仁徳の帰便に託し、一天の下、一法の中、親疎の別なく共に仏縁を結ばんとの思いがあったとしても不思議でない。しかし博多津に着いた源信は、来航したばかりの朱仁聡・斉隠らと「図らずも会面」し、しかも朱仁聡の船が鄭仁徳より先に帰国することを知って、斉隠に帯行の諸書を託したと考えるのは、臆断《おくだん》にすぎるであろうか。だが私には、二十五三昧会の基礎が一応定まったとはいえ多忙であったこの時期の源信が、かれの生涯で唯一といってよい長期旅行を西海をめざしてあえて行なった背景に、奝然入宋帰朝に刺激された

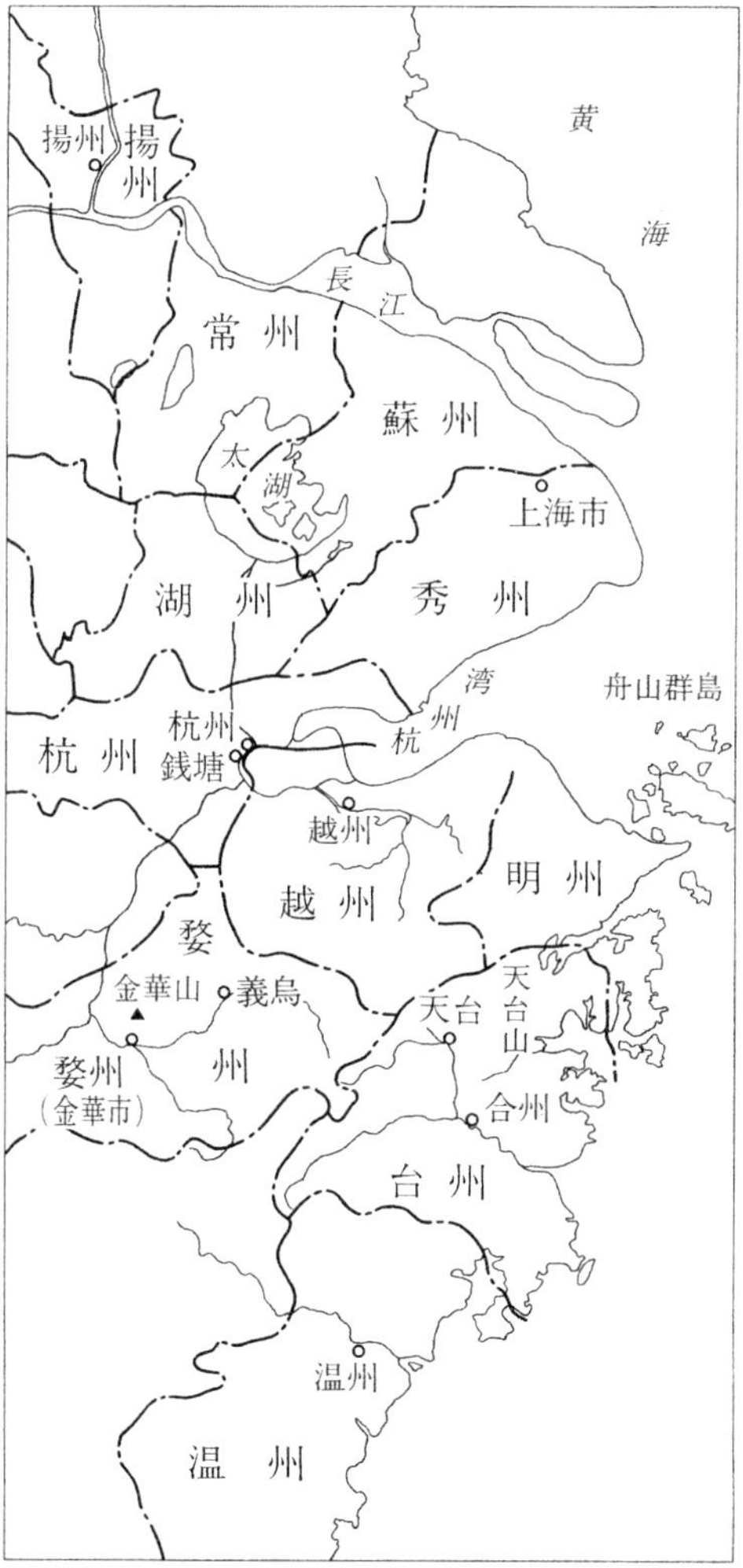

中国地図

両岸蒼蒼

源信の、『往生要集』遣宋の意志の潜在を無視できぬように思えてならないのである。

もとより、善友斉隠によって『往生要集』遣宋の望みは果し得るにしても、日宋両国の蒼波《そうは》を隔てて遠きを思えば、今生《こんじょう》で朱仁聡・斉隠らと再会し、彼地の反響を知ることは期しがたい。かつて大江朝綱《あさつな》は渤海使節の帰国に際し、「ああ前途ほど遠し、思いを雁《がん》山《ざん》の暮《ゆうべ》の雲に馳す。後会期《こうかいご》遥かなり、纓《えい》を鴻臚《こうろ》の暁の涙に霑《うるお》す」と詠じ、感きわまった使節は胸を叩いて涙を流したというが（『本朝文粋』九、『江談抄』六）、「ああ一生は苒苒たり、両岸は蒼蒼たり。後会いかんせん、泣血すならくのみ」という書状の末文もまた、あい別れる源信と斉隠にとって、いつわらざる実感であったろう。

宋僧行辿より書状来る

しかし宋国仏教界の反応は意外に早く伝わった。『源信僧都伝』は、「淳化《じゅんか》元年夏四月本朝の正暦元年にあたる大宋国婺州《ぶしゅう》雲黄山《うんおうざん》七仏道場住持沙門行辿《ぎょうてん》、往生要集一部三巻を預るの報書、詞多くして載せず。加贈（書状に副えた）の詩にいう」として行辿の詩を引用し、「また継韻《けいいん》唱和《しょうわ》の編什《へんじゅう》（詩のこと）などありといえども捨てて取らず」と記している。つまり「宋僧行辿から、『往生要集』を預ったという淳化元年（九九〇）四月付の返報が送られて来た。手紙の本文は長いので省略し、手紙に副えてあった詩だけを掲げる。また源信がこの行辿の詩に韻を継いで唱和した詩を作ったが、これも省略する」というのである。『源信僧都

行辿、『往生要集』を読む

伝』が省略した源信の詩は今日伝わらないが、行辿の報書の本文にあたると思われるものは、『過去帳』源信伝に「また行辿和尚、書を送りていう」として引用されている。この手紙のなかに、行辿が「己丑《きちゆう》の去歳《きよさい》」に『往生要集』を読んだという一節がある。己丑とは宋の端拱《たんきよう》二年（日本の永祚《えいそ》元年）己丑（九八九）だろうから、これは翌淳化元年（九九〇）に書かれた手紙であり、『源信僧都伝』が省略した同年四月付の報書であることは疑いない。そこで、行辿報書の本文は『過去帳』、加贈の詩は『源信僧都伝』によって続けて掲げ、釈してみよう。

行辿書状

大宋国婺州《ぶしゆう》（現浙江《せつこう》省金華県）雲黄山《うんおうざん》七仏道場住持沙門行辿、書を日本国天台首楞厳《しゆりようごん》修西方浄土浄業源信大師の侍者に附す。行辿、己丑の去歳、当府《とうふ》の楊都綱《ようとごう》の処《ところ》において、大師製作の往生要集一部三巻を領得してより、披閲《ひえつ》して先ず義味《ぎみ》の衍広《えんこう》（豊かで広い）なることを羨《うらや》む。以恙商人（意味不明。あるいは写誤脱文あるか）、心の皎《あきら》かなることは秋月にして行《ぎよう》の潔《きよ》きことは氷霜なり。仏記《ぶつき》（滅後の広宣流布についての仏の未来記）を像末《ぞうまつ》（像法の末の世）に承けて教乗を遠邦（日本）に宏め、法門を軌範して四衆（仏弟子すべて）と提携し、身意を精勤《せいきん》して恒《つね》に西方を念ず。王上の師友にして臣下の帰依するところ、一方の三宝興隆は全く巨力に由《よ》る。余、恨むらくは羽翼なし。乏しきを以て盃

行辿の詩

（杯、船の意。一八〇頁参照）を浮べ、但《た》だ日辺を望み、遥かにあい瞻羨《せんせん》（仰ぎ望み羨《うらや》む）す。

聞説封疆道化深　聞くならく封疆《ほうきょう》は道化《どうか》深しと
閲来文藻見全心　文藻を閲《けみ》し来れば全心を見る
篇章毎使符真趣　篇章は毎《つね》に真趣に符《おもむ》かしめ
観行長教契宝林　観行《かんぎょう》は長く宝林（極楽の林）に契らしむ
白菡萏蓮池布玉　白き菡萏《かんたん》（はすの花のつぼみ）の蓮池は玉を布き
碧（瑠脱か）璃殿像純金　碧瑠璃《へきるり》の殿の像は純金なり
莫言皓首滄波遠　言うなかれ皓首《こうしゅ》にして滄波《そうは》遠しと
三軸珠璣世以欽　三軸の珠璣《しゅき》（丸い玉《ぎょく》と四角い玉）世もって欽《うやま》う

三軸の珠璣

婺州雲黄山は、梁の大同五年（五三九）の創建で、はじめ雙林寺《そうりんじ》とよんだが、釈迦《しゃか》・維摩《ゆいま》が現われ山頂に黄雲横たわる奇瑞あり、よって雲黄山と号するようになったという。この寺僧行辿が、婺州の貿易商楊某のところで、はからずも『往生要集』を取得したのである。

「当府楊都綱処」についての通説の誤り

従来の論文は「当府楊都綱処」とあるのを申し合せたように「当府楊都《ようと》の綱処《ごうしょ》」と読み、楊都を揚州と解釈したり、「宋に送られた『往生要集』は婺州楊都の綱処に収蔵された」と説明している。しかし揚州は長江北の運河の港町だから婺州の僧が「当府」と書くはずはないし、「楊都の綱処に収蔵」とはなんのことかわからない。成尋《じょうじん》の『参天台五台山記』第八をみると、対日貿易に従事していた劉琨《りゅうこん》という商人を成尋は「劉琨都綱《とごう》」と記している。森克己《かつみ》氏の『続日宋貿易の研究』によれば、自分の所有する船に乗って海外貿易を行なう商人のことを、宋代には綱首《ごうしゅ》とか都綱《とごう》とよんだのである。ここは婺州の貿易商楊某のところで行辿が『往生要集』を取得したと解釈すべきである。

婺州の貿易商楊氏

さて行辿は、『往生要集』を一読して、その内容の豊かで広いことに感歎した。かかる著述を成した源信は、必ずや心行《しんぎょう》ともに明らけくも清らかなこと生ける弥陀仏のごとき高僧であろう（行辿が「心の皎かなること秋月にして行の潔きことは氷霜なり」と源信を讃えたのは、『往生要集』大文第四で弥陀の相好を「皎潔なることあたかも秋月のごとし」と記しているのによったもので、源信を弥陀仏になぞらえた讃辞である）。しかも、仏が記した滅後の弘宣流布の予言を、この像末《ぞうまつ》の世に相承したかのように、東の方日本に仏法を宏めている。法門を正し信者すべてと手をたずさえ、身も心も勤めて西方浄土を念じている源信は、まさに国王の師にして臣下の帰依するところ、貴国の仏法興隆は全くその偉大な力によるものである（この部分は源信書状の「わが国東流の教えは仏日再び中《みち》て……」の文を受けた讃辞であろう）。われ行辿は、海を渡るに翼なき身を歎じ、ただ船上より遥か日本の方角を望み見てうらやむばかりである。そこで

行辿書状の大意

行辿の詩の大意

この気持をいささか詩に託して贈ることとしよう。

　貴国は仏道の教化深きところと聞いておりましたが、
『往生要集』を読み進むにつれ貴君《あなた》の全き心を見る思いがします。
各章の文は読む人をつねに真実の世界におもむかせ、
説くところの観想の行《ぎょう》は末永く極楽と契りを結ばせてくれます。
蓮池《はすいけ》には白いつぼみが玉をしきつめたように満ち、
碧瑠璃《へきるり》の宮殿には仏や菩薩の像が金色《こんじき》に輝くという極楽世界――。
齢は老い隔てる海は遠いと歎かれますな、
珠玉のごとき三巻の書、わが国でも挙げて欽仰《きんぎょう》しておりますものを。

行辿の書状を載せた『過去帳』は、「両朝（日本と中国）に法を弘めるは前代未聞、まことにこれ伝灯の師にして、あに如来の使にあらずや」と讃歎しているが、思いもかけずこの書状と詩に接した源信は、遣宋の宿願が達せられ海彼に知己を得た喜びにひたったことであろう。

書状到着の時期

　この淳化元年（九九〇）四月付の行辿書状が源信の手もとに届けられたのは、いつのことであろうか。また楊都綱とはだれのことであろうか。『日本紀略』正暦二年（九九一）九月二十一日の条に「大宋雲黄山僧行辿、経教を天台源信に送る」とあり、また源信は『因明論疏四相違略註釈』巻下の跋文に「正暦三年壬辰《じんしん》の歳春三月、さらに一本を写して大宋国商客揚仁紹《じんしょう》に付して婺州雲黄山行辿和尚に伝え、慈恩《じおん》寺弘道大師門人に贈る」と記している。いっぽう『源信僧都伝』が引く長保三年の源信書状（一六七頁参照）は、辛卯《しんぼう》の歳すなわち正暦二年に『因明論疏四相違略註釈』を「婺州の商客揚仁紹」に付して送ったと記しているが、いずれにせよ正暦二年九月に婺州の貿易商揚仁紹を介して行辿から経典などが源信のもとに届き、源信は『因明論疏四相違略註釈』を因明の本家慈恩門徒に贈るため行辿に届けてほしいと揚仁紹の帰便に託したのである。行辿書状にいう「当府の楊都綱」がこの「婺州の商客揚仁紹」であろうことは、もはや贅言《ぜいげん》を要しない（行辿書状では楊、源信書状では揚と書かれているが、いずれかの誤写であろう）。

楊都綱とは楊仁紹のこと

おそらく行辿は、雲黄山近くの親しい貿易商楊仁紹のもとで『往生要集』を読み、感動して源信との交友を願い、書状と詩をそえて経典を源信のもとに贈るよう楊仁紹に依頼し、それが翌正暦二年に実現したのである。『日本紀略』に記す正暦二年九月二十一日の日付は行辿の書状と経典が横川の源信のもとに届いた日だろうから、楊仁紹が博多津に到着したのは、これよりかなり以前と考えなければならない。ここで興味深いのは、

楊仁紹、行辿書状等を源信に届ける

周文徳・楊仁紹の来航

この前年の正暦元年に、勝尾寺《かちおでら》観音に帰依した百済（高麗）皇后の献物を積んで二人の宋商、台州の周文徳と婺州の揚仁紹が大宰府に来航したという『元亨釈書』二十八の記載である。これと類似の記事は『勝尾寺縁起』所引の「古記」に見えるが、そこでは周文徳の名しかあげられていない。虎関師錬《こかんしれん》（一二七八―一三四六）が記す二人の来航記事の典拠は今日となっては不明だが、『小右記』をみると、永延二年（九八八）に鄭仁徳の船に乗って入宋した奝然の弟子たちが、正暦元年七月に大宰府に帰着しているから、周文徳と楊仁紹はこのとき来航したものと一応推定しておく。なお奝然の弟子たちの京都到着は翌年六月三日であるから、同じ船で大宰府に着いた行辿の書状と経典がこれより少しおくれて九月に横川の源信のもとに届いたのは時間的にも納得できる。

周文徳、国清寺納入を仲介するか

周文徳の第一回書状

さて楊仁紹とともに来航したとされる周文徳は、台州の商人であったことから、楊仁紹のもとにあった『往生要集』を台州国清寺に納める仲介をつとめたようである。正暦元年秋大宰府に着いた周文徳は、まず同年冬、『往生要集』を国清寺に納めた次第を記した書状を源信のもとに送ったらしい。この書状は現存しないが、ついで翌正暦二年二月に書いた二度目の書状が『往生要集』巻末や『朝野群載』巻二十に、源信の「遺唐消息」の後に「返報」と題して収められている。つぎにその全文をかかげよう。

周文徳の第二回書状

宋国の人々、『往生要集』に帰依

詔勅降らず、文徳困窮す

大宋国台州の弟子周文徳、謹んで啓す。仲春《ちゅうしゅん》漸く暖かにして和風霞散《かさん》す。伏して惟《おもん》みるに法位無動にして尊体有泰《やすらか》なるや、不審々々《いぶかしいぶかし》、悚恐々々《おそるおそる》。ただ文徳、入朝の初め、まず方に向って禅室を礼拝し、旧冬の内、便信を喜んで委曲を啓上せり。すなわち大府《だいふ》の貫首《かんじゅ》、豊嶋《としま》の才人に、書状一封を附して奉上すること先に畢《おわん》ぬ。計《おも》うに披覧を経つらんか、欝望《うつぼう》の情《こころ》、朝夕休《やま》ず、馳憤《ちふん》の際《あいだ》に便脚に遇うて重ねて啓達す。ただ大師撰択の往生要集三巻は、捧持して天台国清寺に詣《いた》り、附入すること既《すで》に畢ぬ。すなわちその専当《せんとう》の僧（寺院の雑務担当僧）、領状を予に請《う》けたり。ここに緇素《しそ》随喜し貴賤帰依して、結縁の男女の弟子伍百余人、おのおの虔心《けんしん》を発し浄財を投捨し国清寺に施入して、たちまち五十間の廊屋を飾り造る。柱壁を彩画し内外《ないげ》を荘厳し、供養礼拝し瞻仰《せんごう》し慶讃す。仏日《ぶつにち》光を重ね法灯朗《あきらか》なるを盛《ま》せり。仏法を興隆するの洪《こう》基《き》、極楽に往生するの因縁は、ただ斯《ここ》に在り。方今、文徳、衰弊の時に忝《てん》（辱）遇《ぐう》し（恥ずべき落ちぶれた境遇となって。あるいは『朝野群載』と対比すると忝は年の誤写で「文徳、年《とし》、衰弊の時に遇《あ》い」か）、衣食を取るの難《かた》きを免れんと、帝皇の恩沢《おんたく》を仰ぐも、未だ詔勅を隔てず（『源信僧都伝』と対比すると隔は降の誤写で「未だ詔勅は降らず」か）。幷日《へいじつ》の食、甑《こしき》は重ねて塵《ちり》を積まんとす（食い延している様は甑に塵が積もるほど）。なんぞ飢饉の惑を避けんや。伏して乞う、大師照鑒《しょうかん》を垂れたまえ。弟子、憤念の至りに勝《た》えず。敬んで礼代《れいだい》の状を表す。不宣、謹言。

大宋国弟子周文徳申状

二月十一日

謹上　天台楞厳院源信大師禅室法座前

『源信僧都伝』引用の周文徳書状

『源信僧都伝』も、この周文徳の書状を引用する。大意は同じだが、かなり相違した部分もあるので、煩《はん》をいとわずつぎにかかげてみよう。

文徳、謹んで啓す。仲春の比《ころ》（二月。前掲書状要約にあたり旧冬とすべきを誤ったものか）を以て豊州の吏に付して書状を献上すること既に畢ぬ。欝望の至り、暁夕休まず。重ねて子細を啓達す。そもそも大師択ぶところの往生要集三巻は、頂戴して天台山国清寺に参詣し、すなわち彼《か》の領状、先にもって上《たてま》つり畢ぬ。ここに緇素随喜し貴賤帰依し、結縁の男女五百余人、同時に出家す。すなわち浄財を投じ、国清寺に施入して、忽ちに五十余間の廊屋を厳かに餝る。柱壁を彩画し内外を壮麗にし、供養すること繁昌《さかん》なり。仏日《ぶつにち》光を重ね、朗なるを盛せり。仏法を興隆するの洪基、極楽に往生するの因縁は、ただ茲《ここ》にあり。その礼拝の詞に曰く、「南謨《なも》、日本教主源信大師」と。その次《ついで》に彼此《かれこれ》あい語りて云う、「もし能化《のうけ》の教主の影像を得ずば、いかでか所化《しょけ》

宋国の人々、源信画像を求む

の利益に預らんや」と。文徳、重ねて衆《ひとびと》の催《うながし》を得、并《あわせ》て宣旨を蒙り、風に任せて解《かい》桴《ほ》（桴は杯＝船、船出の意。一八〇頁参照）せるのみ。然れども衰弊の時に遇い、既に衣食を取ること艱難なり。帝皇の恩下に次《やど》れども未だ誰（詔か）勅の降るを被らず。伏して乞う、大師照鑒を垂れたまえ。もっとも望む所なり。憤念の至りに勝《た》えず。敬しんで礼代の状を表す。恐惶々々。

巨勢広貴に源信像を描かせ送るとの説

両者を対比すると、『源信僧都伝』は書状を一部要約するとともに多少字句を改変しているが、無視できぬ内容上の相違は、周文徳が来航の目的は源信の画像を得るためと述べている点である。『源信僧都伝』は、これを受けて、

在朝の公卿大夫、顕密の禅侶、この書状を披閲して以後、僧都の徳行を欽仰せざるなし。ついに時議あり、木工権少允《こたくみのごんのしょういん》巨勢広貴《こせのひろたか》というものに命ず。当時、画工の一《いち》物《ぶつ》なり。

と記している。巨勢広貴（高）は、花山法皇の命で書写山性空上人の画像を描いたとも伝えられる人物である。『続本朝往生伝』は一条天皇の世の「天下の一物」を列挙したなかに「画工には巨勢広高」とその名をあげており、朝廷は文徳の願いに応じて当時の画工の第一人者に命じて源信の画像を描かせて宋に送ったということになる。

画像遺宋の疑問

しかしこの源信画像遺宋の話は、最初の源信伝である『過去帳』源信伝には全く見えない。一〇四三年ころ成立の『法華験記』には「大唐の皇帝、宣旨を降して、廟堂を建立して影像および往生要集を安置し、大師の号を授けて円通大師と諡す。聞くならく度々唐人伝え語るときけり恭敬礼拝したまえり」と記すが、この影像が日本から送られたものとは明言していない。それに円通大師とは長徳五年（一〇〇三）入宋し長元七年（一〇三四）没した寂照《じゃくしょう》の諡号《しごう》を誤ったもので（一八〇頁参照）、この部分の記述は史実として信じがたい。しかし『法華験記』の撰者鎮源が横川在住の源信晩年の弟子であったことから考えると、おそくも源信没後四半世紀ほどの間に、横川の遺弟たちの間で、宋の皇帝が『往生要集』とともに源信の画像を恭敬礼拝《きょうけいれいはい》したという源信鑽仰説話が形成されたのであろう。

大江佐国による改変

大江佐国は『源信僧都伝』を撰するにあたり、『過去帳』源信伝を根本としながら源信晩年の弟子であった慶範を通じて横川に伝えられた史料や聞き書きを利用したようだから、当然この源信鑽仰説話を記述にとり入れたのである。その際、佐国は画像の遺宋の由来を周文徳の来航に結びつけて説明しようとしたため、文徳の書状もそれにふさわしく改変する必要が生じたのであろう。下って大江匡房の『続往生伝』になると、画工の名を承円、大師号を楞厳院の源信大師と記しているが、『法華験記』『源信僧都伝』の表現を匡房の考えで改めたもので、独自の信頼すべき史料があったとも思えない。要するに『源信僧都伝』文徳書状の「その礼拝の詞に曰く」から「風に任せて解梱せるのみ」までの部分は、源信没後の鑽仰説話の所産で、本来の文徳書状にはなかったと考えるべきである。

文徳書状の内容

さてその上で、文徳書状の内容を順次検討してみると、文徳は旧冬すなわち正暦元年冬、大府《だいふ》の貫首《かんじゅ》である豊嶋の才人に付して書状を源信に送ったという。石田瑞麿氏は大府の貫首を唐名と解し、大蔵省得業生《とくごうしょう》と考えているが、藤原頼長の『台記《たいき》』が大宰府知行の藤原忠実を「大府」と記した例をみれば、この大府の貫首は大宰府の上級役人というほどの意味である（『水左記《すいさき》』にも同様の用例がみえる）。文徳書状の豊嶋才人の「才人」を大江佐国は「吏人」の誤記と考えたらしく、『源信僧都伝』では「豊州の吏」すなわち豊前《ぶぜん》国の役人と改めている。しかし古く西岡虎之助氏が指摘したように、「才」は「方」の誤写で豊嶋方人《としまのかたうど》、すなわち『御堂関白記』長和四年（一〇一五）七月十五日条に「神崎《かんざき》御庄司豊嶋方人」とみえる人物であろう。肥前国神崎郡神崎庄は有明海に面し、勅旨田《ちょくしでん》の流れをくみ後院《ごいん》領となった荘園で、平安末期には日宋貿易の拠点であった（瀬野精一郎『肥前国神崎荘史料』）。『御堂関白記』によれば豊嶋方人は、寂照の弟子念救《ねんきゅう》が入宋するに際し上京し、天台山に持参すべき道長や公卿たちの知識物をあずかって念救とともに下向している。

大府の貫首

豊嶋方人

大宰府の官人で庄司を兼ねていたのであろう。この場合も、おそらく文徳ないし仁紹のあつかいにつき連絡のため上京したのであり、その際、文徳は書状を託したのである。しかし一向に返事がないので、翌二年二月、文徳は二度目の書状、すなわち本状を書いた。すでに伝えたように、『往生要集』三巻は自分が捧持《ほうじ》して天台国清寺に附入し、国清寺の専当の僧から受け取り状ももらっているというのである。

国清寺納入の経緯

前述の行辿書状とこの文徳書状を総合して考えると、『往生要集』を宋に運んだ朱仁聡と斉隠は、なんらかの都合でこれを婺州の貿易商楊仁紹にあずけたようである。楊仁紹はその処置につき、近くの雲黄山の僧行辿に相談したのであろう。源信が国清寺に納めたいとの意志を斉隠に伝えていたかどうかはっきりしないが、楊仁紹の商人仲間で国清寺に出入りしている台州の周文徳を通じて同寺に納めることとなったと思われる。以上の経緯から、楊仁紹は行辿の書状と経典を、周文徳は国清寺附入の次第を記した書状を、それぞれ大宰府から源信のもとに送ったのであろう。

周文徳の不満

周文徳の第二回書状には、いっこうに返事がないことへの文徳のいらだちと、大宰府官人の対応への不満が、露《あらわ》によみとれる。いったい大宰府来航の外国商人に対する買上品対価の支払は、交易唐物使が唐物《からもの》を検領し帰京すると、改めて蔵人所《くろうどどころ》の出納を派遣し

周文徳の真意は中央へのアピール

代価を支払わせることになっていたが、時代が降るにつれ、中央の都合上、代価を大宰府に遣わさず、返金の官符を大宰府に下して大宰府管内の官物《かんもつ》をもって支払わせるようになった。しかし主として大宰府官人の不正や怠慢によって、支払は延滞しがちであった。『小右記《しょうゆうき》』天元五年（九八二）三月条に、日本側官人の対応が円滑を欠いたため来航後三年になっても代価の支払を得られぬ宋商一行の中に飢死者さえ出たと記されているのは、そのはなはだしい例である（森克己『日宋貿易の研究』）。文徳の第二回書状は、一向に返金の官符が下らぬため食にもこと欠くありさまで憤念にたえず、源信より官へ口添えしてほしいとの意を述べており、文徳の真意は、源信宛書状を借りての中央官人へのアピールにあったようである。五百余人の男女が『往生要集』に結縁し、国清寺に五十間の廊屋を飾り造ったなど、アピールの効果をねらっての空疎な讃辞にすぎないことはいうまでもあるまい。

　ところが日本では文徳の讃辞をもっぱら真に受け、前述のように画像遣宋説話まで付加されて、時代が下るにつれ源信鑽仰譚はとめどもなく肥大化していった。室町時代には、国清寺の三層の経蔵の下層に『往生要集』を置いたところ不思議にも一夜明ければ仏説経典を安置する上層に『往生要集』が移っていたとか、宋帝が塔を建て源信自筆の画像を改めてわが国に求めて安置し礼拝したとか、荒唐無稽《こうとうむけい》な話さえ生まれた。

源信没後、成尋入宋時の宋国で『往生要集』は流布せず

こうしたわが国での鑽仰譚《さんごうたん》がいかに事実と隔たるものだったか、『往生要集』遣宋後八十余年、延久《えんきゅう》四年（一〇七二）入宋した成尋《じょうじん》の『参天台五台山記《さんてんだいごだいさんき》』を見れば明らかである。成尋は宋都開封《かいほう》に訳経三蔵の文恵《ぶんけい》大師を訪ね『往生要集』を献上し、さらに源信の行業《ぎょうごう》を知らせようと『源信僧都行状』一巻（『源信僧都伝』か）、『唐婺州七仏道場行辿和尚の往生要集請納の返事』一通（前記『行辿書状』）、『日本の諸儒、源信僧都の房に参じて作る詩』一巻（散逸）を持参して書写に借《か》したが、国清寺はじめ諸州諸寺に『往生要集』は流布していないと文恵に聞かされて意外に感じたらしく、「おそらく婺州の行辿のもとに納められたままで流布しなかったのか、日本において聞くところとは全く相違している」と記している。

源信存命中、寂照、国清寺で『往生要集』を確認

長保五年（一〇〇三）八月、源信が中国天台の四明知礼にあてた『天台宗疑問二十七条』をもって入宋した寂照の返書には「往生要集は現に国清寺に在り、これを弘む。教主宗翌《そうよく》あい逢うてこれを示す」とあるから（一八〇頁参照）、国清寺に納められたことは疑いないが、決して文徳の書状や後世の源信伝に記すような広汎な帰依鑽仰《きえさんごう》を宋朝で得たわけではない。しかし『往生要集』の念仏論は、より深いところで中国の浄土教家たちに影響

『往生要集』の影響

したのである。たとえば源信没年の一〇一七年、知礼の後輩にあたる慈雲《じうん》遵式《じゅんしき》(九六四―一〇三二)は『往生浄土決疑行願二門』を撰し、口称重視の新しい念仏論を展開したが、そこでは道綽《どうしゃく》の『安楽集』、懐感《えかん》の『群疑論』などと並べ、源信禅師『浄土集』の名をあげている(安藤俊雄「恵心僧都と四明知礼」日本名僧論集『源信』)。『往生要集』遣宋を通じ国境を越えてともに往生極楽の縁を結ばんとの源信の願いは、彼地の多くの善友の協力によって実現し、その念仏論は、地下水脈のように海彼の浄土教のうちに流れ続けたのであった。

二 風船来往

源信、楊仁紹に『因明論疏四相違略註釈』を託す

『往生要集』遣宋の華々しさの陰にともすればかくれてしまうが、国際的視野を有した学僧としての源信の偉大さは、虎関師錬が『元亨釈書』の伝で、「風舶来往《ふうはくらいおう》し、音問あい継ぐ」と記したように、以後もたゆみなく続けた中国仏教界との地道な学問交流にある。

正暦二年(九九一)九月、楊仁紹を介して行辿から経典の恵与にあずかった源信は、翌三年、楊仁紹の帰帆に『因明論疏四相違略註釈』(四八頁参照)を託した。叡山文庫蔵元禄《げんろく》二年版本巻上の奥書には、

謹しみて大宋婺州雲黄山□(行)辿大師の案下に贈る。願くは慈恩寺弘道大師諱は大乗基《き》(窺《き》基《き》)の門人と共に是非を決択し、幸いに示教を垂れたまえ。時に日本正暦三年壬辰《じんしん》三月十三日、僧源信上。

同じく巻下の奥書にも、

正暦三年壬辰の歳の春三月、更に一本を写して大宋国商客揚仁紹に付し、婺州雲黄山行辿和尚に伝え、慈恩寺弘道大師門人に贈る。けだしこれ是非を詳しく定めしめ、以て愚蒙《ぐもう》を披《ひら》かんと欲するのみ。源信記。

とある(『全集』五)。

慈恩門徒の反応なし

しかし本書は慈恩門徒のもとに届かなかったのか、届いたが慈恩門徒たちがこれに批評の状を書くにいたらなかったのか、おそらく後者が事実に近いと思うが、源信の期待に反して彼地の反響は伝わってこなかった。

再度、慈恩門徒に送る書状

十年の後、源信は再度本書を慈恩門徒に送って批評を乞うた。そのときの書状は『源信僧都伝』に引用されている。

長保の初め、因明の大要を勒《ろく》して大唐慈恩大師の門徒に贈るの状に曰く。

日本国天台首楞厳院沙門源信、稽首《けいしゅ》して敬白す。生まれながら仏法に値《あ》い、所性に随って翫《なぐ》さむ。往年、事の縁あるを以て、因明の論を披閲するに、三十三の過《か》ありといえども、その要は四相違にあり（四八頁参照）。諸師の解釈ありといえども、その理は慈恩の釈（『因明大疏』をさす）に如《しか》ず。彼の疏は異説居《こ》（巨）多《た》にして遞《たがい》に矛盾を生ず。源信いささか鄙懐《ひかい》（卑見）を述べて注尺（釈）し、合わせて三巻と為す。事すべからく蒼波を渡りて疑氷《ぎひょう》（疑問）を決すべし。しかれども少時は父母と提携し、老後は筋力窮屈す。故に去る辛卯《しんぼう》の歳、婺州の商客揚仁紹に付して、斯《こ》の文（因明の註釈をさす）を伝え奉る。いまだ到否を知らず、鬱伊《うつい》（心が晴れない）するのみ。今また杭州銭塘《せんとう》湖《こ》水心寺の沙門斉隠に遇い、『纂要義断注尺（釈）』（五〇頁参照）一巻をあい加え、重ねて謹んでこれを貢す。伏して願う、縦容《しょうよう》として情《こころ》を凝して省覧し、その是《ぜ》とする所を是とし、その非《ひ》とする所を非とされんことを。ただし源信、年は六十に登り、余《よ》喘《ぜん》（余命）いくばくならず。早く便風に付して生前に疑を決せん。觖望《きぼう》（乞い願う）するところ懇切なれば、我を醜《すっ》るなかれ。たまたま広恩を蒙らば、菩提に至るまで永く忘失せず。

斉隠に託す

二度目の遺宋の時期

『源信僧都伝』は、この二度目の遺宋を「長保の初め」としており、源信自身「年は六十に登り」と記すのに従えば、源信六十歳の長保三年（一〇〇一）のことであろう。正暦三年の最初の遺宋から足かけ十年目にあたる（源信が書状で、揚仁紹の帰便に託した最初の遺宋を辛卯の歳、すなわち正暦二年と記しているのは、揚仁紹が行辿の経巻を届けてくれた年と記憶ちがいしたのであろう)。十年目にして再度自著を送り、忌憚《きたん》なき批判を強く求める源信の態度には、「鄙懐《ひかい》」と謙遜しながらも因明学についての自負と、それが国際的学問水準として通用するかどうか、生前にぜひとも確かめておきたいという学者気質がにじみ出ている。幸田露伴《こうだろはん》(一八六七—一九四七)が小説『連環記《れんかんき》』で源信の人柄を「謙虚の徳と自信の操との相対的にあつた人で、加之《しかも》毫毛の末までも物事を曖昧にして置くことの嫌ひなやうな性格だつた」と表現したのは、まことに言い得て妙である。

斉隠来航に会い再度の遣宋を願う

正暦の遣宋が到否不明で永くもやもやしたままでいた源信が、新たに『纂要義断注釈』もそえて『因明論疏四相違略註釈』を再度送る気持になったのは、書状に記すように旧知の斉隠がたまたま来航し、その帰帆に託す機会を得たからである。『権記《ごんき》』長徳四年(九九八)七月十三日条に「仁聡と同船の僧斉隠の持ち来る大宋の僧源清の牒《ちょう》二通」と記すように、斉隠は今度も朱仁聡の船に乗り、同じ杭州銭塘の地の奉先寺の僧で中国天台山外《さんがい》派(正統派の山家《さんげ》派からみた非正統派)の巨頭の源清《げんせい》(?—九九七)の牒と書物をたずさえて来航していたのである。かつて『往生要集』遣宋の願いを誠実に果してくれた斉隠なら、自著をまちがいなく慈恩門徒に届けてくれると源信は考えたと思われる。

斉隠持参の源清の牒

『権記』にいう斉隠持参の「源清の牒二通」の全文は、仁和寺蔵『法華経開題』奥書（『大日本仏教全書』遊方伝叢書四）によってみることができる。一通は「北嶺《ほくれい》座主暹賀《せんが》」すなわち時の日本天台座主暹賀にあてたもの、一通は「北嶺諸碩徳《せきとく》」すなわち天台延暦寺学僧一同にあてたもので、日付はいずれも宋の至道元年（日本の長徳元年〈九九五〉）四月となっており、内容は大差ない。

源清牒の大意

われ源清は、二十余年間天台教学を考究し、日本国の仏教の盛んなることや高僧名識の学徳を欽仰しているが、渡海はかなわぬので、自分と一門の著書を送る。北嶺の碩徳らが目を通され誤りを指摘してくださるなら、源清のみならずわが一門の幸甚とするところである。また当方で欠逸したが貴国に備わっている経典について、両国は遠しといえど道を同じくする好みで各一本を送っていただけるならば、永く当地に流通せしめその利益にあずかることができよう。さらに貴国で儒書仏典など欠けるものがあるときは、その書名を示されれば当方で便宜を図りたい。

といった要旨で、両国天台の学問交流に加えて逸書《いっしょ》を相互に補いあおうと呼びかけたものである。

源清送付の書物

このとき源清が送ってきた書物は、自著の『法華示珠指《じしゅし》（十不二《じっぷに》門《もん》示珠指）』二巻、『竜女成仏義《りゅうにょじょぶつぎ》』一巻、『十六観経記（観無量寿経疏顕要記）』二巻、同門の鴻羽《こうう》著の『仏国荘厳《しょうごん》論』一巻、慶昭《けいしょう》注の『心印銘』二章であり、求めてきた逸書は、天台大師智顗《ちぎ》の『仁王般若経疏《にんのうはんにゃきょうしょ》』『弥勒成仏《みろくじょうぶつ》経疏』『小阿弥陀経疏 并《ならびに》 決疑』『金光明経玄義《げんぎ》』、六祖荊渓《けいけい》湛然《たんねん》の『華厳骨目《けごんこつもく》』であった。中国天台の教学は、唐末五代の争乱で衰退し、宋代に至ってめざましく復興したとはいえ、経疏の散逸ははなはだしいため、しばしば高麗や日本に逸書を求めたのである（『宋高僧伝』『仏祖統紀』）。

朱仁聡・斉隠、若狭に来航

　長徳元年（九九五）九月四日、若狭国は唐人七十余人が同国に到着したことを報じた。これが源清の牒と書物をあずかる斉隠を乗せた朱仁聡の商船と、同行の林庭幹《りんていかん》の商船であった。同六日の公卿僉議《せんぎ》で宋商らを越前国に移すよう官符を下したが、これと行き違いになったのか、若狭国を通じて朱仁聡と林庭幹の解文が朝廷に届いた。そこで二十日に再度公卿僉議《せんぎ》があって、朱仁聡らの解文は返却しその船を越前の敦賀《つるが》に回航させることとした（『台記』『権記』『日本紀略』『百錬抄《ひゃくれんしょう》』）。

朱仁聡らを敦賀に回航せしむ

源清の牒等到着

　敦賀は古くから渤海《ぼっかい》国使が来航した港で、松原館とよばれる客館もあった。朱仁聡らは、敦賀から比叡山に源清の牒と書物を送ったらしい。これが叡山に届くと、天台座主暹賀《せんが》は、源清の牒と書物を朝廷に献じた。朝廷では、長徳二年（九九六）五月十九日、朱仁聡のもとに返抄（受領書）を送ることとし（『小右記』）、十二月二十六日には、二通の牒に対する返牒を文名高い大江匡衡《まさひら》と紀斉名《ただな》に書かせることを定めた（『日本紀略』）。

朱仁聡ら、翌年春ころまで敦賀に滞在し、のち博多に回航か

当時、宋商の唯一の交易港は博多津と定められていたから、朱仁聡は敦賀からさらに博多に回航した（承暦四年〈一〇八〇〉八月、宋商孫忠が敦賀に来航した際も、国書だけは敦賀から朝廷に送らせ、孫忠には博多回航を命じている）。長徳二年五月、朱仁聡宛返抄が大宰府の申文によって議されているのをみると、朱仁聡が博多についたのは、その前月ころだろうか（同年閏七月、朱仁聡献上の鵝《がちょう》と羊が朝廷に届いたのは、大宰府から献上したものか）。朱仁聡一行は、冬の日本海の風波を避けて、長徳二年春ころまで敦賀の客館に滞在していたと思われる。

源信、敦賀に朱仁聡・斉隠を訪問

敦賀は京都にほど近い。宋商来航のうわさは、都人士の格好な話柄となったろうし、やがて源清の牒や書物が朱仁聡らの書状とともに叡山に届き、源信はこれらを持参したのが旧知の斉隠と朱仁聡であることを知ったであろう。「後会いかんせん、泣血すならくのみ」と詠歎して博多津で別れてから八年、源信は心おどらせて敦賀に向った。『続本朝往生伝』寛印伝に記す、源信が朱仁聡に会うため寛印ら弟子たちをつれて敦賀に赴いた話は、このときのことである。

源信、朱仁聡の画像に賛す

寛印伝によれば、このとき朱仁聡は源信らに一帳の画像を示し、これは婆珊婆演底守《ばさんばえんていしゅ》夜神《やしん》といい、われわれ舟乗りの帰依する神だと説明した。もとこの神は『華厳経』に説

かれる闇の恐怖を除く主夜神で、航海の守護神とされたのである。源信は早速、善財《ぜんざい》童子が婆珊婆演底神を讃歎した『華厳経』の偈の初二句「見汝清浄身《けんにょしょうじょうしん》、相好超世間《そうごうちょうせけん》」を画像の側に書き、寛印にこの後を書き継げと命じた。そこで寛印が「如文殊師利《にょもんじゅしり》、亦如《やくにょ》宝山王《ほうざんおう》」と次の二句を書き継いだので、朱仁聡は感歎し、源信を尊んで倚子を勧めた。

『続本朝往生伝』によると、このとき寛印は「もしこの文を忘れなば、あに本朝の恥にあらざらんや」と心に誓って偈を書いたというが、後の『元亨釈書』の寛印伝になると、朱仁聡が「大蔵《だいぞう》はみな二師の腸胃なり」と二人の博識に感歎した落ちがつき、師錬は、「これは朱仁聡が日本の学徒の知識のほどを試みたもので、もしこの二人がこの文句を記憶していなければ日本国の恥辱となるところだった。二人の博覧強記が宋商の侮りを防ぎ『大蔵はみな二師の腸胃なり』といわせたのは、まことに痛快である」と結論している。

すでに戦前、西岡虎之助氏は寛印の態度を「奇矯に偏する愛国心」と評したが、師錬の解釈にいたっては的はずれというべきだろう。朱仁聡が旧知の源信の知識を試みるなどあるはずがない。この画像の神が航海の安全を護り再会をとげさせてくれたとの朱仁聡の喜びに応じて、源信は画像に賛したのである。寛印はいざ知らず、源信が進んで賛を記したのは、朱仁聡との友情の証しに他ならなかったであろう。

賛は友情の証し

この席には、当然、斉隠の顔も見えたはずだ。かつて『往生要集』を託したときは一介の沙弥《しゃみ》にすぎなかった斉隠も、いまは杭州銭塘西湖の水心寺の僧である。水心寺は白楽天の詩にもよまれた名勝で、源信の知己源為憲は、はるかにその幽境をしのび、

斉隠とも再会か

湖中、月は落つ竜宮の曙《あけぼの》

岸上、風は高し雁塔《がんとう》の秋

の佳句をものしている（『本朝麗藻』下）。立派に水心寺の比丘僧となり、日中天台交流の橋わたしをつとめる斉隠の姿に、源信は感慨新たなものがあったろう。おそらくこの邂逅を機に、源信は斉隠に託す写本の準備にとりかかったと思われる。東大寺図書館蔵『因明論疏四相違略註釈』天永《てんえい》四年（一一一三）古写本表紙見返には、

源信、遺宋写本を準備

謹みて、大宗（宋）国慈恩寺基大師門徒の高徳に献ず。願わくは是非を決して、予の愚蒙を開かれんことを。日本国長徳三年丁酉の歳三月日、僧源信

とあり（堀池春峰『南都仏教史の研究』下）、これによれば、すでに長徳三年（九九七）三月には、再度遺宋すべき写本が完成していたようである。

この翌月、すなわち長徳三年四月、いよいよ朝廷の命により山門・寺門の碩学を動員

源清に送る破文執筆者の人選

源信は、『顕要記』上巻を担当

して、源清の献じた五部の書物に対し厳正な批判が加えられることになった。日本天台の忌憚《きたん》なき批判を乞う源清の牒に応じるものとはいえ、ことは国際的性質を有するから、破文《はぶん》を書く学僧の人選は、これ以前から関係者の間で慎重に時間をかけて行なわれていたと思われる。その結果、『法華示珠指』上巻は実因《じついん》、下巻は寺門の勧修《かんしゅ》、『竜女成仏義』は寺門の慶祚《けいそ》《きょうそ》、『十六観経記（顕要記）』の上巻は源信、下巻は覚運、『仏国荘厳論』は静《じょう》照《しょう》、『心印鈔』は安慶《あんけい》と聖救《しょうきゅう》が、それぞれ担当して破文を書くことになった（『元亨釈書』四、『大唐国法華宗章疏目録』）。

源信の破文の内容

これらのうち、源信・覚運・慶祚の破文は現存している（『全集』一、および『大日本史料』二―二）。源信の破文の内容は、安藤俊雄氏が要点を整理しているので、それにゆずる（「恵心僧都と四明知礼」日本名僧論集『源信』）。総じていえば、覚運の破文がおだやかな表現に終始しているのに対し、源信は、きわめて率直に『顕要記』の疑点難点を指摘し、鋭く論破している。しかしその一方で源信は、源清が『大樹緊那羅王経《たいじゅきんならおう》』によって解説した「正報《しょうほう》の動、依報《えほう》の動」の部分は「妙のまた妙」であり、「この釈に非ざるよりは誰《たれ》かこの疑を通ぜん。一朝の益、夕死《せきし》を悔いざるものなり」とまで激賞している。相手の学問上の疑点については妥協することなく批判するが、相手の説に容れるべきものがあれば率直にこれを認め称賛する。それは慈恩門徒に対し、自説の是非を忌憚なく批判してほしいとくりかえし願ったことに通じるもので、源信の潔癖《けっぺき》なまでの学者気質がうかがえる。

破文完成の時期

この源信の破文はいつごろ完成したか不明である。しかし慶祚の破文の最後に「時に長徳五年(長保元、九九九)正月五日、石蔵山《いわくら》大雲寺《だいうんじ》において記す」とあるから、源信のそれも含め、源清に送る破文の多くはこの前後に書かれたのかもしれない。長徳三年四月に執筆者が決定したのだから、完成までいささか時間がかかりすぎの感もするが、これはおそらく、破文担当の学僧たちが執筆にかかろうというとき、持ち帰るはずの朱仁聡とわが朝廷の間で思いがけぬトラブルが起り牒や破文の送付が棚上げとなったためであろう。

高麗国牒をめぐり朱仁聡に嫌疑かかる

破文執筆者の人選が終って一月余の長徳三年六月初め、高麗《こうらい》国の牒状に日本を侮辱する字句があり、来寇にそなえて兵を徴し要害を警固するとの大宰府の解文で朝廷は大さわぎになった。六月十三日、右大臣藤原顕光《あきみつ》以下諸卿が召され、大宰府の解文と三通の高麗国牒をめぐって僉議《せんぎ》した(『小右記』)。結局、高麗の国牒は無礼なので無視して返牒を遣わさぬ、要害を警固し諸社に祈禱する、北陸道・山陰道にも官符を下す、などが決まったが、僉議の際に「この牒は高麗の国牒らしくない。高麗の名を借りた宋国の謀略ではないか」といい出すものがあった。すでに朱仁聡の来航をめぐって、「越前国にいる宋国人は、彼の地の衰亡のさまを見聞している。都の近くに来航したのは謀略かもしれない。恐るべきことだ、早く追い帰すべきだ」といった風評も流れていたらしい。前年長徳二年は、疫病に飢饉が重なり、京では米価が騰貴し火災が頻発していた（『日本紀略』）。こうしたわが国の弱点を都の近くで諜報していたのではないかという、いわれない嫌疑が朱仁聡一行にかけられたのである。

朱仁聡の罪名を勘申せしむ

悪いことに朱仁聡は、若狭国守源兼澄《かねずみ》を陵轢《りようれき》するという事件を起していた。朱仁聡にすれば、提出した解文は受理されず、敦賀に回航しろと命じられるなど、日本側役人の形式主義に大宋国の商人としての自尊心がはなはだしく傷つけられ、この行為におよんだのだろうが、公卿たちの心証を害する結果となった。すでに長徳二年十一月八日、明法博士《みようぼうはかせ》惟宗允正《これむねのただまさ》に朱仁聡の罪名を勘申させていたが、ここにいたってむしかえされたらしい。朝廷は、長徳三年九月、朱仁聡が前年献上していた鵝《がちよう》と羊を突き返し、ついで十一月十一日、法家《ほうけ》に再度、朱仁聡の罪名を勘申させた。藤原実資などは、兼澄が陵轢されたのは本朝の面目を損するものと、日記で悲憤慷慨《ひふんこうがい》している（『日本紀略』『百錬抄』『小右記』）。

代価未払で朱仁聡、愁訴す

このさわぎで、朱仁聡に対する唐物の代価支払は滞ってしまった。代価をもらえぬう

藤原有国をめぐる疑惑

ちは帰るに帰られず、朱仁聡は博多津にとどまって愁訴《しゅうそ》した。時がたつにつれ、公卿たちの間でも、朱仁聡への嫌疑はぬれぎぬだったということが、わかってきたらしい。長保元年（九九九）十二月には朱仁聡の愁訴をとりあげ、中宮亮高階明順《ちゅうぐうのすけたかしなのあきのぶ》を召問《しょうもん》することとした（『小右記』）。ときの中宮は、清少納言が仕えた藤原定子《ていし》で、伯父高階明順が中宮の出《すい》納《とう》を司っていたのである。朱仁聡の愁訴は、定子の買上分が未払との内容だったと思われるが、翌二年八月になって、大宰府から、まだ朱仁聡に対する未払分があるとの府解《ふげ》が届いた。定子は、「前の訴えで代金を使にもたせて大宰府に遣したが、大宰大弐藤原有《あり》国《くに》は使者を朱仁聡に会わせてくれない。有国を介して支払ったところ、朱仁聡の請文《うけぶみ》の金数は遣した金数よりも少なかった。この府解はおかしい」という。そこで再度明順を召問することになった（『権記』）。その結果はよくわからないが、翌長保三年二月、藤原有国が京に召喚され、さらに豊後守丹波泰親《たんばのやすちか》や観世音寺《かんぜおんじ》三綱が有国の苛責・不正を訴えるという事件が起った（『権記』、『朝野群載』二十、『根岸文書』）。有国の人柄もおおよそ察せられ、未払事件の背後には有国の不正があったのではないかと思われる。

返牒作成と経論書写再開

『権記』によれば、すでに長徳四年（九九八）七月には、左大臣藤原道長の命で、斉隠持参の源清の牒に対する返牒作成と、一巻を写しただけで中断していた源清の求める経論の書写が再開された。大江匡衡作の返牒は『本朝文粋』に収められているが、その差出人の天台座主の名は暹賀ではなく覚慶《かくけい》と記されているから、返牒が完成したのは暹賀死去により覚慶が座主に就任した長徳四年十一月以後である。源清に送る破文の多くは長徳五年正月前後に完成したろうと前に述べたが、返牒が完成したのも、やはり同じころだったろう。長保三年春の有国召喚を機に、朱仁聰への未払問題も決着したろうから、ここに朱仁聰・斉隠の帰国の条件は整ったのである。源信が斉隠の帰帆に託し『因明論疏四相違略註釈』などを送る手紙を書いたのが長保三年（一〇〇一）であったのは（一六七頁参照）、以上から納得できる。

返牒完成と朱仁聰帰国の時期

朱仁聰の船で斉隠が長保三年に持ち帰った源清あての返牒と破文と経論、源信の著書はどうなったろうか。日本天台の破文に対する山外派の反応は全くなかった。源清はすでに至道《しどう》三年（長徳三、九九七）に没し、山家派の四明知礼が、智顗の『光明玄義』の真偽をめぐって、咸平《かんぺい》三年（長保二、一〇〇〇）以来、源清の弟子慶昭・智円に激しく論争をいどんでおり（上杉文秀『日本天台史』）、源清の遺弟たちは日本天台の破文に答えるいとまがなかったのであろう。源信の『因明論疏四相違略註釈』に対する慈恩門徒の反応も伝えられていない。「早く便風に付して生前に疑を決せん」との源信の切なる願いは、残念ながら達せら

中国側の反応なし

れなかったようである。

『天台宗疑問二十七条』

しかし源信と中国仏教界の交流は、これによって頓挫《とんざ》したわけではない。源信が弟子寂照《じゃくしょう》に託し中国天台に宛てた『天台宗疑問二十七条』によって、新たな展開を示すのである。

寂照の入宋

長保四年（一〇〇二）三月、寂照は状を奉って五台山巡礼のため入宋《にっそう》せんことを願い、許されて同年六月、首途についた（『日本紀略』『百錬抄』）。寂照は、参議大江斉光《なりみつ》の第三子で、俗名を大江定基《さだもと》という。東山如意輪寺《にょいりんじ》の寂心（慶滋保胤）について出家し、さらに源信に天台、小野の仁海《にんがい》に密教を学んだ。愛人の死から世の無常に思いをいたし、狩場で雉の生き造りを見るにたえず、参河守の地位を投げうって仏門に入った話、零落《れいらく》し鏡を売ろうとした女との話、さては棄てたかつての妻の嘲《あざけ》りに動ぜず乞食《こつじき》して去った話など、さまざまのエピソードが伝えられているが、それらは幸田露伴の『連環記』にゆずる。

入宋後の寂照

さて筑紫をめざし下向した寂照は、長門国で病気になったり師寂心の死去（長保四年十月）もあって出国がおくれ、翌長保五年（一〇〇三）八月二十五日に肥前を発し、九月十二日に宋の明州《めいしゅう》についた（西岡虎之助「入宋僧寂照に就いての研究」『史学雑誌』三四―九・一〇、平林盛得「慶滋保胤の死」『日本仏教』二一）。宋の年号でいえば、真宗《しんそう》皇帝の咸平六年である。寂照は天台の有識の僧に会って、源信から託された『天台宗疑問二十七条』の答釈を請い（次掲寂照書簡参照）、翌景徳《けいとく》元年（寛弘元、一〇〇四）には真宗に無量寿仏像・紺紙金字法華経・水晶数珠などを献じた。真宗は紫衣《しえ》を賜ってこれを賞したという（『仏祖統紀』八・四四）。このとき寂照が、『往生要集』に感激した真宗の願いをわが国に伝え、源信画像遺宋を実現したとの話があるが（『慧心院源信僧都行実』）、もとより史実としては信ずるに足りない。

寂照は、宋国においてさまざまの験を示すとともに、彼地で散逸した経論をわが国より伝えて朝野の歓迎を受け、真宗は尊んで円通《えんつう》大師の号を授けた。天竺寺の遵式《じゅんしき》は、寂照が伝えた南岳《なんがく》禅師の『大乗止観』を上板《じょうはん》するにあたり、その序で「日本国の円通大師寂照は、錫《しゃく》（杖）を扶桑（日本）に負い、杯（船。嵯峨上皇の詩「海上人〈空海〉を哭す」にも「杯に乗じ錫を飛ばして滄海を渡る」とある）を諸夏《しょか》（中国）に泛《うか》べ、……篋《きょう》を解きて巻を出す」と讃えている。かくて宋朝における寂照の名声嘖々《さくさく》、三司使丁謂《ていい》の熱心な慰留によって帰国を思いとどまり、景祐《けいゆう》元年（長元七、一〇三四）ころ杭州に没した。

寂照の源信宛書状

『過去帳』源信伝は、寂照が源信に宛てた書簡を載せている。

寂照上人前三河入道の名なり宋より送る書に云う。往生要集は現に国清寺に在り、これを弘む。教主（僧）宗翌あい逢うてこれを示す。また双林沚和尚に遺す一封、慥《たしか》に便《べん》李《り》（使い）に付して送り了《おわん》ぬ。また義目《ぎもく》一巻、天台の有識に逢いて決し了らしむ。追って献ずべし。また法相宗に遣す因明等は、五台より罷《まか》で帰り、その人をあい訪い、これを伝付すべし、と云々。

寂照書状の大意

入宋に際し源信に依頼された件につき結果を報告した手紙で、『往生要集』が天台国清寺に現存することは同寺の僧宗翌に会って確認した。源信からあずかった双林寺の行辿宛書状はたしかに使者に付して送った。あずかった『義目』（宗義に関する問目）については、すでに天台の学識ある僧（知礼か）に会って解答を得ているから、遠からずお送りする。また法相宗に遣わすよう依頼された因明等の書物は、五台山から帰った後に、しかるべき法相の人に会って渡すつもりだ」といった諸点が列記されている。寛弘二年（一〇〇五）十二月十五日、藤原道長のもとに寂照の書簡が届いているから、この手紙が源信に届いたのも同じころであろうか。

因明の書を寂照にも託す

この寂照の手紙によれば、源信は今度は寂照を介して因明の著書を慈恩門徒に届けようとしている。もしそれが『因明論疏四相違略註釈』なら、実に三度目の送付であり、あくまで慈恩門徒の批評を請おうとする源信の学問的執念には驚く。この時も慈恩門徒の反応の有無は不明だが、寂照書簡に記す『義目』すなわち『天台宗疑問二十七条』と

中国天台宛
源信書状

これに付した源信書状、および中国天台を代表して四明知礼が書いた答釈は、『四明尊者《しめいそんじゃ》教行録《きょうぎょうろく》』巻四に収められている。源信が、

天台宗疑問二十七条、恭《つつし》んで函丈《かんじょう》に投ず。伏して冀《ねが》わくは、慈を垂れて一々に釈を伸《の》べたまえば至幸に勝《た》えず。

日本国天台山楞厳院法橋上士（人か）位内供奉十大禅師源信　上

知礼、答釈
を加う

として、第一問から第二十七問まで宗学上の疑問を列挙したのを受けて、知礼は一々に答釈を加えている。わが『元亨釈書』は、知礼が源信の問書を一読嗟嘆《さたん》し、「東域に深解の人あるか」ともらしたと記すが、これが中国側の『仏祖統紀』になると、知礼の答釈を読み「信（源信）大いにその説に服し、西に向いて礼謝す」と記し、源信を知礼の弟子の一人に数えている。西岡虎之助氏もいうように、ともに自国ないし自国人をよく見ようとする偏見の所産だが、さらに源信の問目《もんもく》と知礼の答釈の内容の当否をめぐっては、古来議論かまびすしい。

問目と答釈
の内容

二十七条におよぶ問目と答釈の内容については、その一々をあげるのはわずらわしいので、安藤俊雄氏の「恵心僧都と四明知礼」（前掲）や大野達之助氏の「源信の天台宗疑義二十七条の抄釈」（『日本歴史』一九〇）にゆずるが、問目には天台学の根本にかかわるものが

あるとはいえ、多くは経論解釈上の疑問で、『婆娑論《ばしゃろん》』や『倶舎論』に関する問目もある。またこれに対する知礼の答釈は、山家の正風《しょうふう》を伝え注目すべき部分も少なくないが、安藤氏が評するように、日本天台の精緻な見解に比すれば単調にすぎる面のあることは否定できず、第二十二問や第二十七問に対しては、宋国では典籍が散逸してしまったという理由で解答を保留している。

安海、三種の釈を作る

すでに寂照に託して問目を送る際、良源門下で源信に兄事《けいじ》したこともある安海（一三七頁参照）は、「これらの膚義《ふぎ》、あに遠問すべけんや」と、上中下三通りの釈を作り、宋国の答釈はわが三種の釈を出でざるべしと豪語したという。知礼の答釈が届いたとき安海は他界していたが、はたして答釈の多くは安海が示した中下の釈であった。遺弟たちは安海の墓前で知礼の答釈と安海の釈を読みあげ、時の人は「海の骨、光を放つ」と、安海の遺芳を讃えた（『元亨釈書』）。

問目に対する後世の評価

後世になると、華厳宗の鳳潭《ほうたん》（僧濬《そうしゅん》）は、『十不二門《じっぷにもん》指要鈔《しようしょう》詳解《しょうげ》選翼《せんよく》』において源信の問目を冷評し、四明中興の時にあたり天台の深義を求める好機を得ながら、婆娑・倶舎の区々たる義を問うとは慚《は》ずべきだと断じ、逆に師蠻《しばん》の『本朝高僧伝』は、異域の学匠を試みようとしたのが源信の真意で、知礼の答釈は多くその意に契《かな》わなかったと評している。ちなみにいえば、この師巒的解釈は以後広く行なわれ、たとえば幸田露伴は「むしろ問を以て教となさうといふのだつたかも知れない」とし、大野達之助氏も、源信がこれらの問目が分らなかったとは考えにくいので、知礼の学殖を試みるため疑問を呈したのではないかと述べている。

この問題を考える場合、すでに安藤氏が指摘しているように、二十七条の問目は決して源信の個人的疑問ではなく、日本天台のなかば公式の手続きによってまとめられたものであることに注意しなければならない。問目では「疑者云わく」とか「近代、疑者云わく」として質問しており、問目が当時の日本天台の公然たる学問上の論題だったことがわかる。さらにいえば、問目の第一問・第四問・第七問などは、もと良源が選んだ論目を基にして立案された『宗要柏原案立《しゅうようかしわばらあんりゅう》』に見えるから（安藤氏前掲論文）、おそらく問目の多くは良源以後隆盛をきわめた天台の公的竪義の場における算題（三七頁参照）に関係するものだったのである。したがってこれら問目は、源信自身が分らなくて知礼に個人的にたずねたのではなく、当時の日本天台の論義の場で解釈の分れていた諸点について、源信が一山を代表する形で天台山家派に裁決を求め、これに対して、当時明州延慶寺《えんけいじ》にあたった知礼が代表して答えたものである。天台教学と直接関係ないかのような婆娑や倶舎の問目があるのも、当時の広学竪義などの実態から考えれば不思議ではない。

中国天台に裁決を仰ぐ慣例

最澄《さいちょう》の入唐求法に始まる日本天台にとって、中国天台は発祥の母胎、いわば本家筋としての別格の権威を有し、学問上の疑問が生じれば中国天台に裁決を仰ぐのが慣例化していた。『日本国天台宗章疏目録』の唐決《とうけつ》の項をみれば、最澄・義真《ぎしん》・円澄《えんちょう》・円仁・徳円・光定《こうじょう》らは、いずれも中国天台の代表的学僧に質疑しており、源信が問目を呈したのも、こうした日本天台の先例・慣習を踏んだものである。山外派の源清に対しては厳しい破文を送った日本天台が、その直後、天台山家派に対し礼を尽して答釈を求めたのは興味深い。知礼の出現によって天台の正風を確立しつつあった当時の山家派の動きに対し、源信はじめ日本天台の学僧たちは、天台の正統を継ぐものとして敬意をはらったのである。

以後の交流

中国側の史料によれば、源信は問目に辟支《へきし》仏の髪を付して送り、また知礼は中国で散逸した『仁王護国般若経疏』を、答釈を送る際源信に求めたというが（『隣交徴書《りんこうちょうしょ》』『四明尊者教行録』六）、日本側の史料は黙しており、実否は定めがたい。また寂照について、源信の弟子紹良《しょうりょう》ら二人の僧が入宋し知礼の高弟広智《こうち》に教えを受けたというが（『四明尊者教行録』四）、詳細は不明である。逆に源信の『倶舎疑問』（『全集』五）の題下には「遺唐疑問、智（知）礼答也」と記されているが、中国側にこの記録はない。しかし源信の問目送付を契機として、日中天台の交流が活発化したのは事実であろう。

知礼と『往生要集』

こうした流れの中で、知礼が源信の浄土教学をどのように受けとめたかは興味のあるところである。安藤俊雄氏は、『楽邦文類《らくほうぶんるい》』四に寂照作の『西方要義』という書物からの引用がみえるが、そこには「楞厳曰く」として『往生要集』大文第一厭離穢土の趣意が引かれているから、寂照はすなわち源信の弟子寂照であり、この書物は彼が入宋後に撰したものだろうと推定している。当然知礼は、こうした寂照との交友を通じて『往生要集』に接したはずである。しかし同じ山家派の遵式がすなおに『往生要集』の書名をあげ関心を示したのに対し（二六五頁参照）、知礼の著書には『往生要集』の影響は認められない。知礼は『往生要集』を読んで大きな驚異と感銘を受けたにちがいないが、ますます純正な天台義を確立して山外派と対決しようとする知礼の立場が『往生要集』の包容的な念仏思想とあい容れなかったのだろうとの安藤氏の結論は示唆《しさ》的である。時を同じくして現われた日中天台の両碩学《せきがく》は、たがいに相手を畏敬しつつもおのれの立場を貫きあったというべきであろうか。

日中間の風雲ただならぬ戦前にあって西岡虎之助氏が、源信と知礼の問答の優劣をあげつらう後世の人々の偏狭な愛国心を駁《ばく》し、「ただこの間に於いて認め得らるる事実としては、学問の前には小なる自己を捨て国境を顧みざる所の、彼我両碩学の真摯なる交あるのみ」と論じたのは至言だが、加えて一千年の昔、蒼波を越えた両国仏教界の交流を支えたものが、「一天の下、一法の中、みな仏弟子」「誹謗のものも讃歎のものも、ともに往生の縁を結ばん」との源信の烈々たる菩薩道実践の情熱、さらには斉隠・行辿・寂照はじめ両国の多くの善友たちの惜しみない協力であったことにも、改めて思いを致すべきである。

日中仏教交流を支えたもの

さて、『往生要集』遣宋以来十数年にわたる源信と中国仏教界の交流のあとを追ってきたが、ここで目を転じ、再び横川における源信の活動をみることとしよう。

第七　鷲峯の旧儀

一　横川の僧都

源信、横川に帰る

永延二年（九八八）正月、『往生要集』を斉隠に託した源信は、『源信僧都伝』が「頭陀斗藪《ずだとそう》いく旬ならずして早くも本山に帰る」と記すように、早々に九州から横川にたち帰り、念仏結社運動実践の日々にもどった。帰山後の源信がまず力をそそいだのは、二十五三昧会の規約のいっそうの整備である。

二十五三昧会規約の整備

さきの『起請八箇条』は、当時横川にあった親友寂心（保胤）の筆をわずらわしたが、この度は寂心が横川を去って諸国行脚《あんぎゃ》の途に出ていたから、源信自身筆をとることとなった。こうして完成したのが、「永延二年六月十五日　首楞厳院源信撰」の奥書を有する『横川首楞厳院二十五三昧起請』、いわゆる『起請十二箇条』で、各条項はつぎのとおりである（『全集』一）。

『起請十二箇条』

一、毎月十五日の夜を以て不断念仏を修すべきこと。
一、毎月十五日の正中《せいちゅう》（正午）以後は念仏し、以前は法華経を講ずべきこと。
一、十五日の夜は、結衆の中、次第に（順番に）仏聖に灯明を供し奉るべきこと。
一、光明真言を以て土砂を加持し、亡者の骸に置くべきこと。
一、結衆は、あいともに永く父母兄弟の思いを成すべきこと。
一、結衆は、発願の後、おのおの三業《さんごう》を護るべきこと。
一、結衆の中に病（人脱か）ある時は、用心を致すべきこと。
一、結衆の中に病人ある時は、結番し、たがいに守護問訊《もんじん》すべきこと。
一、房舎一宇を建立し、往生院と号し、病者を移し置くべきこと。
一、兼ねて勝地を占め、安養廟と名づけ、卒都婆《そとば》一基を建て、まさに一結《いっけつ》の墓所となすべきこと。
一、結衆の中に亡者ある時は、問葬し、念仏すべきこと。
一、起請に随わず懈怠《けたい》を致す人は、衆中より擯出《ひんしゅつ》すべきこと。

この『起請十二箇条』を『起請八箇条』と比較してみると、根本において大きな相違はないが、『起請八箇条』第一条の毎月十五日の念仏行法の規定が第一条から第三条までの三ヵ条に、同じく第四条・第五条の往生院における看病と臨終念仏のあり方の規定が第七条から第九条までの三ヵ条に、また第三条の結衆の心構えの規定が第五条・第十二条の二ヵ条に、それぞれ条項が増えて、より詳しく具体的に述べられている。

聞法と供養の重視

なかでも注目されるのは、聞法の功徳を強調し、毎月十五日の念仏を称える以前に、智徳の高い僧に『法華経』を講説してもらい、結衆はこれを聴聞することと定め、さらに結衆は毎日一人ずつ順番をきめて、十五日の夜、仏前に灯明や供物を捧げて供養することとした点であろう。念仏結社といえども念仏だけでこと足りるのではなく、仏道修行の根本である聞法と供養を怠るべきでないという源信の理念が、『起請八箇条』に比してより明瞭に現われている。それは末法の世に釈迦在世時の説法のさまを現出したとして、「鷲峯《しゅうほう》の旧儀」と讃えられた、後の霊山院《りょうぜんいん》釈迦講（二三二頁参照）へ発展するとみることもできる。

『普賢講作法』

こうした源信の理念は、この一月後の七月二十七日に定めた『普賢講作法《ふげんこうさほう》』（『全集』五）にも色濃く現われている。普賢は、文殊と並ぶ釈迦の脇侍で、文殊の智に対して行《ぎょう》の菩薩とされる。『華厳経』の普賢行願品《ふげんぎょうがんぼん》は十種の行願をあげるが、この「普賢の十願」は、その徳広大で一切菩薩の行願を収めつくすことあたかも海のごとく、「普賢の願海」とよばれる。もし深信の心をもってこの大願を受持読誦する人あれば、その人は、命終るとき一刹那のうちに極楽世界に往生できるという。源信は、すでに『往生要集』で普賢の十願をあげ、その徳行は思いはかることもできないほどだとし、また『六時《ろくじ》和讃《わさん》』(二一五頁参照)でも普賢の行を讃えているが、『普賢講作法』は、この普賢行願品を講ずる作法を示したもので、おそらく二十五三昧会結衆に普賢の行願を修するよう勧める目的と思われる。

『普賢講作法』は、まず十種の行願の各条を讃述し、ついで行願を修す功徳により命終るとき極楽に往生することを願うが、最後に、

いま普賢菩薩に結縁して、普賢の行願を修習するは、これすなわち釈尊の遺教に値《あ》うに由《よ》る。すなわち知る、釈迦如来の恩徳広大無量なり。億劫にも、たれかよく報ぜん。(中略)大衆、一心に釈迦如来を礼拝恭敬せよ。

と釈迦の名号を称え讃えて終る。源信の浄土信仰が、あくまで大乗菩薩道実践の自覚の上にあったことはたびたびのべたが、その「菩薩の願・行を円満して、自在に一切衆生を利益せん」(二〇六頁参照)という精神が、一切菩薩の行願を収め尽す普賢、さらに究極的には大乗仏教の根源ともいうべき釈迦の信仰へと展開していったのである。

それゆえ、この時期の源信の宗教活動は、必ずしも念仏結社の枠にとらわれず、広く横川における大乗仏教の精神の高揚を志向する面が強い。

首楞厳院新塔完成

この年十月十七日、横川首楞厳院の堂塔が新造完成した。横川に草庵を結んだ円仁（二九頁参照）が『法華経』一部を写し小塔に入れ堂に安置したのが首楞厳院（根本如法堂）の起源で、横川仏教の原点というべき堂塔である。『門葉記《もんようき》』に収める「新造堂塔記」によれば、康保元年（九六四）に座主に就任した鎮朝《ちんちょう》が修理して以来顧みられることなく、年月とともにこの聖跡が破損して行くのを悲しんだ源信は、摂津守大江為基《ためもと》（六七頁参照）に助力を請い、修造したのである。すなわち、二重の壇を築いて、壇上に白蓮華《びゃくれんげ》を置き、蓮華の上に為基新写の千部の『法華経』を収めた新塔を建て、その後に旧塔を配した。二つの塔の間に釈迦と多宝（釈迦が『法華経』を説いたとき出現し、釈迦の説法が真実であることを証明した過去仏）の二仏の像を、さらに塔を囲むように、普賢・文殊・観音・弥勒の四菩薩の像を安置した。このうち観音像は旧来の像を用い、普賢像は明禅《みょうぜん》（善か）、弥勒像は厳久と聖全《しょうぜん》、その他の像は源信が新造した。ここに堂塔は旧観を一新し、座主尋禅も、故実によって堂塔にみだりに人の入るのを禁じて、永く堂塔の保全を図ることとした。源信らの願うところは、

源信らの願い

この功徳をもって、まず華報《けほう》を極楽に開き、実果を寂光《じゃっこう》（常寂光土。天台でいう法身《ほっしん》仏の住む浄土）に拾い、ないし末代の衆生、一花一香を以て供養するもの、一音一偈を以て讃嘆するもの、ただ一手を挙げ、あるいはまた小低頭するもの、是の如き等の輩をして、みな仏道を成ぜしめんことを。（中略）我等の弘願をして、大師（円仁）の本懐に住せしめ、重ねて結縁せんと欲す。

横川仏教の原点への復帰

という点であった。大江為基は『天台宗疑問二十七条』をたずさえて入宋した寂照大江定基の兄であり、厳久はすでにたびたびふれたし、明善・聖全とともに二十五三昧会結衆に名を連ねている。源信は、これら有縁の人々によびかけ、横川の聖跡の復旧に尽力したのであり、願文の結語によれば、これによって一同の願いをかつての円仁の本懐に結縁せしめる、すなわち円仁の横川草創の精神に復帰することをめざしたのであった。こうした横川仏教の原点への復帰志向は、もちろん源信の大乗菩薩道実践の精神に支えられたものだが、当時の叡山の現実を背景としてみると、ことに意味深いものがある。

尋禅、座主を辞し、山上混乱

『往生要集』完成の寛和元年（九八五）、座主良源が没し、尋禅が後をおそったことはすでに述べた。わずか四十三歳の権門座主の出現は、すでに良源の下で顕実化していた円仁系・円珍系門徒の対立を、一層促進させる結果となった。尋禅は山内宥和の有効な策を見出せぬまま健康も悪化し、永祚元年（九八九）九月八日、突然上表《じょうひょう》して座主職を辞した。朝廷はこれを許さなかったが、尋禅は印鎰《いんやく》（座主の職印と宝蔵のかぎ）を延暦寺三綱《さんごう》に付して座主の職務に従わず、飯室谷に籠居《ろうきょ》してしまい、山上は混迷の度を深めた。九月二十九日になって朝廷は、天台宗の僧としては僧綱の筆頭であった七十五歳の大僧都余慶を尋禅の替りとしたが、余慶が円珍系でしかも法性寺座主に任じられた際のいきさつから（五九頁参照）、円仁系門徒が反対し、不満の山僧数百人は宣命を奪い取り勅使を追い帰した。十月二十九日、朝廷は円仁の廟前で、さわぎを起した山僧を「獅子身中の虫」と指弾《しだん》する宣《せん》命《みょう》を読みあげたという（『日本紀略』『元亨釈書』『延暦寺護国縁起』『寺門高僧記』）。

山僧、余慶の座主就任を妨害

　結局、余慶は、寺務を行なおうにも授戒灌頂《じゅかいかんじょう》を行なおうにも、山僧の妨害にあって座主の職務をなにひとつ果せぬまま、在任三ヵ月で辞任した。朝廷は、円仁系の慈念僧正延昌の弟子である陽生を座主に任じたが一年たらずで辞退したので、良源の弟子暹賀《せんが》を座主としたことから、今度は円珍系門徒が反撥した。正暦四年（九九三）、余慶の弟子成算が円仁の聖跡赤山禅院《せきさんぜんいん》を荒し、円仁系門徒は千手院はじめ円珍系の四十余房を破壊してこれに報いた。余慶の下山（六〇頁参照）以後、なお山内に残っていた円珍系門徒もここにすべて叡山を去って園城寺《おんじょうじ》に結集し、天台教団は山門・寺門の分裂抗争の時代に入るので

山門寺門の分裂と源信の態度

ある（『日本紀略』『華頂要略』『寺門伝記補録』）。

師良源の下での栄達を捨てて浄土の道を求めた源信にとって、こうした山内両派の確執は、うとましい限りであったろう。二十五三昧会の起請文では、結衆はたがいに「父母兄弟の思い」をなし、「同行《どうぎょう》」とよび、会の運営やとりきめは「衆議」「僉議」によることとしている。いわば一種の同朋教団をめざすものであり、遡ればそれは円仁の精神、横川仏教の伝統であるとは、しばしば指摘されるところである（宮崎圓遵「二十五三昧式並びに同起請について」日本仏教宗史論集『伝教大師と天台宗』、堀大慈「横川仏教の研究」日本名僧論集『源信』）。『二十五三昧起請』にもられた同朋主義、首楞厳院新造の願文に記された「大師の本懐」への復帰の願いは、心ある人がみれば、良源没後ますます深まる山内の派閥抗争への無言の批判となるであろう。しかし往々説かれるように、源信を中心とする二十五三昧会を、横川の伝統を否定する尋禅一派に激しい憤りをもって対抗した運動とまで評価するのは、いかがであろうか。かつて源信は、兄弟子増賀のような批判的言動を示すことなく師良源の下から身を引いたが、座主尋禅に対しても、終始表立った批判的言動はみられない。自らを律するに厳しく他を批判するを好まなかった源信の人柄がうかがえる。源信が尋禅の権門的側面と一線を画していたのは疑いないが、その一方で二人の

源信と尋禅の交友

尋禅、四季講料田の管理を源信に託す

間に、進む道は異なっても良源門下の兄弟弟子――「同法《どうほう》」としての交友があったことは否定できない事実である。

源信が中心となって首楞厳院の堂塔を新造した際、尋禅がその将来にわたる保全に座主として協力したことはすでにのべたが、逆に隠遁した尋禅が没後の四季講の運営を源信にゆだねると、源信はこれに誠実に応えている。永祚元年(九八九)九月、座主職を辞して飯室谷に隠遁した尋禅は、すでに健康をそこなっていたらしい。翌正暦元年(九九〇)正月二十六日の奏状で、幼き日に出家し多年山に住み朝廷に奉公するうち霧露《むろ》に侵され、この地で病を養っている旨を述べるとともに、自房妙香院《みようこういん》を御願寺《ごがんじ》とすることを願った。二月十四日、尋禅の願いを許す官符が下ったが、すでに死期近きを覚《さと》った尋禅は、この前日、所領その他の処置をこまかく遺言した(『門葉記《もんようき》』)。その中で尋禅は、師良源が勧学のため設けた四季講(三九頁参照)につき、学頭はじめ諸衆が懈怠《けたい》なく興隆の志をとげるよう命ずるとともに、四季講永続のための費用として志賀郡に伝領していた八町の田の地子四十斛《こく》をあて、その管理運営は「源信同法(同じ師について仏法を修行した仲間)」にゆだねるとし、四季講を「師跡を興隆せんがため」良源旧房の定心房《じようしんぼう》で行なうよう定めた。

病床の尋禅にとって最後の気がかりは、四季講の行く末だったのだろう。良源が勧学のため始め、「一門の面目、もっとも斯《ここ》にあり」とまでいわれた四季講をこのまま衰退させては亡き師に申しわけない。四季講を一歳年長の「同法」源信に託した尋禅は、その四日後の二月十七日、四十八歳の若さで没した。落莫《らくばく》病床に伏すかつての権門座主の最後の願いを源信がどのような感慨をもって聞いたかうかがうすべはないが、源信は尋禅の遺言に誠実に応えて、終生、定心房四季講の興隆に尽した。『源信僧都伝』は、

源信、四季講の興隆に尽力

> また定心房の弥勒像の前に就《おも》むきて、毎年大乗〔の経典〕を講演す。春は涅槃《ねはん》、夏は花厳《けごん》、秋は法花《ほっけ》、冬は大集《だいじつ》などの経なり。院中の学徒、才智弁論、抜群の者を抽《ぬ》きて講匠・聴衆とす。またこれを四季講と号す。みなこれ僧都はじめて置くところの善事なり。

と記している。源信が四季講を創設したような表現は誤りだが、源信の努力によって四季講が、横川における学問興隆の中心的役割としての、かつての活力をとりもどしたことがうかがえよう。

前述のように、この翌年の正暦二年（九九一）九月、『往生要集』を讃える行辿の書状が楊仁紹を介して源信のもとに届き、以後、『天台宗疑問二十七条』を寂照に託して知礼に送った長保五年（一〇〇三）ころまでの十余年間、記録に残る源信の活動の中心は、中国仏教界

『枕双紙』
『尊勝要文』
『大乗対倶舎抄』を著す

との交流に関するものとなる。そうした華々しい対外活動の一方で、源信は、二十五三昧会・四季講などの講会や著述活動もたゆみなく続けていた。長保三年（一〇〇一）三月の奥書がある『枕双紙《まくらそうし》』（『全集』三）は、後世の本覚《ほんがく》思想による偽書の可能性が強いが、正暦五年（九九四）六月には、『尊勝要文《そんしょうようもん》』を撰している（『全集』五）。尊勝陀羅尼《そんしょうだらに》は、滅罪生善の利益絶大な陀羅尼として、二十五三昧会で念仏とともに行なわれた光明真言と並称され、当時の浄土教で広く信奉されていた。『尊勝要文』は、修行の方法、受持読誦の功徳、聴聞の勝利、疎遠の因縁の利益、の四つに分け、仏陀波利《ぶっだはり》訳『仏頂《ぶっちょう》尊勝陀羅尼経』はじめ関連経疏《しょ》の要文を引用し、尊勝陀羅尼の功徳を説く。長和《ちょうわ》二年（一〇一三）正月の源信の願文に、「生前に修するところの行法」の一つとして「尊勝陀羅尼三十万遍」とあり、『過去帳』源信伝が「久しく千手陀羅尼《せんじゅだらに》を持し後に尊勝陀羅尼を加う。滅罪の計はただこれにおいてすと云々」と記すのと符合する。

『尊勝要文』は、こうした源信自身の尊勝陀羅尼信仰と、念仏と並んで真言陀羅尼の功徳を重視する当時の浄土教の欲求に応え、先の『普賢講作法』のように二十五三昧会で実践する必要もあって編まれたと思われるが、純粋に学問的な大著として、『大乗対倶《だいじょうたいく》舎抄《しゃしょう》』十四巻を逸することはできない。同書の序文で、源信はつぎのように述べている

(『全集』四)。

倶舎論《くしゃ》とは、三蔵《さんぞう》の玄旨《げんし》にして六足《ろくそく》の明鑒《めいかん》なり。三千軸の中に、諸法の体用、凡聖《ぼんしょう》の因果を尽せり。月支《がっし》（月氏、インドの意）に呼びて聡明の論となすは、良《まこと》に以《ゆえ》あるか。予、大乗の論に此のごとき者無きを以て恨となすこと尚《ひさ》し。瑜伽《ゆが》論は、巻軸多く文義広し。殆《ほとん》ど管見の究むる所に非ず。唯識《ゆいしき》論は、名目略して理趣奥《ふか》し。また膚受《ふじゅ》の覃《およ》ぶ所に非ず。故に今、一両の同志の者と、大乗の論文を採《と》りて、倶舎の本頌に対して、品《ほん》を次て義を弁じ、同《どう》を顕し異を示す。始て十四箇巻を得たり。その初の十二巻は、大小共許《ぐうご》の法門、後の二巻は、純大乗の法を明にす。本頌六百行、対し得る所は五百余行なり。その未だ対せざるは、請う、後賢を待たん。時に寛弘乙巳《おっし》の歳八月十九日、天台沙門源信。

その内容

五世紀に世親（ヴァスバンドゥ）が著した『倶舎論』は、説一切有部《せついっさいうぶ》アビダルマ思想を説く小乗仏教の書物だが、多くの仏教術語に明快な定義を与えたものだったから、インド・中国・日本を問わず仏教教義の基礎学の教科書として重んじられ、多くの注釈書や研究書も作られた。源信は、これに匹敵する大乗仏教の立場からの法相《ほうそう》（教義上の分別）綱要書がないのを残念に思い、本書を撰述したのである。すなわち巻一から巻十二までは、『倶舎論』六百頌《じゅ》のうち、界品《かいほん》から定品《じょうほん》までの五百余頌の法相に、それぞれ対配すべき大乗経論の文を「対して曰く」として集成している。巻十三・十四は、「分別大乗要義」として、大乗仏教の要義要行を述べ、念仏観行《かんぎょう》の法門によって極楽に往生し、還って弥勒の法会を聴聞し、無辺《むへん》の法門に入らんことを願って終る。大乗仏教、ことに唯識法相の南都教学に対し天台教学の立場から、仏教学概論を学習研究者に提供しようという、まことに壮大な労作で、本書をひもとくものは、源信の博学に圧倒されるであろう。かれがつねづね「倶舎・因明は穢土において極め……」と倶舎学について自負の言葉をもらしていたのも、うなずける（五〇頁参照）。

本書は講説の副産物か

序文によれば本書の完成は寛弘二年（一〇〇五）八月だが、これほどの大著は、協力者があったにしても、これ以前にかなり長期の集成期間があったと考えるべきだろう。おそらく本書は、その性格からみて、四季講その他、横川の学生たちを対象とする源信の多年にわたる講説の副産物として生まれたのである。大乗の立場からの仏教学体系化は、もちろん後進《こうしん》育成の上で必要だったのだろうが、極楽往生の願いを堅持しつつも、さらに遡って大乗仏教の本質に目を向けようとする、この時期の源信の関心と表裏の関係にある。

天台三大部の書写講演

こうした関心に支えられた、この時期の横川における源信の活動で問題となるのは、天台三大部の書写講演である。延宝二年開板の天台三大部は、「右この三大部は、恵心僧都の御正本を以て書写し奉るものなり。御本の裏書、斯《かく》のごとし。時に大治《たいじ》二年（一一二七）丁未八月二十四日、天台末学の比丘、鶴林坊性快《かくりんぼうしょうかい》これを書す」として、つぎのような源信裏書をのせる（『全集』二）。

> 謹みて、玄義《げんぎ》・文句《もんぐ》・止観《しかん》、並に釈籤《しゃくせん》・疏記《しょき》・輔行《ぶぎょう》、おのおの全部を奉写し畢ぬ。時に正暦元年（九九〇）庚寅《こういん》四月八日なり。その後、予は三拾三歳を以て請を受け、長徳二暦（九九六）丙申《へいしん》の孟秋《もうしゅう》の季旬より、同三年丁酉《ていゆう》六月四日に至り、妙玄《みょうげん》（玄義をさす）の奥旨を講演せしめ畢《おわん》ぬ。かつまた三十五歳にして、長徳四年戊戌《ぼじゅつ》二月中旬より、長保元年（九九九）三月十五日に至り、法華文句を講釈し畢ぬ。また三十九歳、長保四年壬《じん》寅《いん》二月八日より、寛弘元年（一〇〇四）甲辰四月八日に至り、円頓《えんどん》（止観をさす）の奥義を講宣し畢ぬ。天台沙門源信。

天台三大部とは、天台大師智顗《ちぎ》の『法華玄義』『法華文句』『摩訶止観』の三部で、天台教学の根幹をなす書である。この裏書を信ずれば、この時期、源信は三大部と関連注疏の書写についで、九年間を費やし三大部の講演を行なったことになる。しかしこの裏

三大部裏書は偽作か

『天台円宗三大部鉤名目』『三大部略頌』

書は、年紀と源信の年齢が一致せず（たとえば長徳二年は三十三歳ではなく五十五歳）、また寛弘元年四月、正暦元年四月などは、改元の月からみてあり得ない。恵心点《えしんてん》（源信訓点）と称するこの三大部の価値を高めるための後世の偽作と思われる。

けれどもこの他にも、検討の余地ありとはいえ源信の名を冠するものとして、三大部を読破した際のメモである『天台円宗三大部鉤名目《てんだいえんじゆうさんだいぶつりみようもく》』三巻（『全集』二）や三大部の大綱を示した『三大部略頌《さんだいぶりやくじゆ》』（同。源信の名を冠するのは止観だけで、玄義・文句は覚超作）などが伝えられており、源信が三大部の講読を行なった可能性自体は否定するにあたるまい。この時期、横川仏教の原点への復帰を志向する源信が、四季講の復興、倶舎や三大部の講説を通じ、横川の後進の学徒に大乗仏教・天台教学の根本精神を伝えようと努力したのは興味深いところであり、それが中国仏教界との学問交流へも連なったとみるべきだろう。

いまや源信は、横川はもとより、天台一山の教学の主導的役割を荷うこととなった。『法華験記』が「天台宗の仏法、この時に臨みて誠に盛なり」と讃え、師錬が『元亨釈書』において、「台嶺の教法、この時、盛と為り、笈《きゆう》を負い、業を承る者多し」と記したのも過褒ではない。

天台一山における名声に加えて、源信のもとにあいついで伝えられる中国仏教界の讃

貴族たちの源信帰依

辞は、貴族たちの源信への畏敬の念を高めるに十分だった。『源信僧都伝』は、周文徳の書状に続けて、「在朝の公卿大夫、顕密の禅侶、この書状を披閲し、以後、僧都の徳行を欽仰せざるなし」と記している。しかし源信は、世俗の名声におぼれることはなかった。かつての母の訓戒、師良源の下を去った初心を貫いたのである。『往生要集』大文第九に、

大象《ぞう》の窓を出づるに、ついに一尾のために碍《さ》えられ、行人の家を出づるに、ついに名利のために縛らるると。すなわち知んぬ、出離の最後の怨《あだ》は、名利より大なるものなきを。

と記したのは、自分自身に対するいましめでもあったろう。

内裏仁王会に召さる

源信は、『往生要集』遣宋の後、天皇護持の内供奉十禅師に任じられたが(四四頁参照)、あえて出仕することはなかった。しかし度重《たびかさ》なる朝廷の召しを無下に拒めなかったらしく、長保三年(一〇〇一)三月の内裏仁王会《にんのうえ》に、六十歳にして初めて出席した。藤原行成《ゆきなり》は『権記』の同年三月十日条に、

この日、内供奉源信・覚運ら、法橋上人位《ほっきょうしょうにんい》に叙すべし。件の人ら、年来の宿願ありて、すべて出仕せず。御願《ごがん》(天皇の願い)やんごとなく、綸旨《りんじ》慇懃なるにより、よっ

て今日ともに参入すと。その情を励まさんがため、並にこの恩（叙位）あるなり。

と記している。朝廷では、これまで出仕することのなかった源信と覚運の参内《さんだい》を喜び、律師相当位の法橋上人位に叙して報いようとしたのである。源信と親交あり、後に源信の恵心流に対し檀那《だんな》流の祖とされる覚運は、これを境に左大臣藤原道長に接近し、宮中にも出入りするようになるが、源信は二度と宮中の講会に出仕しなかった。

法橋上人位に叙さる

広学竪義探題博士となる

厳久、源信を法印大和尚位に任じられんことを願う

『天台宗疑問二十七条』を知礼に送った翌年の寛弘元年（一〇〇四）、六十三歳の源信に、天台学僧最高の栄誉というべき六月会広学竪義の探題博士に任ずる宣旨が下った。三十年の昔、源信は探題博士禅芸を前に及科の芳名をあげたが、この度は探題の座について竪義に臨む――源信としても感慨深いものがあったろう。ところが源信を探題博士に任ずる宣旨が下ると、源信の多年の朋友厳久は、自分の大僧都の職を返上し、その替として源信を法印大和尚位に任じられんことを願い出た。『源信僧都伝』は、このときの厳久の奏状を収めている。

〔寛弘元年〕春二月、大僧都厳久、以聞《いぶん》（臣下が天子に上書すること）して所帯の職を返上し、源信を以て法印大和尚位に補されんことを請うるの状に曰く。

源信は、方袍《ほうほう》（僧侶）の領袖、円輪の輗軏《げいけつ》（天台円教の要《かなめ》の意）なり。蓮台を期して仏を

念じ、ただに無上菩提の果を求む。山門を閉して人を謝し、班次《はんじ》在下（位の低いこと）の愁《うれい》を屑《いさぎよし》とせず。厳久この末愚の身を以て、その青眼《せいがん》の室に入る（親交を得る）。松火の余光は早く暗陋《あんろう》の心を照し、荊渓（天台六祖荊渓湛然《けいけいたんねん》。天台教学を中興し、また唐朝三度招けど赴かずという）の遺沢は永く塵労の頂に灌《そそ》ぐ。凡《およ》そ厥《そ》れ恩徳の及ぶ所、すでに報謝の道無きに迷う。これにおいて源信の位は纔《わず》かに法橋の卑賤に於《おい》てし、厳久の職はすでに僧都の広大に登る。これ朝選の抛忘《きぼう》（忘れ棄て去る）と知るといえども、偏えに〔源信の〕夙慮《しゃくりょ》（かねてからの思い）の退譲（人に譲る）による。しかれども、なお師資の道、心魂無聊《ぶりょう》なり。いかにいわんや源信は隠遁の中に、なお六月会の探題の宣旨を蒙り、厳久またその会の聴衆となる。おのおの分職を守り、その役に従うべし。〔もし厳久が〕避けて〔源信の〕下塵《かじん》を拝さんとせば、すなわち王法置次の階あり。忍んで上《じょう》首《しゅ》に加わらんとせば、また仏教尊師の禁を恐る。胡尾《こび》（首と尾、前後）歩《ほ》を失い、越椁《えっき》（悸）心《しん》に従《したが》う（恐れで胸がどきどきする）。望み請うらくは、天恩、偶《たま》たま件《くだん》の職を停め、幸いに彼の位を加えらるれば、公門（朝廷）は永く褒徳（徳あるものを褒める）の化を垂れ、私庵（厳久）はまた譲賢（賢者に道を譲る）の名を貽《のこ》さん。悃款《こんかん》（真心）の至りに堪えず。

すべて対句で構成された美文だが、厳久の真情がにじみ出ている。時に厳久は源信より二歳年下の六十一歳。花山法皇退位事件の黒幕とされ、権門にとり入り名利を求める僧として顰蹙《ひんしゆく》を買ったこともあるが（一三一頁参照）、広学竪義に際し源信に因明を教示されて以来（四七頁参照）、つねに源信をうやまい兄事した。性格の相違が、かえって気がねないつきあいを可能にしたのか、二人の友情は終生変らなかった。この奏状にしても、厳久の真情の表われとして、すなおにとってよいだろう。

源信を権少僧都に任ず

奏状によれば、厳久の素意は、源信を大僧都の自分より上位の僧正の相当位である法印大和尚位に任じられるよう願うものだったが、同年五月二十四日の僧綱召では、権大僧都厳久の任を停め、源信を権少僧都に任じる宣旨が下った（『朝野群載』十一、『御堂関白記《みどうかんぱくき》』。『僧綱補任』は五月二十七日とする）。この出来事は、左大臣藤原道長が源信に注目するきっかけとなったらしい。道長は、日記に厳久の辞任、源信の権少僧都任命を記すとともに、

藤原道長、源信に使を遣わす

翌六月二十二日、物忌《ものいみ》のため長谷《ながたに》の解脱寺《げだつじ》に夫人とともに詣でた際、使を源信のもとに遣わし、二十六日にも「悩む所あるによりて」再度使を送った（『御堂関白記』）。この年六月から七月にかけて道長は病苦に悩む日が多かったから、源信に期待したのは来世の浄土よりも除病の祈禱だったのかもしれない。いずれにせよ、この前後、道長と親交を深め

ていた覚運のように参入することを求めたのだろうが、もとより源信に、道長の門をくぐる気持はなかった。

道長、『往生要集』の新写本作成を依頼

しかし道長の源信への関心と帰依の念は、その後ますます深まったようである。翌寛弘二年九月には、手持ちの『往生要集』をもとにして新しい写本を、能筆家の藤原行成に作成してもらっている（『権記』）。おそらく前年の遺使の後、道長は『往生要集』に親しむようになり、座右の書としていたのであろう。こうした道長夫妻の『往生要集』への傾倒が、後に倫子《りんし》の霊山院釈迦講参加や道長の法成寺《ほうじょうじ》阿弥陀堂建立につらなるのである。

源信、権少僧都を辞す

旧友厳久の懇請もだしがたく一旦は権少僧都の宣旨を受けたとはいえ、源信の心情として、永くその地位にとどまることはたえられなかったのであろう。寛弘二年（一〇〇五）十二月六日、任にあることわずか一年半で源信は権少僧都を辞任した（『僧綱補任』）。『源信僧都伝』は権少僧都任命につづけて、「明年（寛弘二年）状を修して固辞し、その職に従わず。山谷に隠居して、偏《ひと》えに浄土の業を修す」と記しており、名利を断って横川に籠った老僧源信の毅然《きぜん》たる姿を髣髴《ほうふつ》させる。以後、源信は、あらゆる地位や栄誉と無縁の生

恵心僧都

涯を送ったが、人々はかえって源信を尊び、その居所にちなんで恵心僧都《えしんそうず》とよんだ。

横川の僧都

今井源衛氏の考証によれば、紫式部が『源氏物語』宇治十帖を書いたのは、源信六十九歳にあたる寛弘七年（一〇一〇）ころというが（人物叢書『紫式部』）、そこには、「朝廷の召にだに従はず」横川に深く籠る、「なにがしの僧都とかいひて、いと尊き人」が登場する。「齢六十に余る今となっては世間の非難も苦しくない」と身投げした浮舟のために祈る、毅然たる宗教的信念と深い慈愛を兼ねそなえた横川の僧都——それが同時代の人々の共有した権少僧都辞任後の源信のイメージであった。

二　迎講と釈迦講

華台院の迎講

権少僧都を辞した源信が横川に籠って専念した「浄土の業」を代表するものは、華《け》（花）台院《だいいん》の迎講《むかえこう》である。華台院とは、『往生要集』大文第六の臨終行儀に「行者ら……命終らんとする時は、……決定して往生の想、花台（仏菩薩の坐る蓮華の台）の聖衆の来りて迎接《ごうしょう》するの想をなせ」とあるのにちなみ、聖衆の来迎引接の院というほどの意味で、『起請十二箇条』で建立を定めた往生院のよび名である。『源信僧都伝』は権少僧都辞任につづけて、

> 楞厳院の東南に精舎を建立し、金色の丈六弥陀仏を安んじ、これを花台院と号す。すなわちその地勢に就きて来迎行者の講を勤修す。菩薩聖衆は左右に圍遶《いにょう》（繞）し、伎楽供養、歌詠讃嘆すること、すでに年事となる。緇《し》素《そ》貴賤結縁の者は、僉《せん》然として（みなともに）以為《おもえら》く、即身《そくしん》に極楽国に往詣《おうけい》すと。

と記しているが、これについて『法華験記』源信伝は、

> 弥陀迎接の相を構えて、極楽荘厳の儀を顕せり世に迎講と云う。その場に集まるものは、緇素老少より放蕩邪見《ほうとうじゃけん》の輩《ともがら》に至るまで、皆《みな》不覚の涙を流して、往生の業を結び、五体地に投じて、菩提の因を種《う》えたり。

としており、花台院の「来迎行者の講」は一般に「迎講」とよばれ、極楽や弥陀来迎のさまを眼前に髣髴《ほうふつ》させることで、結縁《けちえん》の人々をその身のまま極楽に往詣《おうけい》したかのような思いにひたらせ、仏道に向わせる一大ページェントであったことがわかる。

華台院の位置と建立年次

『源信僧都伝』が楞厳院の東南とする華台院の位置について、比叡山の歴史地理に詳しい景山春樹《かげやまはるき》氏は、現在延暦寺秘宝館が立つ旧恵心院址《し》だろうという（「横川の霊山院と華台院」『比叡山寺』）。比叡山の堂塔について記す『山門堂舎記』の華台院の項をみると、

> 長保三年、恵心院の僧都建立す。恵心僧都、去年五月、弟子厳冬（久）の譲に依りて

権少僧都に補す。今年その職を辞し、密所に隠居し花台院を建立するなり。檜皮葺《ひわだぶき》、丈六阿弥陀三躰を安置す。或る巻にいう、尊（中尊）は妙雲上人《みょううんしょうにん》の建立なり仏師尊儀康尚朝臣ら三人これを造る。小仏（北仏か）は恵心院僧都、迎講のため張《もお》け奉らると云々。南仏は花山法皇の御造立なり仏師朝覚これを造る。

とある。建立の年次についての記述は前後矛盾しているが、『源信僧都伝』と合わせて考えれば、源信が長保三年（一〇〇一）に二十五三昧会結衆の往生院として建立していた建物を、僧都を辞した寛弘二年（一〇〇五）に迎講の場所として整備したととるべきだろうか。なお、中尊の建立者妙雲は、妙空《みょうくう》の誤りである。『廿五三昧結衆過去帳』の妙空の項に、妙空は往生の本意を遂げるため源信の勧めで丈六阿弥陀像の建立を発願したが、完成を見ずに没し、後にその像は花台院の本尊となったとある。『山門堂舎記』は、他の二つの像を北仏・南仏とするから、おそらく華台院は西壁を背に三つの丈六阿弥陀像が並ぶ、堂々たる建物だったのだろう。

迎講のありさま

ここでくりひろげられた迎講とは、源信の弟子能救《のうきゅう》がみた源信往生の霊夢を『過去帳』源信伝が、

路の左右に諸僧陳列す。四童子あり、形服はなはだ美にして左右にあい分れ、僧に

列《なら》んで立つこと、大途《おおよそ》、横川の迎講の儀式に似たり。……西に向って歩み行く。

と記すのを、前の『源信僧都伝』や『法華験記』の記述と合わせみると、童子たちが菩薩聖衆に美しく扮し、音楽・念仏に合わせて西に位置する華台院の阿弥陀像へと人々を導く、来迎行道のパレードだったことがわかる。それは『往生要集』大文第二の欣求《ごんぐ》浄土に、聖衆来迎の楽《らく》として、

弥陀如来、本願を以ての故に、もろもろの菩薩、百千の比丘衆とともに、大光明を放ち、皓然《ごうねん》として目前に在《ま》します。時に大悲観世音、百福荘厳《ひゃくふくしょうごん》の手を申《の》べ、宝蓮の台《うてな》を擎《ささ》げて行者の前に至りたまい、大勢至菩薩は無量の聖衆とともに、同時に讃嘆して手を授け、引接《いんじょう》したまう。この時、行者、目《ま》のあたりに自《みずか》らこれを見て心中に歓喜し、身心安楽なること禅定に入るが如し。まさに知るべし、草菴に目を瞑《と》づる間《とき》は、すなわちこれ蓮台に跏《あなうら》を結ぶ（坐る）程《とき》なり。すなわち弥陀仏の後に従い、菩薩衆の中にありて、一念の頃《きょう》に、西方極楽世界に生るることを得るなり。

と説くところを、そのまま視覚化したのであり、後世の書だが、法然《ほうねん》『四十八巻伝』の作者舜昌《しゅんしょう》の『述懐抄《じゅっかいしょう》』が、華台院迎講のもようを、

西山ノ端ヨリ紫雲《しうん》斜ニ聳《そび》ヘテ、伎楽遥カニ聞ヱ、絲竹《しちく》（管弦）ノ声ヲ諍ヒ、弥陀如来

当麻寺迎講

安詳《あんしょう》（安らかに静かに歩く）トシテ相好光明鮮カニ、二十五菩薩前後ニ囲遶《いにょう》シテ雲ニ袖ヲ翻ヘシ、念仏ノ声ニ随ヒテ草庵ニ近附キ、観音ハ台《うてな》（蓮台）ヲ傾ケ、勢至ハ御手ヲ伸べ、行者ノ頂《いただき》ヲ撫《な》デ給フヲ拝スルニ、貴シト云フモ疎《おろか》也。

と描いているのが、現行の当麻寺の迎講と対比してみても、案外事実を伝えているかもしれない。

華台院の迎講は消滅したが、

当麻寺の練供養

その影響もあって各地に迎講は広まった。現在も全国十四ヵ寺で迎講の行事がみられるというが、なかでも有名なのは、毎年五月十四日、源信の故郷の当麻寺で行なわれる二十五菩薩来迎会《らいごうえ》（練供養《ねりくよう》）である。その次第をみると、面・装束・持物・輪光などで菩薩や天童に扮した人々が、この日だけ極楽堂とよばれる本堂曼荼羅堂に入り、読経法会の後、夕刻、鐘を合図に介添に手を引かれ、仮設された長さ百二十メートルほどの来迎橋を渡って東方の娑婆《しゃば》堂に向う。行列の最後に観音が蓮台を捧げ、勢至は合掌し、普賢は天蓋を持ち、「お練り」とよばれる演劇的所作を行ないながら、娑婆堂に安置された法如《ほうにょ》（中将姫）の像のもとへ来迎するのである。来迎和讃と橋の下の群衆の「南無阿弥陀仏」の声に包まれて行列が堂につくと、勢至は法如像の背後に用意してある中将姫往生の姿になぞらえた小さな阿弥陀像を観音の蓮台の上に乗せ、その像をなでる所作をした上で、行列は観音を先頭に極楽堂へ帰る。その際、以前は本堂内陣の阿弥陀如来像が橋のたもとまで出て、姫を迎える習わしだった（大串純夫《おおぐしすみお》『来迎芸術』、「当麻寺来迎会資料」『当麻町史続編』）。

当麻寺迎講は、古くは擬死《ぎし》再生の儀礼であったのが、浄土教の来迎思想や中将姫伝説の影響で、今日のような往生講型の迎講類似の儀礼となったともいうが（須田勝仁「当麻寺迎講」民衆宗教史叢書『阿弥陀信仰』）、かつての華台院迎講をしのぶよすがとはなるであろう。華台院迎講の行道は、『源信僧都伝』が「すなわちその地勢に就きて」と記すのをみれば、おそらく華台院の西高の地形を利用し、菩薩や聖衆に扮した「形服はなはだ美」な童子たちが介添の僧に手を引かれ左右に列を作り、極楽に擬した華台院の高みから音楽念仏とともに東方娑婆界の結縁の人々のもとへ来迎し、荘厳な落日を背にした西方極楽界＝華台院の阿弥陀像をめざして帰っていったのである。景山春樹氏は、華台院の迎講を、「源信が横川の草庵から、はるか西方の丹波山地に沈む雄大なアーベントロットの荘厳とその華麗さに打たれ、これを対象とする日想観から受けた体験と幻想に基づくもの」としているが、源信は草庵から望む落日に、幼少の日、母と姉に手を引かれ当麻寺へ詣でる道すがら拝した二上山の落日のイメージを重ね描いていたのかもしれない。

華台院迎講の行道

二十五三昧会結衆と結縁の人々が一体となってくりひろげる迎講の演劇的効果を高めるのは、荘厳な落日と並んで荘重な伎楽歌詠である。これ以前に千観が、極楽を讃嘆する『極楽国弥陀和讃《わさん》』を作り、都鄙老少の間に広めたと伝えられるが（『往生極楽記』千観伝）、『法華験記』源信伝が、

迎講と和讃

八塔の倭讃を造り出して、遐邇都鄙《かじとひ》（都と田舎）、貴賤上下、ないし無聞非法（仏の教えを聞かぬ）邪見放逸の、闇朧《あんろう》（心が暗く愚かな人）幼童をして、普《あまね》く一代の聖教《しょうぎょう》を暗誦せ

しめたり。

と記すように、源信も平易な和讃を数多く作り、人々を教化したのである。釈迦一代の教跡を讃えたと思われる『八塔和讃』は散逸したが、源信作と称する和讃は今日少なくない。しかし多屋頼俊《たやらいしゅん》氏の考証によれば、その大部分は真偽のほど疑わしく、源信作と認め得るのは、『栄花《えいが》物語』や『梁塵《りょうじん》秘抄《ひしょう》』に引用されている『極楽六時《ろくじ》讃（六時和讃）』（『全集』一）と『天台大師和讃』（『全集』二）の二編だけという（『和讃史概説』）。もちろんこの二編とて、源信の創作時のままとはいい切れぬが、『六時和讃』晨朝《じんじょう》和讃の最初の部分を、次にかかげてみよう。

源信真作の和讃

『六時和讃』

往生極楽ことばには　云へども心は留らず
自から心地《ここち》に願はしき　ことに思ひをかくべし
臨命終の時いたり　西方界の虚空《こくう》を
はるかに見れば大光雲　山の如くして起るらむ
弥陀如来諸化仏　観音勢至諸薩埵《さった》
無数の賢聖天人衆　光の中に充満《みちみ》てり
ゆふべの影の東《ひんがし》に　漸《やうや》く覆《おほ》ふが如くなり

光雲漸く近づきて　声々《しょうしょう》我を讃め給はむ
つひに引接し給ひて　金《こん》蓮台に坐せしめて
則ち仏後に随従《したが》ひて　安養《あんよう》（極楽）浄土に往生せむ

華台院の迎講でも、現在の当麻の迎講同様、こうした和讃が聖衆の行道の間、楽に合わせて流れたことであろう。結縁の僧俗は、一体となって和讃を詠じ、和讃の文句そのまま、菩薩聖衆の来迎が眼前に刻々と展開するのを見て、即身往生の法悦にひたったのである。

来迎図

迎講の仮装劇としての聖衆来迎を図示すれば、いわゆる来迎図となる。来迎図が源信に始まるとの説は古くから行なわれている。たとえば長承三年（一一三四）ころ完成したと思われる三善為康《みよしためやす》の『後拾遺往生伝《ごしゅういおうじょうでん》』巻中の鎮守府《ちんじゅふ》将軍平維茂《これしげ》（もち）の伝は、つぎのように記している。

源信、平維茂の願いにより迎接曼荼羅を贈る

かの壮年の時より、つねに恵心院僧都源信に謁し、往生の扶持を望む。僧都承諾し、専らその志を存す。しかるの間、漸く暮年に及び、しばしば病気あり。すでに危急に及ぶ。僧都に告げて曰く、比年の約言は臨終の勧進なり。いま正にその時なり。必ず光臨を待たん、てえり。時に僧都、極楽迎接《ごうしょう》（来迎引接）の曼荼羅一鋪を贈りて

報じて云う、年来の約に依り、知識の契り有りと雖も、自他あい障りて投歩《とうほ》すること能わず。ただこの曼荼羅に対して、往生の観を成すべし。およそわが朝の迎接の曼荼羅の流布は此に始まる。時に将軍、歓喜して偏にこの図絵に対し、一心に観念して禅定に入るがごとく寂して終る。

一編の眼目は、殺生を宗とした武将でも源信に帰依し仏道に励んで往生の表懐《そかい》をとげたというもので、類似の趣旨の説話としては、殺生放逸の武士源満仲《みつなか》が源信の導きで出家したという『今昔物語集』(一一〇六年以後成立)の話も有名だ。満仲が出家したのは『尊卑分脈』によれば寛和二年(九八六)だが、その出家に源信がかかわったことを傍証する史料は何もなく、史実とするには問題が多い。源信が維茂に迎接曼荼羅を贈ったという話も初期の源信伝には全く見えず、『今昔物語集』よりさらに後、源信没後百年以上たった『後拾遺往生伝』に初めて現われるのだから、史実か否か、にわかに定めがたい。しかし平安時代の末、十二世紀中ころには、迎接曼荼羅を広めたのは源信だと信じられていたのである。今日、源信筆とされる来迎図としては、織田信長《おだのぶなが》の叡山焼打によって安楽谷から高野山に移った「阿弥陀聖衆《しょうじゅ》来迎図」、正暦五年(九九四)十二月の源信の賛を付す金戒光明寺《こんかいこうみょうじ》の「山越阿弥陀図《やまごしのあみだず》」などが有名だが、美術史家の間では、前者は十二世紀末、後者

伝源信筆来迎図

は十四世紀の作とするのが通説である。言葉を変えれば、源信筆の伝承を有する来迎図は、いずれも来迎図の起源を源信とする通念が成立した後の産物である。

源信、弥陀来迎図を描く

もっとも、来迎図が源信に始まるとする平安末期の通念は、根拠のないことではない。『過去帳』源信伝には、「往年、みずから経文を案じ、弥陀来迎の像を図く。その中に比丘衆多く、菩薩衆少なし」という一節があり、『源信僧都伝』にも、これによった記述がみえる。おそらくこうした初期の源信伝の記述をふまえて、『後拾遺往生伝』維茂伝のような説話が生れ、来迎図の優品が源信に仮託されるようになったのである。

法華寺阿弥陀三尊童子像

『過去帳』源信伝の文からは、来迎図を実際に図画したのが源信自身とは必ずしも断定できないが、経文を案じて来迎図の構想を立てたのが源信だったのは疑いない。その菩薩衆が少なく比丘衆が多い来迎図とは、具体的にはどのようなものであったろうか。現存する阿弥陀来迎図でもっとも古いのは、天喜《てんき》元年（一〇五三）に供養された宇治平等院鳳凰《うじびょうどういんほうおう》堂《どう》の扉絵《とびらえ》だが、これは阿弥陀堂に密着した板絵で、九品来迎《くほんらいごう》を描くものである。独立した掛幅《かけふく》（掛物）の来迎図（迎接図）としてみれば、法華寺《ほっけじ》の阿弥陀三尊童子像を十一世紀末ないし十二世紀の最古の作例と考えるのが従来通説化していた（岡崎譲治《じょうじ》『浄土教画』）。有賀《ありが》祥隆《よしたか》氏は、この絵はもと比丘衆を加えた三幅からなり、正面向きの本尊的構図で上隅に

『往生要集』から引用した『無量寿経』などの要文を記し観想の対象とされたと思われる阿弥陀像を堂の西壁に懸け、これに念仏行者が対面して坐り、行者の右手つまり北壁に、向って右方に進む観音・勢至と持幡童子《じばんどうじ》を懸け、行者の左手つまり南壁に、現存しないが向って左方に進む比丘衆を懸けたのであり、菩薩衆が少なく比丘衆が多いという源信考案の迎接曼荼羅の姿を伝えているのではないかと推論した（奈良国立博物館『浄土曼荼羅』）。しかし最近では、法華寺の来迎図の成立年代を鎌倉初期に引下げ、十一世紀の作とされる浄厳院《じょうごんいん》阿弥陀聖衆来迎図こそ現存最古の掛幅来迎図として源信考案の来迎図の面影を伝えているとの新説が有力になってきている（中野玄三《げんぞう》『来迎図の美術』）。ただその場合、浄厳院来迎図の構図が菩薩衆少なしという『過去帳』源信伝の記述と一致しない点、問題が残るかもしれない。

浄厳院阿弥陀来迎図

源信の念仏思想と来迎図

このように、源信が生前考案した来迎図の具体像については、今後なお慎重に検討する必要があるが、来迎図をはじめとする以後の浄土教芸術の発達が、迎講を生んだ源信の念仏思想と不可分の関係にあることは、大串純夫氏以来の定説である。『往生要集』が、阿弥陀仏の相好・光明を正確に観念することで念仏者が阿弥陀仏と一体となる観想念仏をもって理想としていることは、すでに述べた。こうした観想の成就を容易にするために、源信は「あらゆる物的手段の助けを借りようとする」（石田一良《いちろう》『浄土教美術』）のである。すなわち、観想成就を助けるさまざまの方法を説く『往生要集』大文第五の助念の方法で、念仏者は、花香・供具・灯明で荘厳《しょうごん》した仏像に対し、目を開いては眼前の阿弥陀像を見、目を閉じては心眼にその色相を浮べる訓練をするよう勧め、大文第六の臨終の行儀では、看病人の心得として、西を背にした阿弥陀像を病人の前におき、両者の手を五色の糸でつないで、往生の想、迎接の想を容易にさせるよう説いている。二十五三昧会結衆の往生院（花台院）に丈六の阿弥陀像を安置し、みずから来迎図を考案したのは、こうした『往生要集』所説の当然の帰結であり、以後、貴族社会を中心に隆盛をきわめる平安浄土教美術を源信の宗教体験の具現として、「恵心教美術」の名をもって呼ぶことも不当ではない。石田一良氏はいう。

恵心教美術の表現しようと目指す美は、観者に浄楽を与える聖なる美である。その美しさは、観者の官能を満足させつつ、その感覚的悦楽を浄化して、それを法悦に化する働きをもたねばならぬ。（『浄土教美術』）

華台院の迎講こそは、こうした目的実現のため、源信自身がその宗教体験に即して試みた一大総合芸術であり、結縁の「放蕩邪見の輩」をも法悦の涙にひたらせたと伝えられるように、美事な成功を収めたのであった。

迎講を支えるもの

ところで、群参結縁する人々に浄土の教えを平易に説く開放的な迎講を根底で支えたものが、自利のために浄土を求めず、すべての人々を利益し、すべての人々を浄土に導こうと願う菩提心——大乗菩薩道実践の精神であったことはいうまでもない。しかも『往生要集』執筆後の源信の関心が、しだいに大乗仏教の本質究明につながる釈迦信仰へと向かっていたことは、すでに述べたとおりである。その意味で、晩年の源信の宗教的実践の性格を考える場合、開放的で華やかな華台院迎講と並んで、厳粛な修道的講会である霊山院釈迦講が行なわれていたことに注目する必要があろう。『源信僧都伝』は華台院迎講に続けて、

霊山院釈迦講

またその南に一区の堂を起し、教主尺（釈）迦大師の尊容を安置して、毎朝、漱盥《そうさん》（洗面）の具を供え、湌飯《さんはん》（食事）の饌《せん》を羞《すす》む。舎利弗《しゃりほつ》ら十大弟子を四面の粉壁に図画し、恭敬囲繞《いにょう》す。なんぞ鷲峯《しゅうほう》の旧儀に異ならんや。すなわちこの堂において、毎月晦《かい》日《じつ》、法花経を講じ、義理を談論す。院（首楞厳院）内、これを霊山の尺迦講と号す。

鷲峯の旧儀に異ならず

と記しており、『山門堂舎記』は、

霊山院　檜皮葺堂一宇　等身釈迦如来像一体を安置し奉る仏師康尚の作なり。　右は恵心僧都

霊山院址の石造宝塔笠石

の建立する所、正暦年中か。仏像は恵心僧都の願、僧賢祐《けんゆう》をして知識を唱えしめ、建立するところなり。恵心伝に云う……

として、先の『源信僧都伝』の文を引用している。霊山院の名が、釈迦像を本尊とし、毎月晦日《みそか》に源信の『法華経』講説を中心とする釈迦講を行なうところから、在世時の釈迦が『法華経』を講説したという霊鷲山《りょうじゅせん》にちなんで名づけられたことは明らかである。

霊山院の位置

『源信僧都伝』が華台院の南とする霊山院の正確な位置は不明だが、源信墓の前から行者道を三石《みついし》岳の方角へ進む一帯は、いつのころからか「霊山《りょうぜん》」とよばれ、回峰行者は、路傍の石仏群在の位置から「霊山の釈迦を拝む」のを常としてきた。昭和五十二年、附近で滋賀医科大学の解剖屍体供養塔建立の工事中、木の根方に引っかかった一辺が九十二センチにおよぶ大きな石造宝塔の笠と台座が発見された。近くには石組の残骸らしきものもあり、景山春樹氏は、霊山院はこのあたりに存在したと推定している（滋賀県教育委員会『霊山遺跡発掘調査概要』、景山前掲論文）。霊山院建立の年代について、『山門堂舎記』は「正暦年中（九九〇―九九四）か」と記しているが、憶測の域を出ないであろう。いずれにせよ霊山院釈迦堂の毎日作法や『霊山院式』が定められたのが寛弘四年（一〇〇七）七月であることを考えれば、釈迦講が本格化したのは寛弘四年ころであり、華台院の迎講と霊山院の釈迦講が、権少僧都辞任後の横川における源信の講会活動で、あい並んで行なわれていたことを知るのである。

霊山院過去帳

　坂本の来迎寺には、「霊山院過去帳　恵心僧都御筆」の端裏書《はしうらがき》を有する文書が伝えられている（『大日本史料』二―一。景山前掲論文、堀大慈「二十五三昧会と霊山院釈迦講」前掲）。文書の最初には、寛弘四年七月三日付の五ヵ条からなる「霊山院釈迦堂毎日作法」が記されている。内容は釈迦堂での毎日の供養礼拝その他、結番者の作法を厳重に定めたものである。毎日卯螺《ぼうら》すなわち午前六時の法螺貝《ほらがい》の後に粥《かゆ》や合物《あえもの》、巳螺《しら》すなわち午前十時の法螺貝の後に飯・菜・汁・菓子などを釈迦像に供え、また朝は浄水、夕方には灯明、寒ければ爐《ろ》、暑ければ扇《おうぎ》を用意する。さらに御簾《みす》や堂の扉の開閉、掃除から、朝夕の礼拝の仕方、さては仏前での大声や無駄口、戯《ざ》れごとの禁止など、こと細かく指示し、宿直《とのい》は早朝から翌日の早朝までで、次の結番者に引き継いだ後に退去することと定めている。要するに霊山院釈迦堂では、本尊釈迦像を生身の釈迦に擬し、結番者たちが、かつて在世説法時の釈迦に弟子たちが仕えたと同じように供養する、いわゆる生身供《しょうじんぐ》を日夜行なっていたのである。

生身供

文書はこの「毎日作法」の後に二行ほどあけて、正月一日から十二月三十日まで、毎月を三十日、一年を三百六十日として、日付を上段に並べ、各日付の下に一名ないし四名の僧俗の名を記している。前記の作法によって生身供をつとめた結番者の交名《きょうみょう》であり、堀大慈氏が数えたところでは、僧侶四百二十六名（うち尼僧十二名）、在俗者百二十一名、計五百四十七名におよぶ。東大史料編纂所架蔵の影写本《えいしゃ》でみると、毎日作法の部分と日付部分は同筆だが、人名は能筆から稚拙な書体までさまざまの異筆で記入されており、しかもあちこちに抹消や改筆の跡がある。おそらく年間の結番者の名を、そのつど日付の下に書きこみ、予定が変れば、すり消したり書き加えたりしたのである。月の大

結番者の交名

小や閏《うるう》を無視しているのは不審だが、月日の枠組につきごく大まかな線を引いたと考えるべきだろうか（川崎庸之『源信』）。

源信は毎月晦日に『法華経』を講説した他に、この交名によれば、みずから二月十七日、五月五日、七月十三日、十二月十三日の年四回、釈迦堂生身供の結番をつとめている。また交名には、覚超はじめ十余名の二十五三昧会結衆――おそらく寛弘四年当時横川に在った結衆全員――が名を列ねており、その他、源信の意を体して本尊釈迦像造像の知識を募った賢祐、源信に従って朱仁聡に会い（一七一頁参照）、後に華台院迎講を丹後に伝えたという寛印、『法華験記』の著者鎮源、河原寺の五時講を主催したという仁康《にんこう》、藤原行成の従兄弟で尋禅の嗣となり、後に大僧正に昇った阿闍梨《あじゃり》尋円、太政大臣藤原為光の子の権律師尋光などの名もみえる。二十五三昧会結衆を中心に、源信の理念に共鳴した天台横川の僧侶たちの多くが参加したのである。

僧侶だけでなく、在俗者の結番も少なくないことは前にあげた数字のとおりだが、その中には、一品宮《いっぽんのみや》（資子内親王か）、皇后宮職（清少納言が仕えた藤原定子《ていし》）、左大臣北政所（藤原道長の妻倫子《りんし》）、内大臣家（藤原公季《きんすえ》）ら上流貴族の名が並ぶ。藤原公季は、毎月三十日に結番しているから、晦日に行なわれる源信の『法華経』講説を欠かさず聴聞していたのだろう。その一方では、伊豆掾《じょう》藤原夏影《なつかげ》、西市正《にしのいちのかみ》藤原永理《ながさと》、若狭掾角長頼《すみのながより》、右馬允《うめのじょう》某、大蔵権大輔《おおくらごんのだいふ》藤原義理《よしさと》、内膳典膳《ないぜんぶうぜん》坂田守直《もりなお》など中下級の官人、さては依智秦秋正《おちはたのきよまさ》、同糸《いと》丸《まる》、生江長澄《いくえのながすみ》、秦常真《はたのつねざね》など、在地の名主層らしい名も散見する。

このように僧俗男女身分の上下にかかわりなく、五百余名の人々が一心一体となって日夜を分たぬ釈迦堂生身供《しょうじんぐ》に励んだのは、なに故であろうか。「毎日作法」を定めた十日後、すなわち寛弘四年七月十三日、源信は「毎日作法」の内容をさらに整備した『霊《りょう》山院式《ぜんいんしき》』を制したが（『大日本史料』二—五）、その最初に、

霊鷲山は、これ釈迦如来常住の処なり。（中略）今この宝殿（霊山院）、かの山に庶幾《しょき》（近似）す。この故に、身心清浄にして参入することを得べし。不浄放逸非威儀《ふじょうほういつひいぎ》の人らは、一切来入することを得ず。

と、霊山院釈迦堂の性格と、ここに入る人々の心構えを説き、ついで毎日の供養作法などを各条で定めた後、最後の「素意を披陳して事に従って発願すべきの条」で、つぎのように述べる。

右、仏に向い礼を作《な》し、心念口言せよ。末世辺州（インドから離れた日本）の弟子仮名比《かめい》丘もしくは白衣の弟子某甲《なにがし》、大師釈尊に向って言す。大師在世すること四十余年、すでに有縁を

行辿説では仏滅後千九百九十年

度して早くも無余に皈《かえ》る（入滅した）。その後、日本寛弘四年丁未まで経《ふ》ること一千九百六十三年なり。あるいはまた務（婺）州双林寺の行辿師の説を安（案）ずるに云う、一千九百九十年と云々。以前の条事、大概右の如し。そもそも入息は出息を待たず、出息は入息を待たず（時は止まることがない）。いわんや或は衰邁《すいまい》（老衰）に及び、旦暮《たんぼ》期し難き（朝に夕も知れぬ）においてをや。身心を策励《さくれい》して、放逸すべからず。われら幸いに大師の悲願に依りて、たまたま遺法の弟子と作《な》り、すでに宝山（霊鷲山）に入る。手を空《むなし》うして帰ること莫《なか》れ。

末法到来年次に関する諸説

釈迦入滅後仏法が、正像末《しょうぞうまつ》の三時を経て衰退し、末法の世には教《きょう》のみあって行証《ぎょうしょう》期し難いとする末法思想で、平安時代の末には永承《えいしょう》七年（一〇五二）をもって壬申《じんしん》の歳（紀元前九四九）の釈迦入滅後二千一年目、すなわち末法第一年とする説が支配的となったが、源信当時は、起点となる釈迦入滅の年や計算のちがいからか、さまざまの説があったのである。壬申入滅説に立てば寛弘四年は仏滅後千九百五十六年となるが、同年の「金剛峯寺解案」では千九百四十五年と数えている。『霊山院式』によれば、寛弘四年を仏滅後千九百六十三年とする説が横川で行なわれていたようだが、源信としては正暦二年（九九一）に行辿から

行辿説によれば末法は目前

贈られた経論に記されていたらしい末法到来を目前と考える説（行辿書状に「像末」の語があ

ったことも符合する〈一五一頁参照〉に関心をいだいたと思われる。その数え方によれば、寛弘四年から末法到来まで余すところわずかに十年である。源信らは釈迦像の前で仏滅後の年数を日々唱えることで末法到来の目前にあることを自覚し、自らを励まして、像末の世に釈迦在世時の威儀を再現すべく、生身供を日夜つとめ、『法華経』を毎月講じたのである。

『源信僧都伝』が「なんぞ鷲峯の旧儀に異ならんや」と讃え、『霊山院式』が入堂を「宝山に入る」と記したように、霊山院釈迦堂の内は、釈迦在世説法時の霊鷲山に名実ともに庶幾《しょき》したものでなければならなかった。堂に入る結番衆は正法の世の仏弟子にふさわしく身心清浄であるべきとされ、不浄放逸《ふじょうほういつ》非威儀《ひいぎ》の輩の入堂が拒否されたのも当然であろう。霊山院釈迦堂の結衆は、僧俗男女身分の上下とかかわりなく、釈迦在世時の仏弟子たらんと励む厳粛な集団である。濁世《じょくせ》末代の教主阿弥陀仏の来迎を模し、邪見放逸の

仏教の原点志向

輩の結縁を拒まなかった開放的な華台院迎講の活動を支えたものが、仏教の原点を志向する修道的精神であったところに、大乗菩薩道実践としての源信浄土教の特質をみるべきであろう。こうした、この時期の源信の仏教原点への関心は、大乗仏教の本質を究め

『一乗要決』

ようとする『一乗要決《いちじょうようけつ》』(『全集』二)の著述にも現れている。

霊山院釈迦講が本格化する前年の寛弘三年（一〇〇六）十月に起筆した本書は、『法華験記』が「一乗要決を製《つく》りて、一切衆生皆成仏道《いっさいしゅじょうかいじょうぶつどう》の円意《えんい》を顕し、定性無性不成仏《じょうしょうむしょうふじょうぶつ》の偏執を斥《しりぞ》く」と記すように、古くは中国の法宝・慧沼、わが国の最澄・徳一の論争を経て、師良源の応和の宗論に及ぶ三一権実論争の永い歴史に最後の決着をつけようとするもので、三巻八門、かつて上杉文秀氏が「これによりて一乗真実の法幢《ほうとう》は永く比叡の山嶺に建てられた」（『日本天台史』）と激賞した、源信畢生《ひっせい》の傑作である。

まず大文第一「法華に依りて一乗を立つ」では、『法華経』の十文を引いて問答料簡し、一乗が真実であることを示し、ついで大文第二「余教の二乗作仏《さぶつ》の文を引く」では、『法華経』以外の経論から二乗作仏に関する十九文を拾って示す。作仏とは菩薩が成仏することで、五性《しょう》（姓）のなかの声聞・縁覚二乗（定性二乗）の成仏を認めぬ三乗説（三三頁参照）に対し、『法華経』では二乗と菩薩の区別は本質的でないから二乗も成仏できると説く。これを二乗作仏というが、源信は『法華経』以外にも二乗作仏の文のあることを示し、一切皆成仏の傍証としたのである。さらに大文第三「無余界の廻心《えしん》を弁ず」では、二乗の成仏は廻心の後に歴劫《りゃくごう》（きわめて長期）の修行を要するとする法相の説を、天台の立場から論破し、大文第四「一切衆生有性成仏の文を引く」では、法宝が一乗説の論拠とした六経二論に、さらに十二文を加えて悉有《しつう》仏性《ぶっしょう》の論拠を充実させる。大文第五「定性二乗の永滅の計を斥く」では、定性二乗に関する五性格別説の解釈を破斥し、大文第六「無性有情《むしょううじょう》の執《しゅう》を遮《さえぎ》る」では、やはり五性格別説の無性有情（無種性）は成仏しないという執（こだわり）を論破する。大文第七「仏性の差別を弁ず」では、法相の法爾《ほうに》無漏《むろ》の種子を斥け、仏性には正・了・縁の三因があり、正因は性（先天的）、了・縁因は修（後天的）だが、修性一如《にょ》とする天台宗の三因仏性を明らかにする。最後に大文第八「教の権実《ごんじつ》を弁ず」では、『法華経』こそは一乗真実の経典であると結論し、極楽往生が、かかる悉有仏性一切皆成の一乗教の信解《しんげ》の上にあるべきことを読んだ偈をもって巻を閉じる。

　われ今、一乗の教えを信解す
　願わくは無量寿仏の前に生まれて
　仏の智見に開示悟入せん
　一切の衆生もまた、然らんことを

源信は、本書の意図するところを、序文でつぎのように述べている。

諸乗《しょじょう》の権実《ごんじつ》は、古来の諍《あらそい》なり。倶《とも》に経論に拠りて互に是非を執《しゅう》す。余、寛弘丙午の歳（三年）冬十月、病中に嘆きて曰く、仏法に遇うと雖も、仏意を了《さと》らず、若し終《つい》に手を空しうせば、後悔何ぞ追《およ》ばん。爰《ここ》に経論の文義、賢哲の章疏、或は人をして尋ねしめ、或は自ら思択《ししゃく》す。全く自宗他宗の偏党を捨て、専ら権智《ごんち》実智の深奥《しんのう》を探るに、遂に一乗は真実の理、五乗（人を覚りに到らせる五つの教え）は方便の説なることを得たり。既に今生の蒙を開く、何ぞ夕死《せきし》の恨を遺《のこ》さん。

源信の夢に馬鳴・竜樹・最澄ら現わる

仏門に入って五十余年、ついに法華一乗こそ真実の理との結論に達し、仏道の深奥をいささか究め得たという満足感がよみとれる。このとき、大乗仏教の先達の馬鳴《めみょう》と竜樹《りゅうじゅ》は摩頂《まちょう》（頭をなで）随喜し、叡山の祖最澄は合掌して「我が山の仏法は永く聖人に附属《ふしょく》す」と告げる夢を源信が見たというのも（『法華験記』）、うなずけよう。こうして法華一乗こそ真実の理で、極楽往生はその帰結であるとの確信を得た源信は、翌年から霊山院釈迦講の実践に晩年の情熱を傾注する。『法華経』を講説し像末の世に釈迦在世時の威儀の再現をめざすこの講会は、かかる思想的到達の上に立って、大乗仏教の根幹に迫ろうとする源信の壮大な試みに他ならなかったのである。

第八　苦海の船筏

一　金槍《きんそう》馬麦《めみやく》

源信の故旧、あいついで逝去

霊山院釈迦堂《りょうぜんいんしゃかどう》の毎日作法を定めた寛弘四年（一〇〇七）、源信はすでに六十六歳となっていた。講会と著述に寧日《ねいじつ》ない源信であったが、この前後、初心を語りあうべき故旧はあい次いで蓮台に登り、老僧の身辺、とみに蕭条《しょうじょう》たるをまぬがれなかった。

慶滋保胤没

点鬼簿《てんきぼ》風に綴れば、長保四年（一〇〇二）十月、寂心こと慶滋保胤が、東山《ひがしやま》の如意輪寺《にょいりんじ》で没した。『続本朝往生伝』は長徳三年（九九七）没と記すが、長保四年十二月九日、寂心を受戒の師とする左大臣道長が寂心四十九日の諷誦《ふうじゅ》を修し、寂照がその布施の請文を呈しているから（『本朝文粋』十四）、同年十月二十一日ころの没と考えられる。念仏結縁の喜びを広く世の人々に伝えようとして山を下りた寂心、結社の育成に生涯をささげようと山に留まった源信、寛和二年（九八六）以後、二人はそれぞれの道を歩むようになったとはいえ、その交友が絶えていなかったことは寂照の存在を通じてもうかがえる。盟友の訃に接した源信は、ともに念仏運動実践の理想を語りあった日々に思いをはせたであろう。

増賀・性空没

翌五年（一〇〇三）六月には多武峰の増賀が、寛弘四年（一〇〇七）三月には書写山の性空が没した。増賀も性空も源信の兄弟子にあたるが、良源の俗風をきらってか叡山を去り、清廉《せいれん》な聖としての生涯を貫《つらぬ》いた人物である。苦き日の源信が「多武峰の聖人の様に貴く」なるよう願う母の手紙に感じて栄達の道を捨て山籠りを始めたとの説話の実否はさておき（五六頁参照）、源信は性空に「世々生々わが師とならん」との詩を呈しており、性空の信仰生活が「永く万縁を断ちて山谷に隠居す」る源信の決意にあずかって力あったのは疑いない（六九頁参照）。増賀は八十七歳、性空は九十一歳、ともに天寿を全うしたとはいえ、源信としては新しい道への眼を開かせてくれた心の師をあいついで失い、寂寥《せきりょう》の思いがあったろう。

覚運没

性空と同じ年の十月、檀那院僧都覚運が瘡《かさ》の病で没した。五十五歳の壮年であり、貴族たちは「仏法の棟梁、国家の珍宝」を失ったと悲歎し（『権記』）、僧正を追贈《ついぞう》した。ともに参内した長保三年（一〇〇一）の内裏仁王会以後、覚運には権門への接近の動きがなくもなかったが、良源門下でつねに源信と並称され、源清への破文では『顕要記』の上巻と下

花山法皇没

厳久没

具平親王・源為憲没

源信の母の死についての説話

巻を分けあって書いた仲で、『続往生伝』覚運伝によれば、源信は著作のたびに、覚運に送り訓読を乞うたという。壮年の死といえば、翌寛弘五年二月、花山法皇が腫物《しゅもつ》を病み、わずか四十一歳で没した。厳久に伴われ源信をたずね、二十五三昧会に入会したときの法皇は、最愛の女御《にょうご》忯子《しし》との永訣を悲歎し金輪の位を捨てた十九歳の若者であった。そして、まるであの世でも法皇に扈従《こしょう》しようとするかのように、同じ腫物の病で厳久が同年六月、六十五歳で没した。法皇出家の黒幕とされる人物だが、大僧都の位を返上するなど、兄事する源信への友情にいつわりがあったとは思えない。源信としても、心を許し合える数少ない友であった。その後も、同六年七月には、かつて「心公に贈る古調詩」

を書いた具平《ともひら》親王、同八年八月には、『空也誄』や『三宝絵詞』を書いた勧学会の源為憲など、保胤なきのち往事を語りあうべき人々もつぎつぎと世を去った。

あいつぐ故旧の逝去といえば、源信の母が蓮台に登ったのは、いつのことであったろうか。『今昔物語集』巻十五「源信僧都ノ母ノ尼、往生セルコト」の前半、三条大后の御八講の施物を送ってきた源信に対し、故郷の母が「カク名僧ニテ花ヤカニ行キ給ハムハ、本意ニ違フ事ナリ。我レ年老ヒヌ。生キタラン程ニ聖人ニシテ御《おは》センヲ心安ク見置キテ死ナバヤトコソ思ヒシカ」と書き送る話はすでにのべたが、ここで後半の、母の往生についての話を紹介しておこう。

母の訓戒により山籠る

母の手紙に胸打たれた源信は、「きっと聖人になりましょう」と誓い、「今ハ値《あ》ハント仰セラレン時ニ参ルベキ、然ラザラン限リハ山ヲ出ズベカラズ」と返事をしたため山籠りを始め、母の手紙を法文《ほうもん》の間に入れ、ときどき読んでは涙を流した。七年目になって、もう会ってもよいかと思い、「久しくお目にかかっていないので……」と手紙を出すが、母は毅然《きぜん》として、「会うよりも山籠りしていると聞く方が嬉しい。こちらから会いたいというまで山を出るな」と書き送る。

山籠九年にして母を訪う

とうとう九年たった。ふと胸さわぎした源信は、「あるいは」と思い、母の誡《いまし》めを破り山を出て大和国へ向った。途中で手紙を持った男に会う。「かくかくの尼君から、横川におられる御子の僧への手紙だ」と男はいう。「その僧とは私だ」と、源信が馬上で手紙を開いてみると、いつもの母に似ぬ乱れた文字で「このところ、なんとなく風邪をひいたように思っていたが、年のせいか、二三日は、ことに体も弱ってきた。こちらから申すまでは山を出るなと強いことをいったが、もう会えないのではないかと思うと、無性に恋しい。疾《と》く疾くおいで下されとある。「胸さわぎしたのは、このためか。それにしても、このように通じたのは、親子の縁とはいえ、私を仏道に向わせてくれた母なればこそか」と泣く泣く道を急いで夕方たどりつくと、すっかり弱った母は、「今朝、手紙を出したばかりなのに、どうしてこんなに早く」と驚く。「かくかく」と源信が語ると、「ああ嬉しい、もう会えないと思っていたのに会えたとは、親子の契りが深いからか」と、母は息も絶えだえにいう。「念仏を申していますか」「申そうと思うのですが、力が弱った上、勧めてくれる人もないのです」。そこで源信が、道心を説き念仏を勧めると、母は念仏を二百遍ほどとなえ、明け方には消え入るように息を引きとった。源信は、母が自分を仏道に向わせ、自分が母の往生をとげさせた、親子の縁の深さに改めて打たれ、「祖《おや》ハ子ノタメ、子ハ祖ノタメニ、限リナカリケル善知識《ぜんちしき》(仏道へ導いてくれる善き友)カナ」と涙を流して横川に帰った。

源信、母に臨終念仏を勧む

江戸末期の国学者岡本保孝《やすたか》が「一条よみて涙おちざらんものは人の子にあらず、あなたうとし〳〵、保孝再拝涕泣」と記したように、古来『今昔物語集』説話中の圧巻とされる名編だが、伝記史料としてみれば、どうであろう。母が源信を誡《いまし》める説話前半部の原型が『過去帳』『源信僧都伝』など初期の源信伝に見えることはすでにのべたが(五六頁参照)、後半部がなにを素材としたか明らかでない。源信没後、横川で形成伝承された話を『今昔物語集』編者が豊かな構想力でまとめたと考えるべきか。いずれにせよ源信隠遁《いんとん》後九年という説話の一節から母の没年を推測するのはあまり意味がないだろう。これが室

母の没年について

『三国伝記』の説

町時代の『三国伝記』になると、源信四十二歳の寛和元年の九月十八日酉《とり》の時、母は七十歳で没したと、もっともらしい年時が付加されるが、寛和元年なら源信は四十四歳だから、『三国伝記』の年時が虚構なことは論ずるまでもない。源信の母の没年につき信頼すべき史料が皆無な中で注目されるのは、

『源氏物語』の記述

『源氏物語』手習の巻の「そのころ、横川になにがしの僧都とかいひて、いと尊き人、住みけり。八十《やそじ》あまりの母、五十《いそじ》あまりの妹ありけり」というくだりだろう。たびたびふれたように、「齢六十に余る」と描かれた横川の僧都のモデルが源信なのは明らかである。宇治十帖が完成したと思われる寛弘七年(一〇一〇)に源信は六十九歳、妹を「五十あまり」とするのも、この年五十八歳の安養尼の年齢と一致する。これを敷衍《ふえん》すれば、源信の母は長寿を保ち、その没年は寛弘末年ころと考えられなくもないが、もちろん物語の世界を単純に実像視するのはつつしむべきである。

『白骨観』

それはさておき、すでに旧友の多くが世を去った寛弘末年に源信が記したと思われる、「白骨観《はっこつかん》、恵心僧都記」という一文が『天台小部集釈』に収められている（『全集』三）。

この骨を我とや為さん、我に非ずとや為さん。答えて我に非ずと謂わば身を離れず。自他彼《か》れ此《こ》れ共に白骨《はっこつ》なり。身と命と財との三つ離散の時、ただ白骨を残して野外

に在り。予が年齢《よわい》すでに七旬に満つ。すでに此の白骨を顕《あらわ》さんこと須臾《しゅゆ》なり。……願わくは仏神《ぶっしん》、此の白骨を哀み、臨終正念《しょうねん》にして往生を遂げしめたまえ。

無常観を白骨の上に約し、西方願生の意を表白したもので、「予が年齢すでに七旬に満つ」と記すから、寛弘八年（一〇一一）、七十歳のころの作であろうか。天台観法の小文といえばそれまでだが、旧友の多くは白骨と化し、おのれもその後を追うこと遠からざるを覚ったかのような哀切な響きがある。

源信、健康を害す

古来、叡山の修行を語るものは、「論湿寒貧《ろんしつかんぴん》」の四字を好んで用いるが、湿気が多く寒さの厳しいこの山の気象は、四十八歳の若さで没した尋禅が「多年山に住し、寒温を忍び大師の跡を守り、風雨を凌《しの》ぎて奉公の節を致す。而る間、霧露《むろ》すこぶる身を侵し、病ややもすれば発す」と述懐したように、多くの住僧たちの健康をむしばんだ。『一乗要決』の構想が寛弘三年（一〇〇六）十月の病中に成ったと序文に記されるのを見れば、すでにそのころから源信は病がちだったのかもしれない。それを押して講会の実践や著述に精励した源信であったが、『過去帳』源信伝によれば、「長和年中より病を受けて起居に堪えず」というありさまになった。長和元年（一〇一二）は、『白骨観』を書いた翌年にあたる。また『過去帳』源信伝には、

生前の行法を仏前に啓白す

『二十五三昧結衆過去帳』を起筆

長和二年正月一日、著《あらわ》す所の願文に云う。生前修する所の行法、今略《あらあら》これを録す。念仏は二十倶胝遍《くていへん》（二十億回）、読み奉る大乗の経は五万五千五百巻法華経八千巻、阿弥陀経一万巻、般若経三千余巻等なり、念じ奉る大呪は百万反《へん》千手呪七十万反、尊勝呪三十万反、幷に弥陀・不動・光明・仏眼《ぶつげん》等の呪、少々なりと云々。

とあり、『続本朝往生伝』源信伝も、「別伝に云わく、長和二年の勘録に、今生薫修《くんじゅ》の行業を仏前に啓白《けいびゃく》すらく」として、『過去帳』に依ったと思われる『源信僧都伝』の文を引用している（現行の『源信僧都伝』は当該部分が断欠）が、その内容は大略同一である。おそらく、病がちで今後は行業を積むこともままならぬと自覚した源信は、七十二歳となったこの日を期し、これまでに修して来た行業のすべてを仏前に啓白《けいびゃく》したのである。

別稿「源信伝の諸問題」でふれたが、この『楞厳院廿五三昧結衆過去帳』（広本）は、内題の下に「長和二年七月十八日、記し始む」とあり、寛和三年（九八七）正月に没した祥連から長和二年（一〇一三）三月に没した良陳まで、寛和二年の会発足以後二十八年間の物故者四十二人が、長和二年七月にまとめて記されたようである。鎌倉初期に『過去帳』を書写した僧慶政《けいせい》は、この部分の筆者を源信と推定している。多年二十五三昧会の発展に心血を注いできた源信は、すでに蓮台に登った同志たちの面影を病臥の間にしのび、最後の使命としてその記録を残そうとしたのであろうか。仏前で行業を啓白するのに、あえて「生前修するところの」と表現し、あるいは多年の同志たちの『過去帳』の作成を思い立つなど、死期の近きを覚り身辺の整理を始めた、源信の心境をうかがわせる。

しかし『過去帳』源信伝が「然れどもなお正念乱れず、念仏退かず」、『法華験記』源信伝が「僧都、重き病を受け取りて、その間極めて久し。然りといえども念仏読経退かず」と記すように、起居にたえぬ衰老病苦の間にあっても、源信の修道の情熱はいささかも衰えなかった。後進の教学上の疑問には書簡をもって答え、小康を得れば著述の筆をとった。

覚超の問に答う

「恵心兜率《とそつ》御消息」と題する、兜率僧都覚超との間で交換された尺牘《せきとく》集がある（『全集』三）。内容は、智顗『三観義《さんがんぎ》』の次第三観《しだいさんがん》の中道観は別教の意か、との覚超の質問に源信が答えたものである。天台宗では、すべての存在がそのまま真如にかなうことを三種の面から観じ、これを『瓔珞本業《ようらくほんごう》経』によって空観《くうがん》・仮観《けかん》・中観《ちゅうかん》（中道観）の三観とする。空仮の二を止揚《しよう》し不二であることを観ずる中観は、智顗の説いた天台教判五時八教で円教に属するが、同じく別教でも中観を修する。ただし円教が三観を一心に観ずるのに対し、別教では空仮中三観を別個のものとし順次に観ずる。円教の円融三観（不次第《ふしだい》三観）に対し、別教のそれが別相三観とか次第三観とよばれるゆえんである。覚超の質問に対し源信は一度は明答を避けたが、重ねての質問に、「次第三観の中観は、なお別教というべきである。しかし瓔珞経《ようらくきょう》に説く中観は、偏えに別教であるとはいえない。別円二教を含むと推量する」と答え、「この事定めて決せざるか。これを悉《つく》するに眼暗く侍り、老病甚だ重く、事ごとに覚えざるあり。重ねてこれを悉したまえ。巻紙サヘ、イナ、ナメシ(粗紙で失礼する)」と結んでいる。覚超の『三観義私記』によれば、この源信の返書が送られたのは長和二年四月晦日(この年の四月は小月なので二十九日)のことで、起居にたえぬ病中にしたためられたのである。

しかし秋気動くにおよんで小康を得たのか、源信は七月十八日の『過去帳』執筆の後、八月十八日に『倶舎論頌疏正文《くしゃろんじゅしょしょうもん》』一巻を完成した(『全集』五)。源信の倶舎に対する関心と蘊蓄《うんちく》の深さは、すでに『大乗対倶舎抄』の大著にうかがえるが(一九八頁参照)、本書は日本天台で重視する円暉《えんき》の『倶舎頌疏』にしばしば筆誤写錯《ひつごしゃさく》がみられるので、諸書を対校し二十九巻まで百六十余個所にわたって訂正したものである。倶舎研究の基礎となる正確なテキストを提供しようとする試みで、序文によれば、そのめざすところは、「少教の一隅を述べ以て大乗の再中を期する」にある。多年にわたるノートを整理したのだろう

『倶舎論頌疏正文』完成

が、高齢病苦の身となっても、このような地道な原典研究を怠らぬ源信の姿勢は感動的である。

『阿弥陀経略記』

撰述年次が明らかな源信の最後の著作は、長和三年（一〇一四）暮（十二月）九日の序文を有する『阿弥陀経略記』である（『全集』一）。『法華験記』に「小阿弥陀経疏」と記すのは本書のことだろう。序文によれば、『天台義記』すなわち智顗の『阿弥陀経義記』は難解なので、わかりやすく説明してほしいとの前親衛藤《さきのしんえいとう》（藤原）将軍《しょうぐん》の求めに応じて撰したという。親衛将軍とは近衛大将の唐名で、『公卿補任』から考えれば長保三年（一〇〇一）に右近衛大将を辞した藤原道綱《みちつな》がこれにあたる。『往生要集』大文第十で「日々の読誦は小阿弥陀経に如《しか》ず」と記し、自ら一万回もくりかえし読んでいたように（二三九頁参照）、『阿弥陀経』は源信がもっとも愛好した経典であった。内容は三段に分れ、まず『阿弥陀経』の大意を述べ、次に経題を明らかにし、その後で経文を逐条《ちくじょう》解釈している。経論の引用の体裁や観想の重視が『往生要集』の流れに立つのは当然ながら、石田瑞麿氏も指摘するように、称名《しょうみょう》の比重の高まりと信の重視が注目される（「往生要集の思想史的意義」『源信』）。それは

称名と信の重視

「聞説阿弥陀仏《もんせつあみだぶつ》、執持名号《しゅうじみょうごう》」の経文を釈して、相好の観想などにふれた後に、行住坐臥《ぎょうじゅうざが》、彼の国に繫念《けいねん》し、仏が無縁の慈（平等絶対の慈悲）の威光を以て十方を照す

を観じ、名を称え、一心に念じ、深く信じて彼に生ぜんと願う。これを往生極楽の綱要と為す。……「聞説阿弥陀仏、執持名号」というは、彼の無量光明等の義を観じ、名を称え、心に念ずるのみ。今、勝因を勧む。故に是の如く説く。全く彼の但《たん》信《しん》(ひたすらな信心)の称念を遮《しゃ》するには非ず。

と述べ、さらに「もし信あらば、まさに発願して彼の国土に生ずべし」の経文を釈して、「信受を勧めること、願生を成ずるためなり。これ仏の本懐、軽爾《けいじ》すべからず」とし、経文に「もし衆生ありて是の説を聞かば、まさに発願して彼の国土に生ずべし」とある「聞」は「信受」のことだから、「信受」「発願」「生彼国土」は、人・因・果の関係だと説く部分に、よく現われている。

天台観実相の精神から『往生要集』で観想を主、称名を従とした源信であったが、後にその念仏観が変化をきたしたらしいことは、『過去帳』源信伝のつぎの興味深い一節からも読みとれる。

往年、人ありて偸《ひそ》かに問いて云く、「和上《わじょう》(源信)の智行、世に等倫なし。修する所の行法は何を以て宗《むね》と為す」。答う、「念仏を宗と為す」。また問う、「諸行の中、理を以て勝と為す。念仏の時、法身《ほっしん》を観るや否《いな》や」。答う、「ただ仏号を唱《とな》うのみ」。また問う、「何んぞ理を観ぜざる」。答う、「往生の業は、称名にて足るべし。本《もと》よりこの念《おもい》を存せり。故に理を観ぜず。ただし、これを観ぜんとするも、また難《かた》しとせず。われ理を観ずるの時、心明にして通達し、障礙《しょうげ》あることなし」と云々。

往生の業は称名にて足るべし

質問者は、理観念仏を最勝とする『往生要集』の念仏論（二一〇頁参照）どおり源信は理観念仏を修しているものと思っていたので、源信の返事を意外に感じたのである。『過去帳』の筆者は、「自分にとって理観自体は別にむずかしくない」という源信の言葉を「これ末代希有《けう》のことなり」と感歎しているが、この問答でむしろ興味深いのは、「往生には称名念仏だけで十分だ」と源信が明言している点だろう。いかに理論的に完璧であっても、高度な身心統一を必要とする観想念仏を一般の人々が実践するのは困難であり、源信は念仏結社運動を広く展開して行く過程で、観想の立場を堅持しつつも、往生業としての称名念仏の意味を見直したと思われる。もちろんその場合、かつての験者の念仏のような呪術的な称名念仏であってはならない。そこに「但信の称念」が重視された意味がある。このように源信が、最後の著作である『阿弥陀経略記』で、称名とともに信を重視しているのは、後世の念仏思想との関係からも興味深いところである。

但信の称念

もっとも、『阿弥陀経略記』を源信の最後の著作とするには、かつて上杉文秀氏が源信

『観心略要集』

没年の寛弘元年（一〇一七）の作に擬した『観心略要集』《かんじんりゃくようしゅう》（『全集』一）の存在をどう考えるかという問題が残る。「それ観法は、諸仏の秘要、衆教の肝心なり。故に天台宗は、以て規模と為す」と、観心の強調で始まる本書は、

念仏は弥陀三諦三観

　仏名を念ずるとは、その意いかん。謂わく、阿弥陀の三字において、空仮中《くうけちゅう》の三諦《たい》を観ずべきなり。彼の阿とは即ち空、弥とは即ち仮、陀とは即ち中なり。

と、念仏を阿弥陀三諦三観《さんたいさんがん》の実践としてとらえ、ここから、

　安楽の仏土も因縁の所生なれば、即空《そくくう》、即仮、即中なり。……当《まさ》に知るべし、極楽は一念三千にして、並に畢竟空、並に如来蔵《にょらいぞう》、並に実相なることを。三に非ずして三、三にして三に非ず。所観の浄土、此《かく》の如し、能観の身心もまた爾《しか》なり。

と、論を展開し、

　わが身は即ち弥陀、弥陀は即ちわが身なれば、娑婆は即ち極楽、極楽は即ち娑婆なり。……故に遥に十万億の国土を過ぎて安養の浄刹を求むべからず。一念の妄心を翻して法性の理を思わば、己心《こしん》に仏身を見、己心に浄土を見ん。

己心の弥陀、己心の浄土

と、己心の弥陀、己心の浄土を説き、最後に、

　問う、理観を修せずして、ただ一仏の名号を称する人、往生を得るや否《いな》や如何《いかん》。答

称名で往生する理由

う、また往生を得べきなり。彼の繫念定生《けいねんじょうしょう》の願(四十八願の第二十願)に、未だ理観を修せよといわず。聖衆来迎の誓い(同第十九願)は、ただこれ至心の称名なり。それ名号の功徳、莫大なるを以ての故なり。所以《ゆえん》は空仮中の三諦(八八頁参照)、法報応の三身(一〇八頁参照)、仏法僧の三宝、三徳《どく》(法身・般若・解脱の三つの徳。天台宗では三徳を三宝に配する)、三般若《はんにゃ》(実相般若〈般若智で観照される真実絶対の姿〉と観照般若〈実相を観照する智慧〉と方便般若〈諸法の差別を解する相対智〉)、此《かく》の如き等の一切の法門、悉く阿弥陀の三字に摂す。

本書成立に関する諸説

と、理観に堪えない末代下根の機類が称名念仏で往生し得ることを主張する。序文に「時に強圉《きょうぎょ》(十干の丁の別名)の載《とし》、夏五月」とあるので、その成立を『往生要集』成立以後源信没年までの間のどの丁《ひのと》の年にかけるか、上杉文秀・大野達之助氏は寛仁元年(一〇一七)、川崎庸之氏は寛弘四年(一〇〇七)、石田瑞麿氏は寛弘四年か長徳三年(九九七)とするなど、区々として一定しない。

偽撰説と、これに対する反論

本書の性格についても、『往生要集』と類同例文が多いところから、かつては『往生要集』への過渡的存在で、晩年に旧稿を再治したものと考えられたが(八木昊恵《こうえ》『恵心教学の基礎的研究』)、近年では田村芳朗《よしろう》氏によって偽撰説が称えられている。永超《えいちょう》の『東域伝灯《とういきでんとう》目録』（一〇九四年成立）に源信の著書として『大乗対倶舎抄』『往生要集』『一乗要決』等は明記されているのに本書の名は無く、内容についてみれば、かなり進展した天台本覚思想に浄土念仏が包みこまれているから、平安末期から鎌倉初期の作だろうというのである（『鎌倉新仏教思想の研究』）。これに対して、すでに『往生要集』に生死《しょうじ》即《そく》涅槃《ねはん》・煩悩《ぼんのう》即《そく》菩提《ぼだい》や本覚の語があり、『阿弥陀経略記』も無量寿（阿弥陀）三諦説にふれているところから、源信真撰とみても矛盾しないとの反論があり速断しがたいが、源信真撰としても、逝去前月の寛仁元年五月の撰述は病状から考えて無理だから、やはり源信最後の著作は、長和三年（一〇一四）十二月の『阿弥陀経略記』とすべきと思う。

源信最後の著作は『阿弥陀経略記』

源信病臥

さて、一時小康を得た源信も、『阿弥陀経略記』撰述後病状は悪化し、ほとんど寝たきりの状態となったらしい。『過去帳』によると、多年右脇を下に病臥し姿勢を変えることもままならなかったので、ついに五体は右に曲ってしまったという。しかし、こうした悲惨な病状にありながら源信の求道《ぐどう》の精神は衰えなかった。

身分は日を逐うて枯渇し、智力は日を逐うて増長す。……凡そ厥《そ》の身体は有れども亡《な》きがごとし。ただ赤心《せきしん》有りて堅固不動なり。

という『過去帳』の一節は、肉体は枯れ果てても道心ますます堅固な病床の源信の姿を描いて余すところがない。遺弟鎮源の『法華験記』によれば、ある僧は夢に金色の沙門が空から下りて源信と語りあうさまを見た。源信は病の床に臥したまま合掌して咲《え》みを含み、僧に向って話していた。鎮源は、仏が病床の源信を訪れ説法したのであろうか、と記している。またある人は、源信が蓮華の上に臥している夢を見た。天に声あり、「これは妙音菩薩(霊鷲山に八万四千の宝蓮華を化作した菩薩)が化作した蓮華で、西方浄土を指して行くのだ」と告げた。これらの夢を源信往生の証しとみた鎮源は、源信の永い病苦は生《しょう》死《じ》流《る》転《てん》のすべての業苦を今生《こんじょう》で受け尽したものと考えた。

源信の病は、仏の金槍馬麦に通ず

　決定《けつじょう》応受の故《ふる》き業《ごう》は、今生に償《つぐな》い畢《おわ》れり。金槍馬麦《きんそうめみゃく》は例してこれを知るべし。

仏は、その業《ごう》により、前世で右足を槍に刺され、また安居《あんご》のとき食を欠き、馬のたべる麦で飢をしのいだと伝えられる。源信の病苦は、こうした仏の受苦——金槍馬麦——の故事に通じるものだ、というのである。

身体の苦痛うすらぐ

　寛仁元年(一〇一七)、源信は七十六歳となった。その五月中旬、永く源信を苦しめていた身体の苦痛は不思議にうすらいだ。臨終の時が近づいたとはいえ、最後の苦痛を免れ意識明瞭で念仏できることを源信は喜び、「十五の悪死《あくし》はすでに免れた。久しく祈った甲斐があった」と再三、人々に語った。十五の悪死を免れ十五の善生を得るとは不空の『千手千眼経』に説くところ、源信は以前から千手陀羅尼を誦してこのことを祈っていたのである。

夢に臨終の前兆をみる

六月二日から、源信は食事を受け付けなくなった。五日になって、「夢に僧が現われ、傍らの人があなたはだれかと問うと、僧は、私が来たのは正念《しょうねん》をさせるためだ、と答えた。このような夢を見るとは、臨終の前兆だろう」と語った。六月九日の早朝、源信は枕もとの阿弥陀像の手に縷《いと》を付け、その端をにぎった。『往生要集』臨終行儀で作法を説き（一一三頁参照）、二十五三昧会で善友を送る度《たび》に行なってきた臨終の用意である。そして

臨終の用意

二つの偈《げ》をえらび自ら称え、人々にも称えさせた。

清浄の慈門は刹塵《せつじん》の数（無数）にして
共《とも》なって如来の一妙相を生ず
一々の諸相、然らずということ莫《な》く
この故に見たてまつる者厭《あ》足《く》こと無し

面善円浄なること満月の如し
威光はなお千の日月の如し

声は天鼓、倶翅羅《くしら》（インドの美声の鳥）の如し
故にわれ、弥陀仏を頂礼す

初めは『往生要集』大文第五に引用された『華厳経』の偈、つぎは『二十五三昧式』に引用された竜樹『往生礼讃偈《おうじょうらいさんげ》（十二礼）』の偈で、ともに阿弥陀仏の相好などを讃えたものである。ついで源信は、「南無西方極楽世界、微妙浄土大慈大悲阿弥陀仏」と称えて、弥陀仏を礼拝し、縷を仏前に置いた。その後、平常のように食事を取り、「我が気色を見るに十五悪死を免るるや不《いな》や」と問うた。人々が「悪死の相は無い」と答えると、つぎに源信は、部屋を掃除させ、身を浄め衣服を改め、怠りなく臨終を迎える用意をしているようであった。

弟子たちと最後の問答

この日のことであろうか、『法華験記』によると源信は院内の僧たちを集め、「今生の面謁は、ただこの度《たび》ばかりなり。もし法門の中に疑い難《なず》むところあらば、論説してその疑いを決《さだ》むべし」と告げた。法文の要義を問い多年の疑問を解消するもの、永訣《えいけつ》の涙にくれるもの、さまざまだったが、問答の間にも源信の呼吸は乱れ、死の近いことをうかがわせた。この弟子たちとの最後の問答の一部と思われるものが『過去帳』に記されている。因明《いんみょう》の義理を問うものがいたところ源信は、「因明の法門を学ぼうとするなど誤ま

因明よりも天台一乗の教えを学ぶべし

ったことだ。もうこのような質問はするな。速やかに成仏を遂げること、わが天台一乗の教えに如《し》くはない。天台の教学を深く学ばないと、後で悔いても益ないこととなろう」と答えた。『過去帳』は「先哲の一言、後人これを知る」としているが、若き日より因明の権威として自他ともに許した源信の最後の言葉だけに、動かしがたい重みがあったのだろう。また『過去帳』によると、この日、源信は、親しい僧に、ひそかに次のような話をした。

源信、夢につきひそかに語る

他の人には話していないことだが、年若い僧たちが幾組も来て坐っているのが見える。三人、五人と組になり、顔立ちは端正で衣服も美しい。目を閉じると見えるのだ。もし詳しく話したら、ざれごとと思われるだろうな。

『法華験記』にも、源信が弟子たちとの最後の問答の後で、親しい慶祐《けいゆう》を引きとめてひそかに告げたという、これとやや似た話が見える。ただしそこでは、弥勒の使者の天童たちが源信を兜率天に迎えるために訪れ、源信は自分の願いは極楽往生であると謝絶した内容になっている。あるいはこの『過去帳』の話が後に変形修飾されたのだろうか。

源信逝去のさま

六月十日の朝、源信は食事の後、鼻毛を抜き、身を浄め、口をすすぎ、弥陀仏の手の縷を執って念仏を称えていたが、やがて眠ってしまったようであった。給仕の人が側にいたが、ただ眠っているものと思い、気にもとめなかった。ややしばらくたっても静かなので様子をうかがうと、源信はすでに息絶えていた。北枕で西を向き、いつものように右脇を下に臥していた。顔色は美《うるわ》しくその面は咲《わら》っているかのようで、手には縷と念珠を執り、合わせた掌は、わずかにずれていたという。

二　源信追慕

源信逝去を知った人々が、なによりも確かめたいと思ったのは、源信が極楽往生の願いを遂げたかどうかという点であった。慶滋保胤の『日本往生極楽記』でも明らかなように、多くの人々に往生の事実を納得させるのは、紫雲《しうん》・異香・音楽など臨終の際の異相、なかでも夢告《むこく》であった。当時の人々にとって、夢と「うつつ」は対立するものではなく、夢とはまさしく見るもの、見る限りにおいて一つの「うつつ」、一つの現実であったのだから（西郷信綱『古代人と夢』）。二十五三昧会結衆が『発願文』で、「もし適《ゆ》きて極楽に往生する者あらば、自らの願力により、仏の神力により、もしくは夢に、もしくは現《うつつ》に、結縁の人に示せ。もし悪道に堕《お》つるとも、また以てこれを示せ」と誓いあったのは、その故である。源信は自分の見た夢に臨終の予兆を読みとったが、残された人々もまた、夢を通じて源信の逝去を知り、その往生の実否を確かめようとした。

能救、源信往生の夢をみる

『過去帳』源信伝によると、源信の弟子の能救というものが、近江国甲可《こうか》(賀)郡の石倉《いわくら》寺に住んでいた。『霊山院過去帳』十二月十六日の条に「僧能救」と記す人物であろう。源信が亡くなる前年の十月、能救は源信のもとを尋ね、「私は年をとって、もう歩行もかないません。師にお目にかかれるのも、これが最後でしょう」とあいさつして石倉に帰った。その後、源信から「明年の春から夏には必ず会いたいもの」と手紙が来たが、なにかと支障があって訪問できずにいるうち、六月十日の寅の刻(午前三時—五時ころ)、能救は源信の室に行った夢を見た。源信は遠出しようとしており、路の左右には僧たちが並んでいる。姿形や服装の美しい四人の童子が左右に分れ僧と並んで立っているさまは、

横川の迎講に似る

横川の迎講の行列のようである(二一〇頁参照)。源信は、「小さな童《わらわ》は前に、大きな童は後に」と指示している。指示通り並び終えると、行列は西に向かって歩き出した。能救が夢の中で、「西へ行くのに地上を歩いて行くとは」と訝《いぶか》るうちに、行列はようやく宙に上り、空《くう》を履《ふ》んで進んで行く。「超度三界《ちょうどさんがい》、超度三界」(三界の迷苦を超え度《わた》る)と幾度もくりかえし唱えながら、西へ向って去って行った。夢が覚めて、同僚の僧尼たちと、「僧都が入

滅されたのではないか」と話しあっていると、十八日に横川から寿尊《じゅそん》という僧が石倉に来た。源信が六月十日に入滅したと聞き、能救の見た夢が事実であったことに驚き感歎せぬものはなかった。

『過去帳』は、源信逝去の日時を六月十日の朝としか記していないが、後に鎮源の『法華験記』は、「六月十日の寅の時刻」と明記した。おそらく鎮源は、『過去帳』を読み、能救が夢を見た時刻をもって源信逝去の時刻と考えたのであろう。『法華験記』に、源信の生前にその極楽往生を予測させる夢を周囲の人々が見た話が記されていることはすでに述べた。また『源信僧都伝』の現行本は源信逝去の部分が欠けているが、『続本朝往生伝』の注記から考えると、この部分に、六月十日の明け方、観想にふけっていた横川安楽谷の浄行《じょうぎょう》上人が天外に聖衆の伎楽を聞いたという話が記されていたらしい。浄行上人とは、『二十五三昧根本結縁過去帳』に「沙弥浄教」とみえる人物かもしれない。

浄行、天に楽を聞く

しかし、源信の往生に関する夢告のなかでもっとも興味深いのは、源信の弟子のある僧が、師がどこに往生したかを知ろうと数ヵ月祈念し、ついに夢で源信に会って問答したという、『過去帳』源信伝の記載である。『過去帳』源信伝は僧の名を明記しないが、『源信僧都伝』は覚超としており、おそらく正しいであろう（拙稿「源信伝の諸問題」前掲）。夢

覚超、夢で源信と問答

中の問答は、およそつぎのような内容であった。

「師は極楽に往生されたのですか」

「往生したともいえるし、往生しないともいえる」

「どうして、そのようにいわれるのですか」

わずかに苦を免る

「わずかに苦を免れているだけだから、そういうのだ」

「おっしゃる意味がわかりません。本当に往生されたのですか」

「そうだ」

「本意を遂げられたのですから、お喜びでしょうね」

「ああ、大いに喜んでいるよ」

「往生されたのなら、先ほどはなぜ『往生しないともいえる』といわれたのですか」

源信、聖衆の外側に在り

「聖衆が大勢集り阿弥陀仏をとり囲むとき、私はその一番外側にいる。だから『往生しないともいえる』といったのだよ」

覚超は往生難し

源信でさえ極楽では聖衆たちの外側にいるだけと聞き、不安にかられた覚超は、自分について質問した。

「私は浄土に往生できるでしょうか」

「往生できないな」

「なんの過《とが》があって往生できないのですか」

「お前は怠慢だからだ」

「どうしても往生できませんか」

「お前は怠慢だが、成仏の願いを堅持している。これは良いことだ。例えば、家の奥深く禁固された人でも、智恵があれば逃れ出ることができるようなものだ。成仏の願いもこれと同じで、その身は生死の世界に沈んでいても、この迷《まよい》の世界を出離《はな》れることができるだろう」

「では、私も成仏の願いで浄土に往生できますか」

願・行伴って往生を得る

「お前は願《がん》はあるが行《ぎょう》が伴わない。だから往生はむずかしいのだ」

「もし今までの怠慢を悔い改めて、今後精進したら往生できるでしょうか」

この質問に至って、源信はしばらく答えなかった。思いめぐらした後でいった。

極楽往生は難事

「やはり難しい。およそ極楽往生とは、大変難しいことなのだよ。だから私は聖衆たちの一番外側にいるのだ」

これを聞いた覚超は、自らに慚愧《はじ》るところ少なくなかったという。ちなみに『続本朝往生伝』によると、覚超は「顕教の才はその師（源信）に亜《つ》ぎ、真言の道は猶《なお》し彼の山（叡山）に冠《こうぶ》りぬ」と讃えられた学匠だが、没後やはり弟子の夢に現われて、「すでに蓮胎に詣りつ（極楽の蓮華の内に化生した）。ただし往生は難中の難なり。汝ら苦《ねんごろ》に求むべし」と告げている。

源信は下品往生か

さて『過去帳』源信伝は、源信と弟子の僧の問答に思い合わされるのは、かつて源信が経文を案じて描いた阿弥陀来迎図に菩薩が少なく比丘が多かったことだとしている（二一八頁参照）。なぜ菩薩が少ないのかと質問する人に、源信は「下品の蓮を望むなり」と答えた。『観無量寿経』には、往生する人は性質や行為の差によって、浄土に生まれて受ける果報にも、上品上《じょうほんじょう》から下品下《げほんげ》まで九種の別があると説かれている。なぜ上品を望まぬのかと重ねて問われ、源信は「己《おの》れの分を計るなり」と答えた。自分にとって下品往生が分相応だというのである。また『過去帳』源信伝は、源信を看病した僧の言として、臨終が近づいたころ『観無量寿経』下品の上生《じょうしょう》と中生の文を読ませた話を紹介し、これも前の源信の言と符合するから、源信はその願い通り下品の蓮を得たものと推論し、大江匡房も『続本朝往生伝』で、源信を下品往生者と記している。

晩年の源信が称名重視の信の念仏へと傾斜したことを考えると、極楽では聖衆の外側にいてわずかに苦を免れるだけだと告げたり、「およそ極楽に生じるは極難のことなり」と怠なく行を積むよう説く夢中の問答は、なにか納得できないような気がするが、この辺に当時の浄土教の問題点が潜んでいるともいえるのである。当時、浄土往生を求める人々がよりどころとした『往生要集』が、念仏を中心としながら多様な行業も往生の種となるという諸行往生思想を説いていることはすでにのべた。源信が生前の行業をまとめた願文に、阿弥陀念仏二十億回の他、『法華経』八千部、『般若経』三千部、『阿弥陀経』一万巻を読み、阿弥陀大呪百万遍、千手陀羅尼七十万遍、尊勝陀羅尼三十万遍はじめ、あまたの呪を誦したと記すように、浄土を求める人々は多様な往生業を日夜営々と積み重ねていた。しかし往生業の多様化・数量化は、その内容や量で自分の往生は可能なのかという不安感につらなり、過去の往生者の実例を知り、それに自分の行業を重ね合せることで往生の確信を得ようとの願望が生じる。往生伝が編まれ広く読まれた理由であるし、そこである人物の往生の事実を客観的に示そうとすれば、内に隠れた信よりも、臨終の異相や夢告などの「表事《ひょうじ》」による他ないだろう。

源信自身、『往生要集』大文第七で、念仏の利益を経論によって論証した上で、こうした利益にあずかった人々が実在したのは、唐の『瑞応刪伝』や保胤の『往生極楽記』に

源信の矛盾

よって明らかだと記している。井上光貞氏が、その背後に、念仏往生を経論上からは確信しつつも、なお確信しあたわざる源信の矛盾が横たわっており、往生伝の編者たちと同じく、往生者の実例を歴史的に証明して人々を納得させ自らも確信しようとする心の動きを読みとれるとしたのは(『日本古代の国家と仏教』)、おそらく正しいだろう。称名念仏こそ弥陀の本願であるとし、本願への絶対帰依に依りゆるぎない往生の確信を得た法然以後の専修念仏からみれば、そこに源信の念仏の弱さ、時代的限界を指摘することもできる。もちろん非歴史的な超越的評価はつつしむべきだが、源信の浄土教が、あくまで天台教学の正統に立脚しようとする以上、平安仏教の枠内に止《とど》まり、当然、時代の思潮を反映していたことを忘れてはならない。

験者としての源信像

時代の思潮の反映といえば、源信の伝記などには、今日のわれわれが描く念仏者としてのイメージとはいささか異なる源信像が出てくる。たとえば『法華験記』源信伝は、源信が迎講によって広く人々に往生の縁を結ばせたことを讃《たた》えた後に、

> 頭陀《ずだ》の行《ぎょう》を修して人間《じんかん》に交る時は、善神あい副いて随逐《ずいちく》して守護す。深夜に独り坐して法門を思惟し要文を見んと欲すれば、たちまちに灯台に自然《じねん》の火あり。かくのごとき等《たぐい》の希有のことありといえども、更に深く蔵《おさ》めて他の人に語らず。

と記している。また『源氏物語』に登場する横川の僧都が、当時健在な源信をモデルとしたことはすでにのべたが、僧都は浮舟を仏道へ導く念仏者であるとともに、浮舟にとりついた物怪《もののけ》を調伏《ちょうぶく》する偉大な験者として描かれている。鎮源は源信の晩年の弟子、紫式部も慶滋保胤と親交あった父為時らを通じ、ともに源信の実像をよく承知していたはずだが、念仏者と密教的験者の両面を兼ねそなえた僧として描いたところに、時代思潮の反映としての源信像の理想化が読みとれる。

平安時代、宗派の別なく仏教界を覆っていたのは、密教の祈禱であった。浮舟の場合にうかがえるように、来世の救済は調伏・息災など現世の祈りを前提に存在するのであり、事実、空也はじめ初期の念仏者たちは同時に偉大な験者であった。源信は天台観実相の立場から従来の念仏の呪術的色彩を取り除こうとしたが、密教の祈禱の功徳自体を否定したわけではない。『過去帳』源信伝には、つぎのような挿話がある。ある人が源信に、「和上は、なぜ真言を学ばないのですか」と問うと、源信は、「私は聡敏でないし、また念仏を専らにしており、真言と兼ね行なえないためである。しかし真言を業とせぬとはいえ、貴ばぬということではない。迦樓羅《かるら》の法門の喩《おし》え(迦樓羅王を本尊とし病患などを除く修法)は深く信じ帰依している。また久しく千手陀羅尼を誦持《じゅじ》し、後には尊勝陀羅尼もこれに加えた」と答えた。源信の願文や十五悪死を免れるための千手陀羅尼誦持から考えれば、この挿話は事実だろう。念仏と真言陀羅尼の併修を当然視する時代の思潮、真言の功徳を否定せぬ源信の態度が、念仏者と験者の両面を兼ねそなえる形での源信像理想化の背景となったのである。

神秘主義者としての源信像

また大江匡房の『続本朝往生伝』源信伝には、源信が若いとき人相見の敦光《あつみつ》に「才学已《すで》にあり、官職なきにあらじ、世間飢えざらしめん」と予言され、自らは望まぬが少僧都に任じられた話や、自分の往生の時期を葛城郡の僧の卜筮《ぼくぜい》で予知したという『恵心別伝』による注記（注記したのは匡房でなく鎌倉時代の人と思われる）がみえる。『源信僧都伝』の源信逝去の前後の部分は現在欠けているので、『恵心別伝』が同書のことか確かめられないが、源信を卜筮を信奉する一種の神秘主義者としてとらえている。大江匡房は『続本朝往生伝』とともに『本朝神仙伝』を著し、非合理的、非日常的なものに強い関心を示した人物である（小原仁『文人貴族の系譜』）。文人貴族たちに底流するこうした意識が、神秘主義者としての源信像を形成したのであろうか。十三世紀初め源《みなもとのあきかね》顕兼が撰した『古事談《こじだん》』にも、金峯山に巫女をたずね、往生の所願を占ってもらった話が収められている。

源信の理想像化

験者にしろ神秘主義者にしろ、源信を追慕畏敬する念に発する一種の理想像化だが、こうして実像から遊離した源信像がつぎつぎと生まれ、独り歩きを始める。それは時代が下るにつれてはなはだしく、室町以後の伝記では、九歳の時、通りすがりの僧を心性《しんしょう》清浄《しょうじょう》の問答で驚かせて良源の門に入ったとか、十三歳の時、清涼殿の御八講に召され、村上天皇から御衣《ぎょい》を賜わったとか、円融皇后の願いで宮中に安置した僧都筆の十界図《じっかいず》から、夜な夜な地獄の悲鳴が聞こえたとか、宋の真宗《しんそう》が僧都の自画像を塔に安置し、大師号を諡して恭敬礼拝したとか、源信をいたずらに偶像視する荒唐無稽の話が幅をきかせるようになった(『三国伝記』『恵心僧都行状記』『恵心院源信僧都行実』『恵心僧都物語』『恵心僧都絵詞伝』など)。

念仏理論の独り歩き

理想像化や独り歩きは、源信の伝記ばかりでなく、『往生要集』の念仏理論においてもみられる。源信生前から上流貴族たちの間でも、『往生要集』への関心、源信への帰依の念が高まっていたことはすでにのべたが、藤原道長はその典型であった(二〇七頁参照)。源信が逝去した寛仁元年(一〇一七)、道長は太政大臣に任じられ、権力の座の頂点に登りつめたが、外戚の座を支える娘たちがあいついで世を去り、怨霊の恐怖と病苦にさいなまれるにつれて、現世の権力の空しさを自覚し、厭離穢土欣求浄土の思いを深めた。こうして、

道長臨終のさま

ちょうど源信没後十年の万寿《まんじゅ》四年(一〇二七)十二月、道長は法成寺阿弥陀堂の念誦《ねんじゅ》の間を病

床とし、金色《こんじき》の丈六九体阿弥陀像に見まもられつつ、荘重甘美《そうちょうかんび》な引摂念仏の旋律の中に臨終を迎えた。

御目には弥陀如来の相好を見奉らせ給、御耳にはかう尊き念仏を聞しめし、御心には極楽をおぼしめしやりて、御手には弥陀如来の御手の糸をひかへさせ給て、北枕に西向に臥させ給へり。

『往生要集』の念仏理論、正統的地位を占む

とは、『栄花物語』が描く道長臨終の姿である。この描写は、明らかに『住生要集』臨終念仏の記述をふまえて理想化されており、貴族社会において『往生要集』の念仏が、もっとも理想的念仏とされるようになったことがうかがえるであろう。しかもそこには、『往生要集』本来の往生業としての観想と、爛熟《らんじゅく》期の王朝文化を彩る美的恍惚《こうこつ》との交錯を読みとることができる。観想念仏の冥想の世界は、王朝貴族が好む美的情緒的なるものと合致し、『往生要集』の念仏は、源信自身の念仏観の変化とは関係なく、貴族社会で独り歩きを始めた。観想念仏を頂点に一切の諸行を往生業として肯定し包摂し位置づけた『往生要集』の理論は、正統浄土教学的地位を占めたのである。そこでは観想念仏の内包する美的冥想の側面が、源信が重視した菩提心を覆い隠すとともに、本来は法華一《ほっけいち》乗《じょう》・一切皆成《いっさいかいじょう》の精神から、すべての行に往生の種を認めるものであった諸行往生は、時

代が下るにつれて数量的功徳主義の色彩を深めていった。

数量的功徳主義

ことに古代国家の没落を予兆するような末法思想が流行するとともに、上流貴族たちは後世の救済を求めて功徳の集積を急ぎ、阿弥陀堂をつぎつぎと建立した。もともと阿弥陀堂は、観想と諸行を重んじる『往生要集』の必然的産物だが、時代が下るとともに観実相の場としての本来の目的を離れ、貴族たちは財富を傾けて、無常の現世に極楽浄土の幻想を享受しようとするようになった。かつて源信の理念に共鳴した慶滋保胤ら念仏結社の人々は、高堂大館・黄金美玉も旅宿・浮雲にすぎずと、現世の富と権力を批判し（七五頁参照）、藤原道長もまた、現世の権力の空しさを自覚することによって浄土の救いに到達したが、いまや貴族社会浄土教の大勢は、いたずらに高堂大館を競うものとなった。こうした信仰の形式化に対し、心ある僧侶たちの間では、末法下の浄土教のあるべき姿が真剣に模索され、ついに法然（一一三三—一二一二）・親鸞（一一七三—一二六二）の出現を見るのである。

源信に仮託した偽書

いささか意外な感がするが、源信没後の叡山では、『菩提要集《ぼだいようしゅう》』『菩提集《ぼだいしゅう》』『真如観《しんにょかん》』『観心往生論《かんじんおうじょうろん》』『自行念仏問答《じぎょうねんぶつもんどう》』『決定往生縁起《けつじょうおうじょうえんぎ》』など、源信に仮託する本覚門の偽書は数多く作成されたが（石田瑞麿『浄土教の展開』）、『往生要集』の思想的内容を論ずる研究は、法然の出現まで行なうものがなかった（福原隆善「叡山における往生要集の展開」『往生要集研究』）。まさに『往生要集』は、動かすべからざる正統的往生理論の地位を占めていたのである。

法然の『往生要集』研究

『一期物語《いちごものがたり》』によると法然は、あまたの聖教《しょうぎょう》（経文）を学んだが求道心《ぐどうしん》を満たし得ず、ついに『往生要集』を通じて浄土《じょうど》門に入ったという。その『往生要集』研究がいかに熱心なものだったかは、『往生要集詮要《せんよう》』『往生要集料簡《りょうけん》』『往生要集略料簡』『往生要集釈《しゃく》』など一連の著述によって明らかである。よく知られるように法然は、『往生要集』大文第十の九品の階位の問答が引く善導『往生礼讃偈』を通路として、『往生要集』が引用していない善導の『観経疏』の一文に到達し、「本願の正意、称名にあり」との確信を得たのであった。

法然の『往生要集』観

法然が『無量寿経釈』で、『往生要集』は善導の教えを指南として著されたのだから、善導が説くように雑行を棄てて念仏を専修することこそ恵心先徳の意にかなうものであると主張し、『往生要集詮要』で、「往生要集の意、称名念仏を以て往生の至要と為すなり」と断じて、『往生要集』の念仏は称名念仏であるという独自の『往生要集』観を生涯貫いたのは（坪井俊映《しゅんえい》「法然における往生要集の受容と展開」『往生要集研究』）、かかる思想遍歴の帰結である。師の叡空《えいくう》が『往生要集』は観念を主とすると講説した際、末座にあった法然が、序文を見れば易行である称名が主なのは明らかだと反論したという『古徳《ことく》伝《でん》』の一節が史実か否かは別として、こうした法然の『往生要集』観は、従来の正統教学とあい容れないものであろう。しかし法然は生涯、源信を称名念仏を説く先達として崇《あが》めたのである。

親鸞の場合、横川修学の若き日には、当然、『往生要集』について従来の正統的解釈を学んだと思われるが、天台のすべてを棄てて法然の門に帰入した彼の著作に現われるのは、法然の『往生要集』観の投影である。その一例を示せば、親鸞は『高僧和讃』で、

専修《せんじゆ》のひとをほむるには
千無一失《せんむゐちしち》とおしへたり
雑修《ざふしゆ》のひとをきらふには
万不一生《まんぶいちしよう》とのべたまふ

と、源信を雑行を排した専修念仏者として讃えているが、これは『往生要集』の原文によったのではなく、法然が大文第十の九品の階位の釈で省略されている『群疑論』の文を補って「往生要集の詮要、大概これに在り」と断じた、『往生要集詮要』の引文にもとづいているのである（浅田正博「親鸞聖人の往生要集観」『往生要集研究』）。法然が偏えに善導に帰

依したように、「よき人(法然)の仰せをかふむりて信ずるほかに別の子細なきなり」と明言した親鸞が、正信本願念仏の一筋の流れにおいて、善導と師法然を結びつける存在として源信を位置づけたのは当然であろう。そうした親鸞の源信追慕の美しい結晶が、『教《きょう》行信証《ぎょうしんしょう》』正信念仏偈《しょうしんねんぶつげ》の、あの有名な章句である。

源信、広く一代の教《きょう》を開きて
ひとえに安養に帰して一切《いっさい》を勧む
専雑《せんぞう》の執心《しゅうしん》、浅深《せんじん》を判じて
報化《ほうけ》二土、正《まさ》しく弁立《べんりゅう》せり
極重《ごくじゅう》の悪人は、ただ仏を称すべし
われまたかの摂取《しょうしゅ》の中にあれども
煩悩眼《まなこ》を障《さ》えて見たてまつらずと雖《いえど》も
大悲倦《ものう》きことなくして常に我《われ》を照らしたまうといえり

法然・親鸞の『往生要集』観・源信観が、その原意や実像と相違していることをあげつらうのは容易である。しかし、「一天の下、一法の中、みな仏弟子」と称して、国境・身分を越え、讃歎《さんたん》・誹謗《ひぼう》を問わず、すべての人々と往生浄土の縁を結ぼうと願った源信の本意は、祖述者たちの形骸《けいがい》化した講説ではなく、法然・親鸞の念仏の中にこそよみがえったのである。かつて『源信僧都伝』の著者は、伝を結ぶにあたって、

僧都は、慧鏡《けいきよう》戒珠《かいしゆ》、内明外朗《ないめいがいろう》、昏衢《こんく》の日月為《た》り、苦海の船筏《せんばつ》為《た》り。

と讃えた。まことに源信の生涯と教えは、末法暗黒のちまたを照す日月、苦しみ多い人の世の凡夫を浄土へ導く船筏《ふねいかだ》として、いつの世にも道を求めて苦悩し追慕する真摯な仏徒の前に、新たな生命力をもって現われる。

源信追慕のあとをたどるとすれば、さらに近代における源信鑽仰や、その思想の今日的意味にも説き及ぶべきかもしれない。しかしそれは私の任ではないし、紙幅もすでに尽きた。終りに臨んで私は、本書起筆を前に詣でた日の横川の墓所のさまを思い浮べ、正信念仏偈の美しい源信追慕の章句を黙誦しつつ、拙《つた》ない源信伝の筆を擱《お》こう。起筆以来いつしか二年有半、あの日、新緑に包まれていた墓原《はかわら》への道も、今は落葉《らくよう》が、あまた散り敷いているのであろう。

あとがき

たとえば高等学校の日本史の教科書をひもとくと、必ずといってよいほど、源信の『往生要集』の影響によって浄土教は平安時代の社会の上下に広まった、と述べられている。しかし、念仏の書としての『往生要集』が有名なのに反して、その著者である恵心僧都源信の生涯は、あまり世に知られていない。『往生要集』に関するすぐれた研究や現代語訳は枚挙にいとまがないが、源信の生涯をたどる試みとしては、戦前の宮崎圓遵氏「源信和尚年譜」（日本名僧論集『源信』）以後、石田瑞麿氏『極楽浄土への誘い』（日本人の行動と思想）や川崎庸之氏「源信の生涯と思想」（日本の名著『源信』）をあげ得るくらいである。そのため、源信といえば念仏信仰の面のみ云々されることが多く、像末《ぞうまつ》の世に正法《しょうぼう》の炬火《きょか》をかかげ、国境も身分も越え、学問と実践を通じて大乗仏教の根幹に迫ろうとした僧都の偉大な生涯は、日本仏教史上に必ずしも正しく位置づけられていないのである。

筆者は平安仏教史を学ぶ一人として、信拠すべき史料に立脚した源信伝を著し、いささかなりともその生涯を明らかにしたいものと、かねがね願望していたが、幸いにも昭和五十八年暮れ、日本歴史学会によって、本書執筆の機会を与えられた。そこで翌年から、先行論文の渉猟、初期源信伝の対校と訓釈、関連史料の抽出などを始め、これら基礎作業が一段落したので、六十一年五月、僧都の奥津城《おくつき》に詣でて、本書を起筆した。しかし一代の竜象《りゅうぞう》の生涯を叙することは筆者の能力に余り、功程《こうてい》意のごとく進まず、遅延を重ねて日本歴史学会ならびに吉川弘文館に多大のご迷惑をおかけした末、『往生要集』遣宋一千年にあたる本年に至って、ようやく成稿をみた。

この間、一々尊名をあげることはさしひかえるが、日本史学・東洋史学・漢文学・国文学・仏教学など諸分野の先学諸賢には、幾多貴重な示教助言を賜わり、吉川弘文館編集部の諸氏には、終始変わらぬ助力にあずかった。ここに記して深甚の謝意を表する。

もとより筆者の浅学菲才、かかる学恩・助力に応え得ず、僧都の生涯を明らかにせんとして、かえって行実《ぎょうじつ》を誤り伝える咎《とが》なしとしないが、

謗《そし》りを生ずるも、またこれ結縁《けちえん》なり。我《われ》もし道を得ば、願わくは彼《かれ》を引摂《いんじょう》せん。彼もし道を得ば、願わくは我を引摂せよ。乃至《ないし》、菩提《ぼだい》まで、互《たが》いに師弟とならん。

との『往生要集』末尾の言を恃《たの》みとし、この拙《つた》ない源信伝を虔《つつし》んで安養界裡《あんようかいり》の僧都に捧げ、

現前《げんぜん》未現前《みげんぜん》本書一切有縁《いっさいうえん》の方々とともに、結縁の資としたい。僧都は、その雅量《がりょう》をもって、末世《まっせ》後学の徒の、おおけなき願いを、諾《うべ》ない微咲《みしょう》せられるであろう。

昭和六十三年杪秋《びょうしゅう》

豆州南箱根の山荘にて

速水侑

略年譜

年次	西暦	年齢	事跡	関連事項
天慶五	九四二	一	大和国葛城下郡当麻郷に生る。父卜部正親、母清原氏	
六	九四三	二		
七	九四四	三		
八	九四五	四		
九	九四六	五		
天暦一	九四七	六		
二	九四八	七		空也、叡山に登り座主延昌に受戒
三	九四九	八		八月、藤原忠平没。良源、横川に入る
四	九五〇	九		七月、良源、東宮護持僧となる
五	九五一	一〇		空也、仏像を造り疫病を祈る
六	九五二	一一		
七	九五三	一二		源信の妹願証尼誕生か
八	九五四	一三		一〇月、藤原師輔、横川に登り一門繁栄を祈る
九	九五五	一四		

	一〇	九五六	一五	このころまでに横川に登り良源の門に入るか
天徳	一	九五七	一六	六月、師輔の室康子没
	二	九五八	一七	師輔、第一〇子尋禅を良源の門に入れる
	三	九五九	一八	
	四	九六〇	一九	五月、師輔没。遺領一一ヵ荘尋禅に分与
応和	一	九六一	二〇	
	二	九六二	二一	
	三	九六三	二二	七月、増賀、横川を去り多武峰に入る○八月、応和の宗論。空也、鴨河原に法会を設く
康保	一	九六四	二三	三月、勧学会始まる
	二	九六五	二四	
	三	九六六	二五	八月、良源、天台座主となる○一〇月、叡山大火○一二月、六月会の広学竪義宣下
	四	九六七	二六	四月、良源、四季講を始む
安和	一	九六八	二七	六月、広学竪義始まる
	二	九六九	二八	三月、安和の変
天禄	一	九七〇	二九	七月、良源、二六ヵ条を制し山内の

	二	九七一	三〇		綱紀を正す
	三	九七二	三一		九月、空也没
天延	一	九七三	三二	四月二日、延暦寺大講堂供養法会の右方梵音をつとむ○六月、広学竪義に及科す	この年、源為憲『空也誄』を著すか
	二	九七四	三三	五月一〇日、宮中の論義に召され奝然と対論す	八月、勧学会、仏堂建立の資を募る
	三	九七五	三四		
貞元	一	九七六	三五		
	二	九七七	三六		
天元	一	九七八	三七	二月、厳久の請により『因明論疏四相違略註釈』を著す	
	二	九七九	三八	天元初年ころ書写山に性空を尋ね詩を呈す	
	三	九八〇	三九	九月三日、根本中堂供養法会の右方錫杖衆頭役をつとむ	九月三日、延暦寺根本中堂供養法会、円仁系円珍系門徒対立
	四	九八一	四〇	六月二九日、『阿弥陀仏白毫観』を著す	八月、良源大僧正となる○一二月、良源派と余慶派対立し山内緊張
	五	九八二	四一		一月、勅使叡山に登り良源を糾問
永観	一	九八三	四二		一一月、良源、恵心院を供養○一二月一三日、千観没
	二	九八四	四三	一一月、『往生要集』を起筆	八月、花山天皇即位。この年、慶滋保胤『日本往生極楽記』初稿本成る

				か○冬、良源、病のため下山
寛和 一	九八五	四四	四月、『往生要集』完成	一月三日、良源没○二月二七日、尋禅、天台座主となる
二	九八六	四五	夏、飯室安楽谷の供養に列す○七月二五日、安海の請により『要法文』を著す○九月一五日以前、二十五三昧会に入会か	四月二五日、慶滋保胤出家○五月二三日、『二十五三昧会発願文』成る○六月二三日、花山天皇出家、のち横川に入る○七月、奝然、宋より帰り大宰府に到着○九月一五日、保胤『二十五三昧起請八箇条』を草す○一〇月ころ、保胤、安楽谷念仏会の縁起を草し、のち横川を去る
永延 一	九八七	四六	秋のころ九州に向い、朱仁聡着岸の日、これと会う	二月一一日、奝然入京す○同月一六日、故良源に慈恵の諡号を賜う○一〇月二六日、朱仁聡、博多に来航
二	九八八	四七	一月一五日、朱仁聡同船の斉隠に書状をもって『往生要集』等を託す○六月一五日、『二十五三昧会起請十二箇条』を著す○七月二七日、『普賢講作法』を著す○一〇月、『首楞厳院新造堂塔記』を著す	二月八日、奝然の請により弟子らを宋に遣わすこととす○一〇月一七日、横川首楞厳院新造堂塔完成
永祚 一	九八九	四八		九月八日、尋禅、天台座主を辞す○一二月、後任の余慶、山徒の反対により座主を辞す○この年、雲黄山僧

正暦 一	九九〇	四九	二月一三日、尋禅より四季講田の管理を託さる	行辿、婺州の楊仁紹のもとで『往生要集』を読む 二月一七日、尋禅没○四月、行辿、源信宛書状を書く○七月、周文徳・楊仁紹、奝然の弟子を乗せて、博多に到着か○冬、周文徳、大宰府より源信宛書状を送る
二	九九一	五〇	九月二一日、楊仁紹持参の行辿書状および経巻、源信のもとに届く	二月一一日、周文徳、再度源信宛書状を書く○六月三日、奝然の弟子ら入京
三	九九二	五一	三月、行辿を介して慈恩門徒に送る『因明論疏四相違略註釈』を楊仁紹の帰便に託す	
四	九九三	五二		八月、円仁系門徒千手院を焼き、円珍系門徒叡山退去
五	九九四	五三	六月、『尊勝要文』を著す	
長徳 一	九九五	五四	冬あるいは翌年春、敦賀において朱仁聡・斉隠と再会か	四月、宋天台山外派の源清、日本天台座主暹賀宛書状を書く○九月四日、朱仁聡・斉隠、源清書状と書物を持って若狭に到着○同月二〇日、朱仁聡らを敦賀に回航せしむ
二	九九六	五五	五月、『六即義私記』に奥書を付す	春、朱仁聡ら、博多に回航か○五月

				一九日、大宰府申文、朱仁聡宛返抄を定む○七月二六日、長胤、『往生要集』書写（現存最古の写本）○一一月八日、朱仁聡の罪名を勘申せしむ○一二月二六日、源清宛返牒の執筆者を定む
三	九九七	五六	三月、斉隠に託して慈恩門徒に送る『因明論疏四相違略註釈』を書写○四月、源清送付の『顕要記』上巻の破文執筆者に選ばる	四月、源清送付の経巻の破文執筆者を定む○六月一三日、大宰府、高麗国牒を進め、朱仁聡らに諜報の嫌疑かかる○九月、朱仁聡献上の鵝羊を返す○一一月一一日、朱仁聡の罪名を勘申せしむ○この年、源清没
四	九九八	五七		七月、源清宛返牒作成・経論書写等の作業再開○八月、暹賀没○一一月、覚慶、天台座主となる
長保 一	九九九	五八	一月前後に『顕要記』破文完成か	一月五日、慶祚担当の破文完成、他の担当者の破文および天台座主覚慶の源清宛返牒もこの前後に完成か○一二月、朱仁聡の愁訴をとりあぐ
二	一〇〇〇	五九		八月、朱仁聡の訴える代価未払を詮議

	三	一〇〇一	六〇	三月一〇日、覚運とともに内裏仁王会に召され、法橋上人位に叙さる○この年、慈恩門徒に送る『因明論疏四相違略註釈』『纂要義断注釈』を斉隠の帰便に託す	二月、大宰大弐藤原有国を召喚○この年、朱仁聡・斉隠ら帰国か。この年、華台院建立か
	四	一〇〇二	六一	この年、『天台宗疑問二十七条』、および行辿宛書状、慈恩門徒に送る因明の著書等を寂照に託すか	六月、寂照、入宋の途につく○八月、寂照、長門において病む○一〇月、慶滋保胤没。寂照、一時帰京か
	五	一〇〇三	六二		六月、増賀没○八月、寂照、肥前を発す○九月、寂照、明州に到着、『天台宗疑問二十七条』を知礼に呈し答釈を請う
寛弘	一	一〇〇四	六三	二月以前、六月会広学竪義探題博士の宣旨下る○五月二四日、権少僧都に任ぜられる○六月二二・二七日、藤原道長、源信に使を遣す	二月、厳久、大僧都の職を返上し、源信を法印大和尚位に任じられんことを請う
	二	一〇〇五	六四	八月一九日、『大乗対倶舎抄』完成○一二月六日、権少僧都を辞す。この年、華台院を迎講のため整備するか	八月、曽令文、博多に来航○九月、藤原道長、藤原行成に『往生要集』写本作成を依頼○一二月一五日、寂照の書状、道長に届く
	三	一〇〇六	六五	一〇月、『一乗要決』起筆	
	四	一〇〇七	六六	七月三日、『霊山院釈迦堂毎日作法』を定む○同月一三日、『霊山院式』を制す	三月、性空没○一〇月、覚運没

五	一〇〇八	六七		二月、花山法皇没〇六月、厳久没
六	一〇〇九	六八		七月、具平親王没
七	一〇一〇	六九		紫式部、『源氏物語』宇治十帖を著すか
八	一〇一一	七〇	この年、『白骨観』を著すか	八月、源為憲没
長和一	一〇一二	七一	このころから病により起居にたえず	
二	一〇一三	七二	一月一日、生前の行業を録して仏前に啓白す〇四月二九日、覚超の次第三観に関する問に答う〇七月一八日、『二十五三昧結衆過去帳』を記し始む〇八月一八日、『倶舎論頌疏正文』を著す	
三	一〇一四	七三	一二月九日、『阿弥陀経略記』を著す	
四	一〇一五	七四		
五	一〇一六	七五	一〇月、石倉寺僧能救の訪問を受く	一月、藤原道長、摂政となる〇三月、奝然没
六	一〇一七	七六	六月一〇日、逝去	一二月、藤原道長、太政大臣となる

主要参考文献

源信ないし『往生要集』に関する著書論文はきわめて多い。ここには伝記研究の上で重要と思われるものだけをあげた。詳しくは『往生要集研究』所収の研究文献目録を参照されたい。

一 著書

上杉文秀著『日本天台史』破塵閣　昭和一〇年
辻善之助著『日本仏教史　上世編』岩波書店　昭和一九年
宮崎圓遵著『中世仏教と庶民生活』平楽寺書店　昭和二六年
石田一良著『浄土教美術』平楽寺書店　昭和三一年
井上光貞著『日本浄土教成立史の研究』山川出版社　昭和三一年
八木昊恵著『恵心教学の基礎的研究』永田文昌堂　昭和三七年
石田瑞麿著『浄土教の展開』春秋社　昭和四二年
多屋頼俊著『和讃史概説』法蔵館　昭和四三年
石田瑞麿校注『源信』(日本思想大系)　岩波書店　昭和四五年
井上光貞著『日本古代の国家と仏教』岩波書店　昭和四六年

大野達之助著『上代の浄土教』　吉川弘文館　昭和四七年
川崎庸之編『源信』（日本の名著）　中央公論社　昭和四七年
石田瑞麿著『極楽浄土への誘い』（日本人の行動と思想）　評論社　昭和五一年
平林盛得著『良源』（人物叢書）　吉川弘文館　昭和五一年
景山春樹著『比叡山寺』　同朋舎　昭和五三年
平林盛得著『聖と説話の史的研究』　吉川弘文館　昭和五六年
大串純夫著『来迎芸術』　法蔵館　昭和五八年
大隅和雄・速水侑編『源信』（日本名僧論集）　吉川弘文館　昭和五八年
速水侑著『日本仏教史　古代』　吉川弘文館　昭和六一年
小原仁著『文人貴族の系譜』　吉川弘文館　昭和六二年
往生要集研究会編『往生要集研究』　永田文昌堂　昭和六二年

二　論文

前掲著書に収録されている論文は省略した。

西岡虎之助「入宋僧寂照に就ての研究」（『史学雑誌』三四—九・一〇）大正一二年
西岡虎之助「源信を中心とせる日宋文化の交渉」（『史学雑誌』三五—一二、三六—一・二・三）大正一三～一四年

花山信勝「往生要集諸本の研究」(『竜谷学報』三一七)昭和一一年
佐藤哲英「六即義私記の研究」同右
源豊宗「仏教美術史に於ける源信」同右
堀大慈「源信の往生要集遺宋について」(『仏教史学』一〇―三)昭和三七年
堀大慈「二十五三昧会の成立に関する諸問題」(『京都女子大学人文論叢』九)昭和三九年
宮崎圓遵「二十五三昧式並びに同起請について」(『仏教思想史論集』大蔵出版)昭和三九年
平林盛得「慶滋保胤の死」(『日本仏教』二一)昭和四〇年
堀大慈「尋禅と妙香院」(『日本仏教』二三・二四)昭和四一年
高橋貢「源信僧都の母の話」(『仏教文学研究』一―五)昭和四二年
山折哲雄「死のための団体形成―源信とその同志たち―」(『宗教研究』二三六)昭和五三年
平林盛得「大陸伝来の往生伝と慶滋保胤」(『日本文化史研究』笠間書院)昭和五四年
藤本佳男「横川と二十五三昧会」(『続国家と仏教』古代中世編 永田文昌堂)昭和五六年
平林盛得「楞厳院廿五三昧結衆過去帳」(『書陵部紀要』三七)昭和六一年
速水侑「源信伝の諸問題」(『東アジアと日本』宗教文学編 吉川弘文館)昭和六二年

三 史料

1 源信の伝記

「楞厳院廿五三昧結衆過去帳（広本）」（『平安朝往生伝集』）　宮内庁書陵部　昭和四五年
「首楞厳院廿五三昧結縁過去帳（略本）」（『恵心僧都全集』第一）　思文閣　昭和四六年
「延暦寺首楞厳院源信僧都伝」（『源信伝』）　芸苑巡礼社　昭和一六年
「大日本国法華経験記」「続本朝往生伝」（日本思想大系『往生伝・法華験記』）　岩波書店　昭和四九年

以上の初期源信伝の成立や性格については、前掲拙稿「源信伝の諸問題」を参照されたい。なお源信伝の主なものは『恵心僧都全集』『続天台宗全書』に収められているが、もっとも網羅的なのは、『大日本史料』第二編之十一、寛仁元年六月十日条で、初期の伝記から後世の説話伝承まで広く集成されている。また『源信』（日本の名著）には、初期の伝記の現代語訳が収められている。

2　源信の著作

『恵心僧都全集』（全五巻、昭和二～三年、同四六年復刻　思文閣）

源信の著作解題としては、佐藤哲英・八木昊恵・合阪逸朗「源信和尚撰述著作解題」（『竜谷学報』三一七）および八木昊恵『恵心教学の基礎的研究』所収「恵心の著作に就いて」が参考となる。また『往生要集』については、

花山信勝『原本校註・漢和対照　往生要集』（昭和一二年　小山書店、同五一年復刻　山喜房仏書林）
石田瑞麿『源信』（日本思想大系　昭和四五年　岩波書店）

が代表的な校註本として知られ、その現代語訳には、

石田瑞麿『往生要集―日本浄土教の夜明け―』（東洋文庫　全二巻　昭和三八～三九年　平凡社）
川崎庸之他『源信』（日本の名著　昭和四七年　中央公論社）
花山勝友『往生要集』（昭和四七年　徳間書店）
などがあり、
中村元『往生要集』（古典を読む　昭和五八年　岩波書店）
も引用文のサンスクリット原典との対比考究において参考になる。なお、『大日本史料』第一編之二十三、寛和元年四月是月条には、『往生要集』諸本の奥書や関係史料が集成されているが、その後、十一世紀後半の書写と思われる完本の存在が学界に紹介され、
築島裕・坂詰力治・後藤剛編『最明寺本往生要集』（影印篇　昭和六三年　汲古書院）
として刊行されたのは、特記すべきできごとである。

著者略歴

昭和十一年生れ
昭和三十四年北海道大学文学部史学科卒業、昭和三十九年同大学院博士課程単位取得満期退学
現在 東海大学文学部教授

主要著書
観音信仰 弥勒信仰 地蔵信仰 平安貴族社会と仏教 浄土信仰論 菩薩 呪術宗教の世界 日本仏教史 古代 地獄と極楽

人物叢書 新装版

源信

一九八八年(昭和六十三)十二月十日 第一版第一刷発行
二〇〇〇年(平成十二)十一月一日 第一版第三刷発行

著者 速水《はやみ》侑《たすく》
編集者 日本歴史学会
代表者 児玉幸多
発行者 林英男
発行所 株式会社 吉川弘文館
東京都文京区本郷七丁目二番八号
郵便番号一一三―〇〇三三
電話〇三―三八一三―九一五一〈代表〉
振替口座〇〇一〇〇―五―二四四
印刷=平文社 製本=ナショナル製本

『人物叢書』（新装版）刊行のことば

人物叢書は、個人が埋没された歴史書が盛行した時代に、「歴史を動かすものは人間である。個人の伝記が明らかにされないで、歴史の叙述は完全であり得ない」という信念のもとに、専門学者に執筆を依頼し、日本歴史学会が編集し、吉川弘文館が刊行した一大伝記集である。

幸いに読書界の支持を得て、百冊刊行の折には菊池寛賞を授けられる栄誉に浴した。

しかし発行以来すでに四半世紀を経過し、長期品切れ本が増加し、読書界の要望にそい得ない状態にもなったので、この際既刊本の体裁を一新して再編成し、定期的に配本できるような方策をとることにした。既刊本は一八四冊であるが、まだ未刊である重要人物の伝記についても鋭意刊行を進める方針であり、その体裁も新形式をとることとした。

こうして刊行当初の精神に思いを致し、人物叢書を蘇らせようとするのが、今回の企図である。大方のご支援を得ることができれば幸せである。

昭和六十年五月

日本歴史学会

代表者　坂本太郎

〈オンデマンド版〉
源　信

人物叢書　新装版

2020年（令和2）11月1日　発行

著　者　速《はや》水《み》　侑《たすく》

編集者　日本歴史学会
代表者　藤田　覚

発行者　吉川道郎

発行所　株式会社　吉川弘文館
〒113-0033　東京都文京区本郷7丁目2番8号
TEL　03-3813-9151〈代表〉
URL　http://www.yoshikawa-k.co.jp/

印刷・製本　大日本印刷株式会社

速水　侑（1936～2015）

ISBN978-4-642-75157-5